中国时尚产业发展蓝皮书2021

陈文晖　主编

THE BLUEBOOK ON THE DEVELOPMENT OF FASHION INDUSTRY IN CHINA 2021

中国纺织出版社有限公司

图书在版编目（CIP）数据

中国时尚产业发展蓝皮书. 2021 / 陈文晖主编. -- 北京 : 中国纺织出版社有限公司，2021. 12
ISBN 978-7-5180-9263-5

Ⅰ. ①中… Ⅱ. ①陈… Ⅲ. ①轻工业 — 产业发展 — 研究报告 — 中国 — 2021 Ⅳ. ①F426. 8

中国版本图书馆 CIP 数据核字（2021）第 274220 号

责任编辑：余莉花　　责任校对：王蕙莹
版式设计：茹玉霞　　责任印制：王艳丽

中国纺织出版社有限公司出版发行
地址：北京市朝阳区百子湾东里 A407 号楼　邮政编码：100124
销售电话：010 — 67004422　传真：010 — 87155801
http: //www.c-textilep.com
中国纺织出版社天猫旗舰店
官方微博 http: //weibo.com/2119887771
唐山玺诚印务有限公司印刷　各地新华书店经销
2021 年 12 月第 1 版第 1 次印刷
开本：787 × 1092　1/16　印张：13.75
字数：239 千字　定价：298 .00 元

《中国时尚产业发展蓝皮书 2021》
编写组

主编

陈文晖

副主编

刘雅婷　王婧倩　熊　兴

各专题撰稿人（按姓氏笔画排序）

王婧倩	任俊龙	刘玉玲	刘传岩
刘雅婷	刘　慧	汝　刚	华　珊
孙　娜	汪云兴	陈文晖	郑治民
贾　楠	郭宏钧	熊　兴	

前　言

2021年是中国共产党成立100周年，也是“十四五”开局之年，全面建设社会主义现代化国家新征程全面开启。新冠肺炎疫情暴发以来，面对国内外前所未有的复杂形势，我国时尚产业延续着良好的发展势头，深度融入“双循环”新发展格局，不断推进制造体系建设，把握数字经济的发展机遇，有效化解了国内外产业格局调整带来的风险和困难，在新格局中开辟了新局面，为新格局贡献了新作为。

一、选题意义与背景

目前，我国宏观经济进入了一个全新发展阶段，处于重要的战略机遇期。时尚产业作为国民经济与社会发展的支柱产业，着力解决民生与美化生活的基础产业，国际合作与融合发展的优势产业，面临着适应世界百年未有之大变局的考验和构建“双循环”新发展格局的使命。

立足2020年，我们应正确理解新冠肺炎疫情对我国时尚产业带来的影响，直面产业链、供应链等长期存在的短板，研判我国时尚产业在新发展格局和消费升级背景下的发展态势，剖析服装服饰、珠宝首饰、化妆品、文化创意、时尚传播、消费电子等相关行业的运行情况，提出未来时尚产业的发展重点与策略。

紧扣2021年，面对全球经济缓慢重启，我们应充分把握新冠肺炎疫情暴发以来时尚产业的转型发展态势，深刻剖析消费升级、数字化与生态转型、中国文创设计崛起、科技赋能背景下我国时尚消费、时尚产品、时尚品牌、时尚商圈发展面临的机遇与挑战，总结细分行业和重点区域的发展经验教训，为我国时尚产业高质量发展提供决策咨询建议。

展望未来，责任发展与绿色发展成为全球共识，要求我们立足新发展格局，在国家碳达峰、碳中和目标导向下，以“低碳、绿色、健康、智能”的理念推动时尚产业的可持续发展，使其成为创新驱动的科技产业、责任导向的绿色产业和文化引领的文创产业。

二、研究框架

本书以“双循环”新发展格局下我国时尚产业发展为主题，回顾了2019—2020年我国时尚产业发展取得的成绩与存在的问题，深刻剖析了新发展格局下我国时尚产业的发展内涵与要求，从专题研究、区域创新、发展趋势3个维度提出未来我国时尚产业发展的方向与路径举措。全书分为5篇13章：

第一篇为年度报告。综述2019—2020年我国时尚产业发展的总体态势，结合新冠肺炎疫情影响下我国时尚产业发展面临的制约性因素，剖析了7个细分行业的运行情况，围绕“双循环”新发展格局这一主题，展望未来中国时尚产业的发展势态。

第二篇为主题报告。系统分析了双循环新发展格局对我国时尚产业高质量发展的影响，系统梳理了产业发展的基础条件与现实困境，明确提出新发展格局下我国时尚产业高质量发展的对策建议。

第三篇为专题研究。分别以消费升级、商圈经济、文化创意、数字消费为专题，重点分析“双循环”新发展格局对我国时尚产业及其相关行业的影响，结合新冠肺炎疫情期间的产业升级态势，进一步提出未来发展路径与举措。

第四篇为区域创新。分别以北京、上海、深圳和青岛4个城市为研究对象，梳理各自时尚产业发展的资源禀赋与时尚城市建设的经验，明确不同城市打造国际消费中心城市与时尚之城的机遇与挑战，为4个城市在新发展格局下实现时尚产业高质量发展提出发展思路与路径举措。

第五篇为发展趋势。首先，结合新发展格局下时尚产业通过制度开放与创新提升要素优化配置水平这一客观要求，提出未来我国时尚产业双向开放、时尚消费制度创新的重点领域；其次，通过深入剖析“双碳”达标对时尚产业的影响及意义，指出我国时尚产业完成“双碳”达标的发展路径；最后，结合数字化对纺织服装产业的影响，明确未来纺织服装行业将实现服装设计数字化、服装生产数字化、市场开发数字化和企业决策数字化的战略路径。

三、创新与特色

本书创新与特色主要体现在以下3个方面：

（一）紧扣经济全球化重构、国内市场消费升级的时代背景

当前全球时尚产业处在大调整、大变局之际，时尚话语权正在重塑，新一轮产业技术革命应运而生，新的消费理念逐步显现，新的文化版图正在形成。面对经济全球化的加速重构和后疫情时代国内市场消费的不断升级，2021年我国时尚产业将迎来重大的战略机遇期。

1. 供应链变化

新冠肺炎疫情暴露了全球时尚产业应对供需冲击的脆弱性。尽管全球价值链在疫情中承受着巨大压力，但世界时尚产业链、供应链合作的基本架构和现实基础没有发生变化。与新冠肺炎疫情发生前相比，供应链将不再趋向于最优配置，而是趋于更坚固、更受需求驱动的现实配置。未来我国时尚产业需要增强对国际供应链的掌控能力，充分发挥生产性服务业对先进制造业的引领和支撑作用，着眼于提升品牌、产品、零售、供应链的核心竞争力，强化制造体系优势，解决好产业链、供应链短板。

2. 国内市场凸显

新冠肺炎疫情期间，消费者呈现全新的购买逻辑，即通过线上浏览、刷屏获取信息、线上下单的方式快速拥有产品。得益于线上销售的崛起，过去一年我国时尚产业内需市场回暖趋势明

显，以品牌消费为主体的“时尚消费业”快速增长，经济增长的内需潜能、动力正不断释放。未来，我国时尚产业发展要充分利用国际、国内两个市场、两种资源，线上、线下协同发展，提升消费者的品牌黏性，实现更加强劲、可持续的发展。

3. 文化认同感增强

国内新生代的市场消费主力对于国产时尚品牌的友好度持续提升，国潮概念逐渐从小众设计师品牌发展成大众化消费行为。时尚产品作为集中表达时尚理念、个性思潮、文化自信等多重元素为一体的消费载体，也将迎来自主品牌的发展新机遇。未来我国时尚产业发展需要充分挖掘中国传统文化元素，吸纳时代精神，关注中国文化的传承与创新，关注国际化视野下如何彰显本土文化元素，关注传统工艺的现代化运用，将自主品牌稳步推向国际舞台，成就引领国际时尚行业的“中国风”。

（二）立足时尚产业，构建与双循环相互促进发展的基础条件

进入“十四五”发展新阶段，我国将围绕“加快融入以国内大循环为主体、国内国际双循环相互促进的新发展格局”这一主题，明确时尚产业在构建双循环新发展格局中拥有的良好产业发展基础、强大的战略回旋空间，基于新消费理念和新消费需求，提出我国时尚产业突破瓶颈制约、提升管理水平的有效路径和具体举措，激发产业的创新动能。

1. 商业模式创新

社群化运营特征日益明显的新场景体验开启了时尚商业模式的迭代升级。时尚品牌向消费群体多维度推送产品信息，逐步建立了基于特定人群的新消费渠道和新消费场景。坚持以人为本，着眼于解决消费者的痛点，从细微处体现产品人文关怀，时尚行业正在迎来“全场景、全客群、全数据、全渠道、全时段、全体验”的商业新模式。

2. 产品技术创新

时尚产业的不断升级对新材料、工艺技术提出原始创新、源头创新的要求，行业科技创新能力正从过去“跟跑、并跑”逐步向“并跑、领跑”方向转型。全面融入双循环新发展格局，依托超大规模内需市场，把创新作为根本动力，优化调整时尚产业的

生产力布局，构建自主、安全、可控的技术供应链。

（三）遵循由制造强国向时尚强国阶段性转变的行动要求

从制造大国到制造强国，中国时尚产业已完成蜕变，但从制造强国到时尚强国，依然任重道远。基于完备的产业体系，拥抱数字经济，强化新科技赋能，秉承以可持续发展为核心的责任导向，我国时尚产业需要重构新优势，打造具有中国特色、时代特征、世界影响的时尚生态，走出角逐时尚话语权的超越之路。

1.拥抱数字经济

数字化贯穿于时尚产业的每个环节，为企业决策提供战略支持。目前，数字化的最大红利体现在全球时尚消费领域的强大购买力与消费者高效即时的购买选择，但时尚产业的数字化落地范围应远超于此。随着云平台、物联网、“互联网+”、大数据、AI等新技术、新理念的加速渗透，数字化将彻底引发全球时尚行业全产业链的模式变革，数字化赋能的优化落地将是我国建设时尚强国的全新动力。

2.秉承可持续发展

负责任、可持续的时尚是行业未来趋势之一，产业造成的环境影响、绿色消费的崛起、可持续发展的时代呼声，迫切要求行业不同利益方采取实际行动。“碳达峰、碳中和”成为中国乃至全球环境可持续发展目标。在困难和机遇的双重驱动下，中国时尚产业将进入快速发展的新阶段，在同样甚至更少资源消耗下，以创新的服务方式，满足现有及未来消费者对时尚产品的各种需求，以实际行动构建生产、生活、生态的发展美学，倡导绿色、低碳、循环、可持续的发展方式，共同构建新型世界时尚产业命运共同体。

2021年，在全面建成小康社会目标顺利实现、以国内大循环为主体的“双循环”新格局加快构建的背景下，时尚产业以高质量供给满足、引领和创造国内需求，充分满足人民对美好生活的新期待，既是战略机遇，也是时代要求，更是行业的不懈追求。本书力求对当前中国时尚产业发展进程进行全面剖析，推动中国时尚产业的高质量发展，探索未来中国时尚产业的发展道路，为人们全面认知中国时尚产业发展提供全方位观察视角，并希冀有一定的参考价值。

本书由北京服装学院时尚研究院组织撰写，各章的作者分别是：第一章，陈文晖（北京服装学院时尚研究院）、孙娜（中国社会科学院工业经济研究所）；第二章，熊兴（北京服装学院时尚研究院）；第三章，贾楠（中国纺织建设规划院）；第四章，刘雅婷（北京服装学院时尚研究院）；第五章，刘雅婷（北京服装学院时尚研究院）；第六章，王婧倩（北京服装学院时尚研究院）华珊（中国纺织工业联合会）；第七章，王婧倩（北京服装学院时尚研究院）；第八章，刘慧（上海立信会计金融学院保险学院）、汝刚（上海财经大学公共经济与管理学院）；第九章，汪云兴、任俊龙、刘玉玲（综合开发研究院（中国·深圳））；第十章，王婧倩、刘雅婷、熊兴（北京服装学院时尚研究院）；第十一章，熊兴（北京服装学院时尚研究院）；第十二章，郑治民（中国纺织工业企业管理协会）；第十三章，陈文晖（北京服装学院时尚研究院）、刘传岩（中咨海外咨询有限公司）、郭宏钧（中国纺织建设规划院）。

本书的编写得到青岛市市南区委区政府及区商务局、北京服装学院、中国纺织工业联合会有关领导与同仁的支持，特别是从前期架构设计到成文、完善、定稿的全过程得到北京服装学院院系和领导的悉心指导，也得到兄弟单位很多同仁的友情帮助。中国纺织出版社有限公司有关领导和责任编辑余莉花女士为本书的出版倾注了大量的心血。在此一并谨表衷心感谢！

编者

2021年10月7日

目 录

第一篇

年度报告

第一章　2019—2020年中国时尚产业发展综述与未来展望

“双循环”新发展格局下，我国超大的市场规模和完整的产业链优势为时尚产业的发展赢得了巨大的空间。2020年，面对严峻复杂的国内外环境，尤其是因新冠肺炎疫情冲击导致生产经营压力骤然加大和不确定因素增多，我国时尚产业攻坚克难、快速应对，稳步推进行业复工、复产、复市，积极拓展国内外市场及新业态新模式，保持了稳定恢复的态势，成为全球时尚产业一道亮丽的风景线。

一、2019—2020年中国时尚产业发展回顾

2020年，我国时尚产业克服了全球疫情持续扩散蔓延的消极影响，继续深化技术创新、产品创新和商业模式创新，依然保持了稳中有升的发展势头。

（一）科技赋予时尚产业新活力

新冠肺炎疫情下，时尚产业供需两端面临重构。在供给端，疫情持续肆虐，全球供应链及价值链体系被重塑；在需求端，疫情加速了行业渠道和消费者购物行为的结构性变化，消费者心理、时尚体系价值链、品牌营销模式等都将迎来重构。面对时尚产业变革，迎接供需两端变化的挑战，依托科技产生的新的商业模式、零售模式和消费方式赋予了产业新活力。充分利用数字化技术为品牌提供精准的商贸对接、订单优化、秀场支持等服务，为中国时尚产业进军国际提供桥梁和后盾。移动网络催生跨境电商、农村电商快速崛起，推动国内外两个市场一体化纵深拓展。零售领域人工智能渗透率大幅提升，时尚消费趋势分析、时尚智能搭配、营销文案生成等智能技术加快应用，数字技术零售应用场景不断拓展。借助线上新入口和新界面，超级IP、短视频等新形态，O2O、C2M、B2C、C2C、B2B等新模式，实体店智能化、电子商务体验化双向融合的全顾客、全渠道、全时段、全链路、全数据的新零售模式正在立体构建。

（二）文化赋能本土时尚品牌建设

长期以来，时尚产业话语权“锁定”在西方，巴黎、米兰等城市有着悠久的产业历史、较强的设计能力和浓厚的时尚氛围。而今，中国科技进步和经济腾飞促使自身的国际地位不断提高，与他国的交流与合作不断深化，代表着东方创意和文化的中国时尚逐渐在世界时尚舞台活跃起来，逐渐成为引领生活方式的新风尚。文化自信赋予中国时尚产业更成熟的品牌经营能力，本土时尚产业力量快速崛起。在中国的时尚产品设计中，越来越多的设计师在创作中自觉地运用中国元素，传承民族文化和精神，传达独特的中国韵味。中国元素使我国服装在世界上独树一帜，中国设计师与企业家创立了大量以本国文化元素为主导风格的时装品牌，中国红礼服、龙凤袍、仙鹤服、孔雀衣等代表中国传统文化的服装走向国际舞台，对国内的服装设计业产生极大的推动作用。近年来，“国潮”之风不断跨界破圈，迅速席卷美妆、文创、餐饮等多个领域，传统国货产品的面貌焕然一新。例如，手机vivo S系列将中国元素与机身设计进行了融合，结合vivo S9机身颜色的丰富性，从手机本身的色彩出发，通过简单的线条勾勒，将中国传统绘画技艺与科技融合在了一起。可以想象，更具某种文化风格、有着设计师独特品位、有着更强运营能力的品牌将快速脱颖而出，成为新的弄潮儿，它们将打破现有的全球时尚品牌的阶层固化，以崭新的姿态与新浪潮伫立于世界时尚之林。在这一过程中，中国时尚产业也逐渐摆脱对西方文化和评判体系的模仿跟随，拓展属于自身的精神内核。以中国特色时尚文化复兴为特征，本土品牌将逐步摆脱由西方时尚文化主导的跟随型、依附型发展模式，基于传统与当代时尚文化资源的加速融合，时尚人格更趋原创、独立、丰富。

（三）销售渠道全方位扩展

激烈的市场竞争使得销售渠道建设和控制至关重要。对于珠宝首饰、高端化妆品等企业而言，由于产品价值较高，消费者在购买时，担心商品质量和价格合理性的心理往往会促使其通过实体渠道进行购买。一个地区的优质商圈、商圈中的优质商铺数量稀缺，该等优质商铺不但能够提供较高的人流量，提升珠宝首饰的零售业绩，更兼具品牌宣传推广的重要价值。因此，优质的实体渠道依然是企业长期核心竞争力提升的重要内容。与此同时，在“互联网+”时代下，随着移动端“即秀即买”模式的日趋成熟，社交媒体和短视频App已成为时尚品牌重要的推广阵地和销售渠道，正在深刻改变时尚产业的传播格局。2020年，新冠肺炎疫情暴发，线下门店关门，企业纷纷加大线上渠道布局，实现线下销售向线上的转移，直播作为流量红利明显、平台政策倾斜及呈现效果更优的方式，特别是在像2020年这样艰难的环境下无疑成为行业销售新出路。

（四）时尚产业稳定恢复

得益于国内新冠肺炎疫情防控形势逐渐稳定，中国时尚产业率先走出阴霾，企业经营和盈利状况逐步改善，部分行业受疫情拉动实现逆势增长。2020年全球15家时尚企业财报信息显示[1]，疫情导致多数欧美时尚企业盈利能力大幅下滑。如：瑞士护肤品La Prairie全年收入下跌24%；德国护理巨头Beiersdorf集团销售额同比下降8.2%；美国鞋业品牌Steve Madden销售额下跌32.8%；美国折扣百货TJX和梅西百货全年销售额分别下跌10.6%和30%。与之相比，中国本土时尚企业则伴随疫情防控进入常态化而扭亏为盈。如：名创优品总营收为22.98亿元，环比增长11%；唯品会全年净利润63亿元，同比增长25%。2020年12月30日发布的《全球时尚产业指数·时装周活力指数报告（2020）》[2]指出，时尚界“西强东弱”的格局正在扭转。受疫情影响，自2020年3月以来，巴黎、米兰、伦敦、纽约四大国际时装周均以虚拟秀场为主，辅以少数限制人数的线下走秀，买手、明星、博主大面积缺席，参加纽约时装周的品牌以及设计师数量也都大幅度减少。而以上海时装周为代表的“中国阵营”率先恢复了线下活动，在2021年春夏上海时装周上，参展品牌数量由2018的178个逆势增至2020年的216个，首度超越纽约和伦敦，这标志着中国时尚行业正重新步入正轨。

（五）时尚产业空间格局优化

时尚产业具有高创意、高市场掌控力、高附加值等特征，是引领消费流行趋势的综合性都市型产业。越来越多的城市以时尚作为城市发展理念，重点打造时尚产业，中国时尚产业开始进入多点多极化发展格局。当前，中国的时尚城市包括北京、上海、广州、深圳、成都、重庆、西安、沈阳、杭州、武汉、南京、长沙、厦门、天津、青岛、大连等，各城市差异化特征明显，蕴藏着巨大的时尚潜力。值得注意的是，近年来时尚不仅发源于都市，而且更多地萌芽于乡村，融入时代背景的特色产业小镇和特色旅游小镇孕育着新的时尚文化、时尚潮流、时尚消费、时尚品牌。与此同时，中国时尚产业空间格局面临重构。《新时尚之都指数报告（2020）》采用“时尚消费力”“时尚商业潜力”“时尚文化魅力”“时尚创新人才力”和“时尚发展力”五维指标衡量了中国12个城市的时尚力，结果显示，“北上广深”不再是主战场，从综合实力来看，成都居于首位。成都时尚产业经过不断提档升级，从时尚消费地向时尚策源地转变。杭州在文化力的发展上略逊于成都，不过发展潜力巨大。重庆和南京则坐稳“第二梯队”，有很大的空间能够追赶上前面的成都和杭

[1] 数据来源于环球网。

[2] 该报告主要基于商圈辐射、要素聚集和媒体传播三个维度构建了时尚产业发展指数，并对主要时装周进行了年度活力价值的量化评价。

州。疫情之后“政策性红利”逐渐向中部城市武汉倾斜，这将加速该城市的时尚潜力爆发。

二、2019—2020年中国时尚产业细分市场发展情况

（一）服装服饰产业运行情况

“十三五”以来，我国服装服饰产业坚持创新发展战略，从规模发展向质量发展转变，产品供给能力、科技创新能力、资源配置能力稳步提升，产业增长与质量、结构、格局相得益彰，形成了从纱线生产、面辅料制造，到成衣制作等一系列成熟的服装生产产业链，是我国经济的重要驱动力之一，基本实现了服装“制造强国”目标。

1. 生产能力稳步回升

2020年，虽然受新冠肺炎疫情冲击导致生产经营压力骤然加大和不确定因素增多。但面对严峻复杂的国内外环境，我国服装企业快速反应，并稳步推进复工、复产、复市，企业经营和盈利状况逐步改善，产业体系优势和规模优势也不断强化。依据国家服装协会测算，2020年全国服装行业工业企业17万家，服装制造领域从业人数826万人，服装总产量约712亿件。从季度产值规模来看，本土服装服饰企业在2020年第一季度的生产经营遭受疫情冲击明显，企业营业收入明显减少、运营成本增加、盈利全面下滑。随着国内疫情防控形式持续良好，服装行业逐步稳定恢复。数据显示，2020年我国规模以上服装企业13300家，累计完成服装产量223.73亿件，同比下降7.65%，但较第一季度收窄12.64个百分点；规模以上企业累计实现营业收入13697.26亿元、利润总额640.44亿元，分别占全国规模以上工业企业营业收入和利润总额的1.3%和1.0%（图1–1、图1–2）。

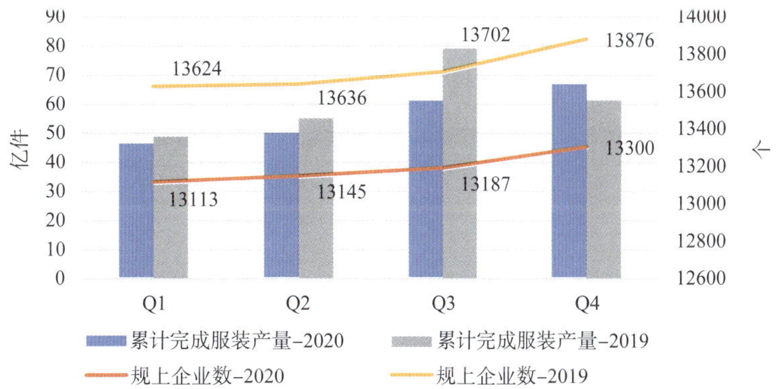

数据来源：中国服装协会

图1–1　2019—2020年服装行业规模以上企业及产值

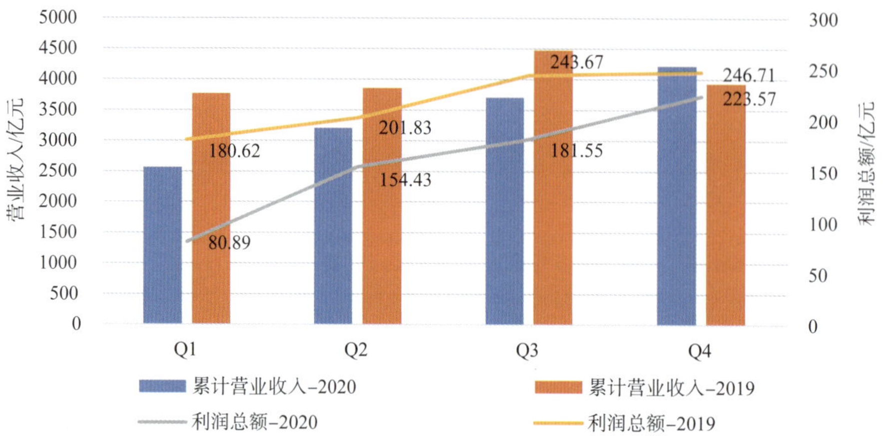

数据来源：中国服装协会

图 1-2　2019—2020 年规模以上企业累计实现营业收入与利润总额

2. 出口大国地位稳固

受国际市场需求低迷、中美贸易摩擦不断升级以及市场竞争日益激烈等因素影响，近年来，我国服装出口规模有所下降，国际市场结构和国内区域布局加快调整大，但仍为全球第一大服装出口国。中国海关快报数据显示（图1-3），2020年我国累计完成服装及衣着附件出口1373.82亿美元，同比下降6.4%，降幅比一季度收窄14.2个百分点。《2021年世界贸易统计评论》显示，2020年世界服装出口国/地区10强服装出口金额合计达3860亿美元，占全球总量的80%。其中，中国服装出口额1420亿美元，占全球总量的31.6%，较2019年提高了0.9个百分点，高于排在第二位的欧盟3.7个百分点。

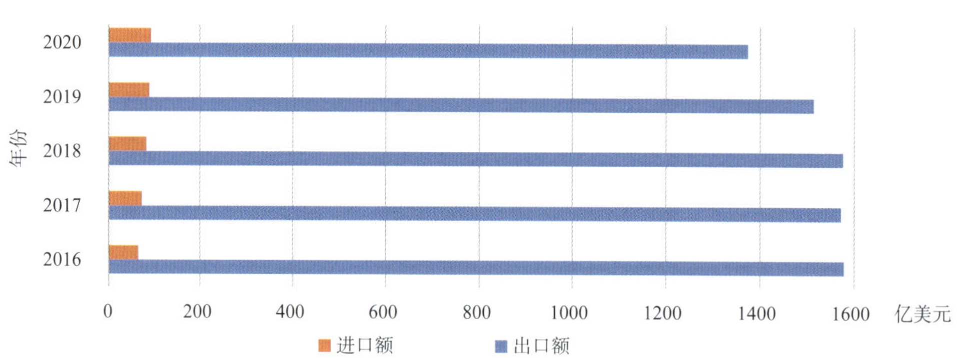

数据来源：海关总署

图 1-3　2016—2020 年中国服装及衣着附件进出口统计

3. 市场规模持续扩大

随着我国经济发展以及城市化水平提高，民众对于物质需求的数量和质量同时提升，审美要求不断升级，服装已经成为个人风格符号，服装零售业成为拉动我国纺织服装行业发展的最大驱动力。相关数据显示，2020年我国服装市场零售规模达2.3万亿元，同比增长5%。从限额以上服装类商品零售值来看，第一季度受新冠肺炎疫情影响，订单延迟或被取消的情况较多，限额以上服装零售额为1604亿元，较2019年同期下降57.51%。随后逐步回暖，零售额持续增长，至第三季度，限额以上单位服装类商品销售额与2019年持平，而第四季度则反超2019年，达3145亿元，同比增长6.61%（图1–4）。

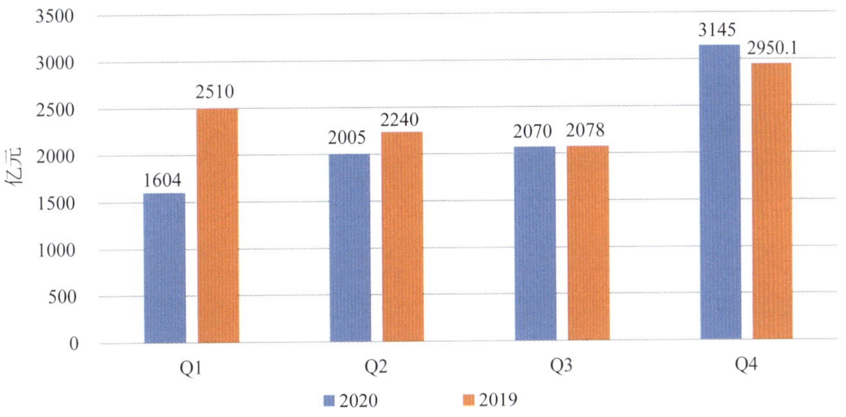

数据来源：中国服装协会

图 1–4　限额以上单位服装类商品零售额

按照性别划分来看，女装市场规模远超男装，增长趋势明显，正处于成长阶段。数据显示，2014—2019年，我国女装市场规模从7250亿元增至10573亿元；2020年受疫情影响市场规模小幅收窄至9406.53亿元，同比下降11.03%，但依旧为男装市场规模的两倍左右（图1–5）。中国女装市场的快速发展主要受三方面因素的影响：一是人口规模，根据第七次人口普查数据显示，截至2020年11月，中国女性人口为6.88亿人，占全国总人口的48.76%，中国的女装消费者构成了一个不容忽视的市场。二是女性经济地位和购买力的不断提升，近年来女性受教育水平也在逐年提高，接受本专科高等教育的女生占比超过50%，获得良好工作的机会大幅增加，直接推动了女性收入的提升，间接激发女性对于审美的需求增加以及高端品牌的购买力。三是中高端女装渗透率的增加推动行业整体容量扩大，2020年中国中高端女装市场规模约占整体女装市场比重为14%，近五年中高端女装规模增速均值为7.5%，超出整体女装市场增速。

4.品牌竞争力大幅提升

"十三五"以来，服装行业持续完善品牌培育和推广体系，自主品牌市场认知度与国际影响力不断提升，行业形成了制造品牌、终端品牌和区域品牌协同发展的生动局面。我国服装行业时尚设计原创能力明显提高，已经进入主张原创设计、凸

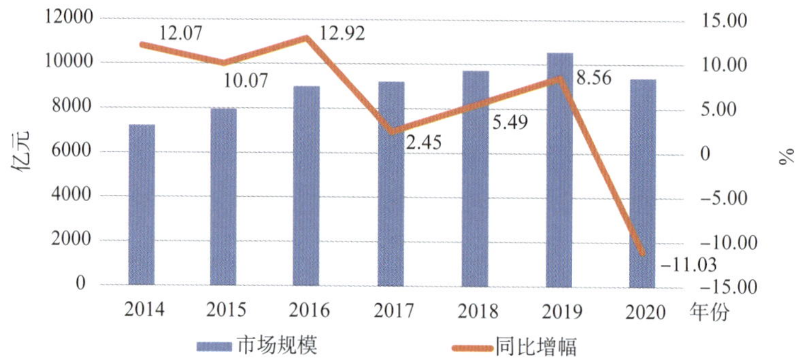

数据来源：前瞻产业研究院

图 1-5　2014—2020 年中国女装市场规模

显中国特色的自主阶段，服装品牌个性化、年轻化、时尚化进程加快，品牌市场渗透率全面上升，成为引领行业创新发展和转型升级的关键性力量。以专业机构、重点品牌、产业集群、专业院校为主体的流行趋势协同研究与发布机制初步形成，保障了流行趋势系统传导与价值转换。设计人才梯队有效建立，原创设计师队伍快速壮大。中国服装品牌认知度与美誉度持续增强，以多品牌、多业务布局为特征的服装集团日渐增多，国内主要大型商业实体服装品牌中自主品牌占比85%左右。富含文化内涵的服装品牌迅速崛起，原创潮流品牌质量、设计、文化日渐成熟，占服装品牌消费比重已提高至15%。品牌企业对海外资源整合能力持续提升，从产品走出去、产能走出去开始向品牌走出去和资本走出去迈进。

5. 消费自由化、多样化

伴随我国居民可支配收入、消费意愿的提升以及科技、互联网、移动终端等设备的出现，服装消费走向多元化、个性化、快频化时代。同时，我国新一代年轻人逐渐成长为消费主力，他们在电商互联网蓬勃发展、物质生活快速提升、科技水平日新月异的环境下成长，对于购物和消费的诉求同样发生了较大的变化，服装消费对于他们而言不仅仅是一种生活必需品，更多的是展现自身个性的表达。个性化、细分化、差异化的生活形态导致品牌诉求无法统一，众多服装品牌会推出年轻化、风格化的副线品牌，更多小而美的小众品牌受到青睐，年轻化、高端化逐渐成为服装行业转型升级的主流趋势。具体表现在以下三个方面：第一，IP联名服饰快速发展，IP自带流量和粉丝，能够帮助服装品牌提升其知名度、销售额、产品溢价等，据《2020中国品牌授权行业发展白皮书》的数据显示，93%的企业表示IP授权能够提升产品销量，32%的企业表示IP授权能够提升50%以上的产品销量；第二，Lolita、汉服、JK制服、Cosplay等小众文化服饰将成为主流服饰之一，小众服饰的消费者有较强的身份认同和归属感，其用户的具有圈层化的特点，其黏性更大，容易产生复购；第三，年轻人对于国货和国潮产品的消费意愿大幅提升。《2020—2021

年中国国潮经济发展专题研究报告》数据显示，中国汉服爱好者数量规模和市场规模快速增长，2020年汉服爱好者数量达500多万人，汉服市场销售规模达60多亿元。

（二）纺织产业运行情况

整体来看，至2020年末，我国全面建成小康社会之际，纺织行业基本实现《建设纺织强国纲要（2011—2020年）》相关目标，我国纺织工业绝大部分指标已达到甚至领先于世界先进水平，建立起全世界最为完备的现代纺织制造产业体系，生产制造能力与国际贸易规模长期居于世界首位，成为我国制造业进入强国阵列的第一梯队。科技创新从“跟跑、并跑”进入“并跑、领跑”并存阶段，品牌建设形成制造品牌、消费品牌和区域品牌的三级体系，节能减排、污染防治、资源综合利用等方面取得积极进展，人才建设积极支撑行业创新和进步。

1.行业景气度升至高位

2020年新冠肺炎疫情对纺织业影响巨大，不仅给纺织企业造成内销经济损失，也使企业面临外贸订单流失及国际竞争加剧的情况。纺织行业坚持深化转型升级，努力化解疫情带来的风险冲击，主要运行指标降幅持续收窄，经济运行态势平稳回升。中国纺织工业联合会调查数据显示，2018—2019年中国纺织行业景气度总体处于扩张区间，连续8个季度位于50荣枯线以上；2020年第一季度下降至22.5，之后逐步回升，第三季度上升至61.5，为2012年以来最高水平，反映企业经营信心及前景预期显著好转（图1-6）。从纺织产业链各环节来看，产业用纺织品行业在防疫物资拉动下，生产实现较好增长，2020年工业增加值同比增长54.1%；化纤行业和家用纺织品行业工业增加值同比分别增长2.2%和1.1%，实现由负转正。其中，纺织纤维加工总量达5800万吨，占世界纤维加工总量的比重保持在50%以上，化纤产量占世界的比重70%以上。

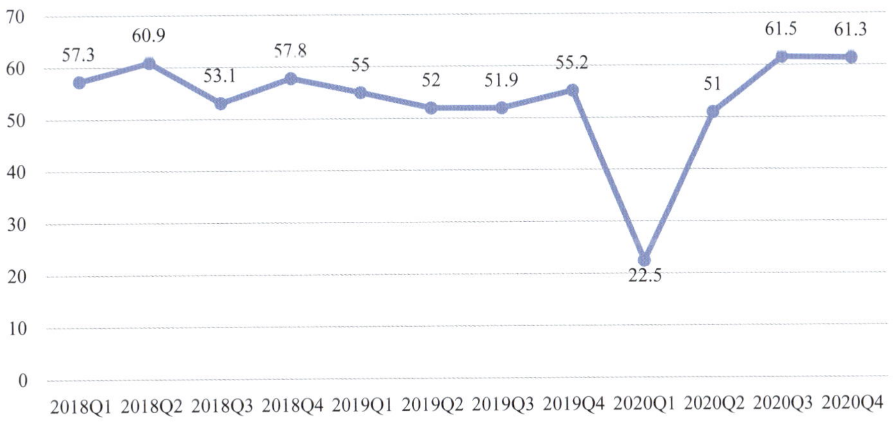

数据来源：中国纺织工业联合会

图1-6　2018—2020年纺织行业景气指数

2. 经济效益逐步回暖

2017—2019年我国纺织业营业收入呈现下降的趋势。随着内外市场需求逐步回暖，以及国家大规模减税降费等助企纾困政策措施显效，纺织企业经济效益在经历2020年初大幅下滑后，呈现稳步修复、逐季改善的态势。数据显示（图1–7），2020年，全国纺织行业企业数共18344家，与上一年持平；全国纺织业营业收入达22778.4亿元，同比下降6.7%；2020年，全国纺织业利润总额1105.4亿元，同比增长7.9%。2020年，全国纺织行业规上企业实现营业收入4.52万亿元，占全国工业4.3%，同比减少8.8%，降幅较前三季度和1—2月分别收窄3.3和20.7个百分点；实现利润总额2065亿元，占全国工业3.2%，同比减少6.4%，降幅较前三季度和1—2月分别收窄5.7和46.9个百分点。其中，产业用和家用纺织品行业盈利能力表现突出，利润总额同比分别增长203.2%和14.7%，营业收入利润率分别为11.4%和5.6%，居于产业链各环节前列。

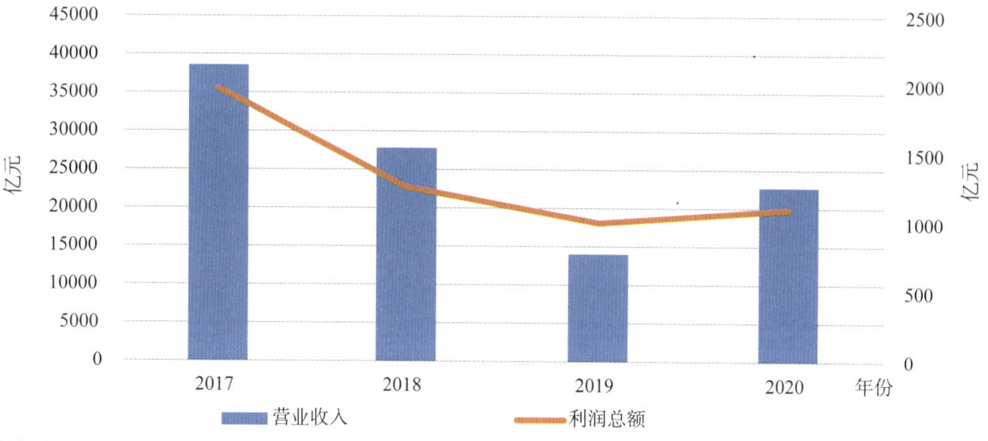

数据来源：国家统计局、中商情报网

图1–7 2017—2020年中国纺织业经营情况

3. 出口实现超预期增长

2020年国内疫情暴发初期，关闭实体商业、居家隔离、减少社交活动等防疫措施使得纺织品内销市场增速放缓。而纺织出口贸易在防疫物资拉动下实现超预期增长，2020年纺织行业出口规模创2015年以来新高，超越服装出口额。海关快报数据显示（图1–8），2020年我国纺织品服装出口总额为2912.2亿美元，同比增长9.6%，增速高于上一年11.1个百分点，出口额占世界的比重超过三分之一，稳居世界第一位，其中，纺织品出口1538.4亿美元，同比增长29.2%，这表明我国纺织品在全球产业链的核心竞争能力进一步加强。另据海关快报相关数据显示，2020年，我国口罩出口2242亿只，出口额接近600亿美元，再加上防护服、消毒纸巾等这些抗疫用的纺织品，整个出口超过700亿美元，抗疫纺织品占三分之一。

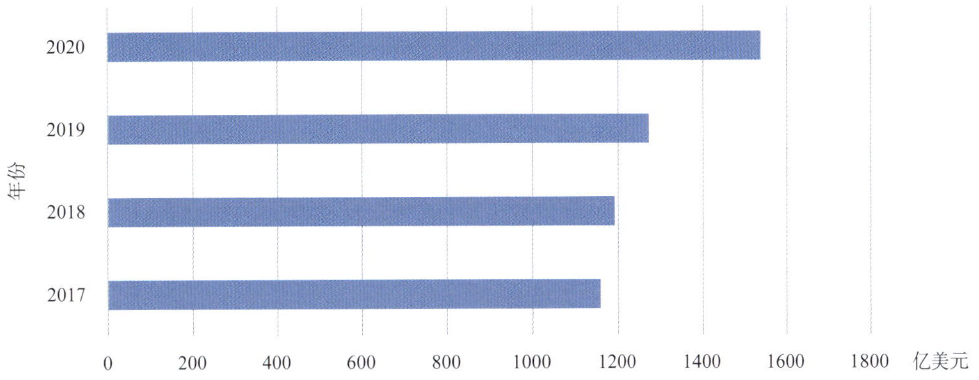

数据来源：海关总署

图 1-8　纺织品出口金额

4. 产品创新能力持续提升

“十三五”时期，我国纺织领域形成了覆盖产业链各环节的流行趋势协同研究和发布机制，产品创新能力持续提升。我国纺织行业全产业链科技创新生态环境不断改善，创新平台建设取得较大进展。截至2020年底，纺织行业共有国家制造业创新中心2个、国家重点实验室6个，国家工程研究中心2个、国家企业技术中心81家（含5家分中心）、国家认定企业工业设计中心12家；中国纺织工业联合会认定的行业重点实验室59个、技术创新中心37家；全国有100多所本科院校和300多所高职院校设有服装设计和工程专业，保障时尚设计人才队伍储备。当前，我们的工艺制造水平和我们的装备水平也都处于世界的先进地位，产品品种、质量、技术、新产品开发等方面，正逐渐缩小与发达国家的差距。但我国纺织业企业主要还是以原料生产、产品初加工以及为国际品牌代工为主，处在全球纺织业价值链的低附加值区域。从全球纺织业分布情况来看，中国主导的“中国+南亚+东盟”区域、欧盟和北美是世界纺织供应链三大中心，纺织天然原料和化纤生产主要集中在亚洲地区和美国，加工制造环节主要集中在“中国+南亚+东盟”区域和欧盟，由此可见，发达国家仍然掌握核心技术、先进装备、品牌零售等竞争优势。

5. 绿色发展成效显著

整体上，我国产业发展已经从规模数量型增长逐步转向质量效益型增长，不再以单纯的经济指标衡量产业增长，经济发展越来越注重经济、资源、环境及社会的协调发展。“十三五”时期，纺织行业贯彻落实《工业绿色发展规划（2016—2020年）》《建设纺织强国纲要（2011—2020年）》《纺织工业发展规划（2016—2020

年）》等任务要求，绿色发展成效显著：第一，能源资源利用效率持续提升。2020年万元产值综合能耗较2015年下降25.5%，二次能源占比达到72.5%，万元产值取水量累计下降11.9%，能源结构持续优良。第二，清洁生产水平大幅提高，纺织行业加大节能环保技术装备的研发和推广力度。莱赛尔纤维、生物基聚酰胺纤维、聚乳酸纤维、壳聚糖纤维等生物基纤维材料制备技术获得突破，原液着色纤维的制备规模和水平大幅提升；连续式机织物成套印染装备的自动化水平不断提高；低能耗气流染色机、气液染色机以及低浴比溢流染色机成为主流间歇式染色设备。第三，污染减排成效显著，纺织行业废水排放量、化学需氧量和氨氮排放量持续下降。第四，资源综合利用取得突破，喷水织造废水回用、印染废水分质处理、膜法水处理等废水资源化技术在行业内得到推广应用，印染废水、定形机尾气等热能回收技术得到普遍应用；化学法再生聚酯纤维产业化突破技术瓶颈，物理法和物理化学法循环再利用纤维产业化技术获得国家科技进步奖，旧衣零抛弃活动深入推进。第五，绿色设计理念在行业内获得广泛认可，2016年以来共有251种绿色设计产品、91家绿色工厂、10家绿色供应链企业被国家列入绿色制造体系建设名录，完成40余项绿色标准制定和发布，头部企业尤其是品牌企业发挥了示范带动作用，全生命周期绿色管理正在加速融入纺织产业链体系。

（三）珠宝首饰产业运行情况

中国珠宝首饰市场规模大，增速较快。随着新冠肺炎疫情逐渐得到控制，消费需求得到释放，中国珠宝首饰行业进一步发展。但中国珠宝首饰市场设计和品牌水平与国外企业存在一定差距，尚未出现绝对领导地位的龙头企业，行业整体国际竞争力较弱。基于数字化技术的全渠道发展与消费需求多元化将进一步推动中国珠宝首饰行业快速增长。

1. 珠宝首饰市场增速放缓

随着居民人均可支配收入的持续提高，消费者珠宝首饰的消费能力及消费意愿相应增加。Euromonitor（欧睿）数据显示，2007—2013年，我国珠宝首饰市场规模快速增长，增速均值达10%以上，2014—2019年，“抢金潮”提前透支了黄金珠宝消费需求，我国珠宝首饰市场增速有所放缓，均在10%以下。2020年，受新冠肺炎疫情影响，我国珠宝首饰市场增速下滑，市场规模为6154亿元，珠宝首饰行业的销售收入为968.2亿元，同比下降7.33%（图1-9、图1-10）。

2020年上半年，受新冠肺炎疫情的影响，大部分地区遵守提倡的不聚集政策配合控制疫情，致使婚宴喜事延后，全国结婚登记387.9万对，同比减少22.1%。金银珠宝行业严重受挫，增幅始终处于负增长状态，且降幅最大的月份是1—2月，降幅达41.1%，从3月开始，金银珠宝行业逐月增长幅度开始持续收窄（图1-11）。随着疫情的控制，婚庆刚需在2020年下半年得到集中释放，推动了黄金珠宝的销售，至7月，增幅首次转正，并在下半年各月均保持了较高的增长速度。

2. 黄金占珠宝首饰市场主导

从国际市场上看，美国、日本、欧洲等发达国家珠宝首饰市场均以钻石珠宝为主流。在中国，崇尚黄金珠宝的文化传统以及黄金兼具投资属性的背景下，黄金首饰在国内珠宝首饰市场占比较高，仍是主要珠宝消费种类。2013年的金价下跌引发了消费者的黄金首饰购买热潮，也提前透支了黄金首饰需求量，黄金首饰需求在2013—2016年间有所下滑。伴随经济和金价的逐渐回稳，黄金首饰行业从2016年9

数据来源：前瞻产业研究院

图 1-9　2007—2020 年中国珠宝市场规模及趋势

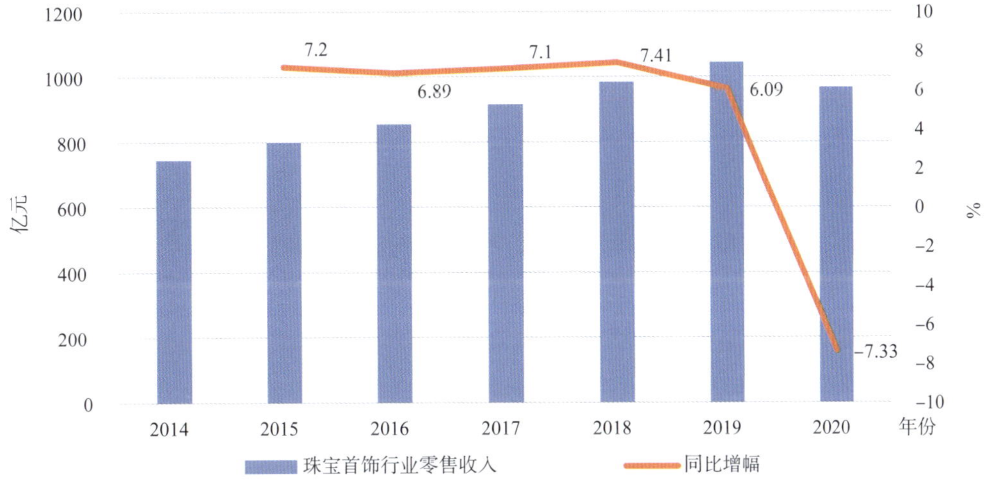

数据来源：前瞻产业研究院

图 1-10　2014—2020 年珠宝首饰行业零售收入及增长情况

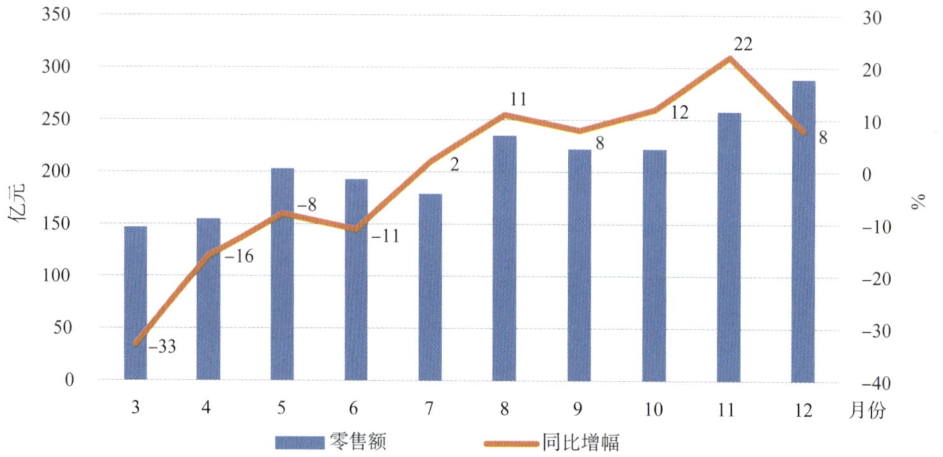

数据来源：国家统计局

图 1-11　2020 年限额以上单位金银珠宝零售额月度对比

月开始见底回升，2017年延续平稳增长，步入新一轮复苏周期。根据中国黄金协会公开信息，2018年全国黄金首饰实际消费量为736吨，与上年同期相比增长5.73%；2019年全国黄金首饰实际消费量为676吨，与上年同期相比下降12.91%；2020年，全国黄金首饰消费量达739吨，同比增长9.3%（图1-12）。

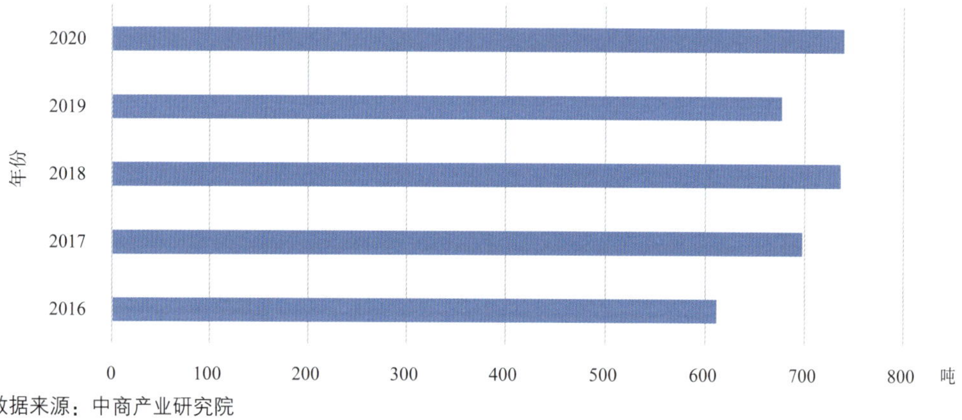

数据来源：中商产业研究院

图 1-12　2016—2020 年中国黄金首饰消费量

从国内珠宝细分品类市场结构看，2020年我国珠宝玉石首饰行业零售总额约为6100亿元，黄金产品零售总额约为3400亿元，占珠宝市场整体份额的56%左右，较2019年略有下降，但黄金产品在我国珠宝产业中仍占据较大份额（图1-13、图1-14）。2020年，黄金饰品的工艺创新主要体现为前些年几类主要产品的升级和组合，包括3D硬金、5D黄金、5G黄金和古法黄金等，全年来看，5G黄金、3D黄金、

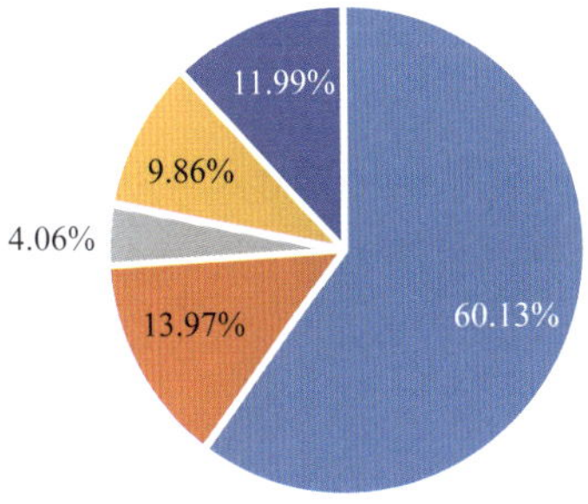

数据来源：中商产业研究院

图 1-13　2019 年国内珠宝细分品类市场结构

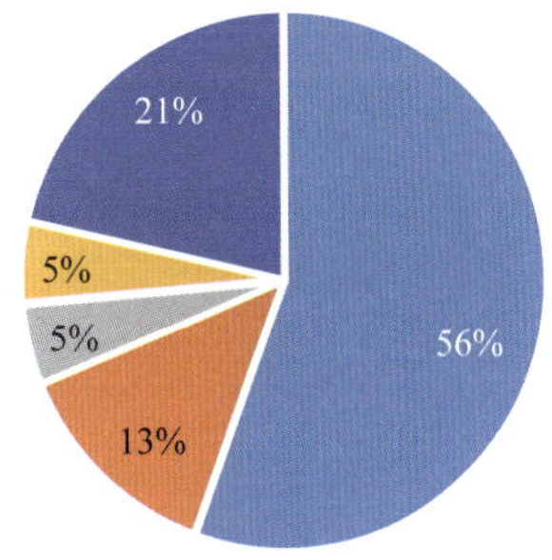

数据来源：中商产业研究院

图 1-14　2020 年国内珠宝细分品类市场结构

5D黄金等硬足金产品市场反馈良好，尽管平均客单价随单件克重有所下降，但凭借更高的附加值和更高的成交量，整体市场占比仍较高。

3.钻石消费需求持续增长

在我国珠宝首饰产品中，钻石市场始终保持着稳定增长的长期向上态势。2020年，中国钻石消费在经历上半年的低迷后，在下半年逐步恢复。2020年国内钻石饰品零售总额约为800亿元人民币，占我国珠宝市场整体份额的13%。根据贝恩咨询数据，我国全年钻石饰品零售总额同比下降约6%，相较全球钻石饰品市场零售额16%的降幅，中国市场显示出了较强的韧性。2020年上半年，因新冠肺炎疫情导致婚礼普遍推迟，这一情况使得近年来已呈现连续下降趋势的结婚人数下降幅度进一步扩大，从而影响了钻石饰品的最大基本盘，即婚恋产品的消费基础。

尽管整体消费规模因消费群体基数的下降有所缩减，但2020年钻石饰品行业仍体现出了显著的“消费升级”趋势。随着年轻消费者——尤其是年轻女性消费者——经济独立性日益提高，“悦己消费”得到快速发展，进而拓展了钻石饰品在婚恋之外的消费场景。“轻奢风”钻石饰品款式时尚、价位适中、应用场景丰富，近年得到市场追捧。特别在互联网时代，轻奢饰品以其“低价高频”的消费特点与新兴的直播电商等线上渠道高度契合，增长势头可观。调研结果显示，2020年“非婚恋”类钻石饰品市场份额占比约为25%，较2019年增长5个百分点左右。从产品类型来看，戒指的市场受欢迎程度最高，其次是吊坠、耳饰、手镯等产品。

由于我国钻石消费需求量巨大，而国内并非钻石矿床聚集地，所以我国珠宝首饰企业的钻石原材料主要通过进口获取。海关总署统计数据显示，2020年我国钻石饰品需求量为707亿元，进口总额为14.24亿美元（图1-15）。

4.实体店铺为主要销售渠道

长期以来，我国珠宝产业零售环节都是以“线下实体店铺为主，线上虚拟店铺为辅”的模式进行布局，零售门店作为珠宝行业直面消费者的最后一环，其发展状

数据来源：中国海关、中商产业研究院整理

图 1-15　2016—2020 年我国钻石饰品需求量及进口交易额

况直接决定行业整体的景气度。尽管近年来线上经济发展迅速，部分珠宝品类的线上份额已经赶超线下渠道，但整体而言，实体门店目前仍是珠宝零售的绝对主力。根据行业调研统计，截至2020年末，全国珠宝零售门店数量约为8.1万家。珠宝首饰行业线上渗透率相较其他奢品品类仍较低，在电商领域，中国的珠宝首饰销售额的线上渗透率从2019年的7.3%左右增长到2020年的10.5%，相对于奢品鞋包线上渗透率（23.5%~37.2%）仍有较大的增长空间。从代表性企业的门店布局看，2020年周大福线上销量占比达到4.8%，周大生4.2%，老凤祥3.2%，APM8.4%，远低于潘多拉的33%，表明当前中国珠宝首饰整体市场消费以线下实体店铺为主。

从细分行业看，翡翠和和田玉的线上消费热度不减，消费群体不断扩大。根据行业调研统计，2020年翡翠产品零售总额约为900亿元，占我国珠宝市场整体份额的15%左右。其中，线下实体渠道零售额占比约为40%，线上渠道占比约为60%，但是由于主播专业素养参差不齐，加之直播产品普遍价格较低，因此在产品质量保证、产品创新方面都有待进一步加强。2020年和田玉零售总额约为300亿元，占我国珠宝市场整体份额的5%左右。其中，线上零售额占比由上一年的50%提升至70%左右，虽然线上渠道偶有万元以上级别的玉石成交，但总体仍以客单价500元以下的走量销售为主，且消费黏性有待加强。

5. 市场集中度小幅提升

珠宝行业市场集中度较低的主要原因在于，珠宝具有彰显社会地位和时尚享乐两大特性，并且其次要特性如材料、设计、风格等细分特性多且变化快，客观的次要特性使一家公司或者品牌很难兼顾两大特性，从而导致产生国内外的珠宝行业市场集中化普遍较低的情况。根据Statista发布数据，2020年世界珠宝首饰行业CR10为12.63%，CR5为14.57%，其中LVMH集团占比最大，达到8.27%；排名前十品牌中，欧洲品牌占50%，美国品牌占30%，印度、中国香港品牌各有一个。对比中国情况，2020年中国珠宝行业CR5约占19.82%，CR10约21.14%，说明市场尾部长，集中度低，品牌份额小。其中大陆地区市场份额第一的品牌周大福市场占有率约9.5%，第二名老凤祥市场占有率8.4%，第三名周大生市场占有率0.08%。综合来看，中国业内市场集中度小幅领先国际市场，且领先企业竞争程度呈现越发激烈的趋势。

（四）化妆品产业运行情况

由于中国经济的快速发展，人均可支配收入持续提高，消费者的消费频次加快，消费金额加大；同时，在化妆品消费渗透率不断提升、核心化妆人口持续扩散等因素的多重影响下，我国化妆品行业保持了持续高速增长的态势。

1.产品供给稳定提升

近年来，我国化妆品相关企业注册量快速增长，行业处于高速增长期。查阅相关数据显示，2020年我国新注册化妆品相关企业数277万家，同比增长12%，其中，第四季度新注册企业数为82.7万家（图1-16）。艾媒咨询（iiMedia Research）调查数据显示，2019年化妆品备案数量基本集中在年底，而2020年化妆品备案数主要集中在年中及12月，这主要是受疫情防控形式的影响（图1-17）。2020年第二季度，随着疫情防控形式好转，消费者对化妆品的消费需求得到释放，提高了企业的活跃度。而年末的《化妆品注册备案管理办法》等条例的发布也令企业产品储备步伐提速。

从化妆品产量来看，自2013年以来，我国化妆品产量稳定增长，2017年化妆品市场开始迎来爆发式增长，年产量突破100万吨，至2020年我国化妆品产量已达127万吨，市场规模呈进一步扩大趋势（图1-18）。

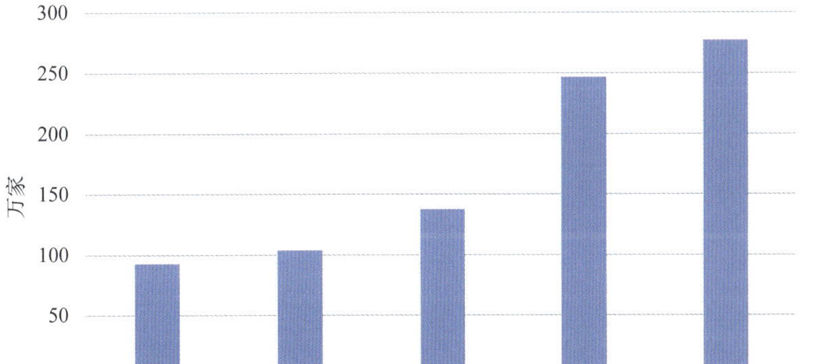

数据来源：企查查、中商产业研究院整理

图1-16　2016—2020年中国化妆品新注册企业数

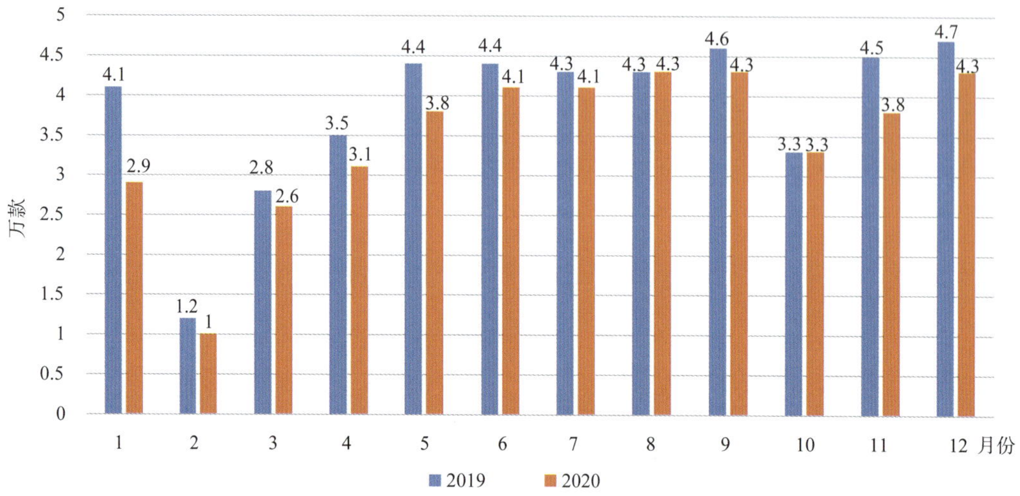

数据来源：艾媒数据中心

图 1-17 2020 年 1—12 月中国化妆品备案数量

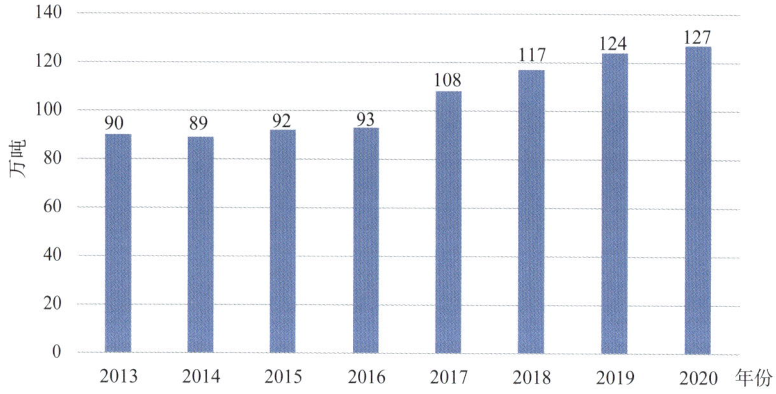

数据来源：艾媒数据中心

图 1-18 2013—2020 年中国妆品产量

2. 进出口额持续增长

中国是全球最大的化妆品消费市场。2015年以来，中国美容化妆品及洗护用品行业进口量和进口金额逐年递增。数据显示，2020年中国美容化妆品及洗护用品进口数量、进口额分别为45.42万吨、202.5亿美元，较2019年均有较大幅度的增长（图1-19）。从月度数据来看，2020年1—2月中国美容化妆品及洗护用品进口数量、进口额分别为5.38吨和20.75亿美元；3—12月期间，进口量和进口额在9月达到最高值，分别为4.88吨和24.05亿元；截至2020年9月，中国美容化妆品及洗护用品进口量、进口金额已超越2019年全年统计量，累计进口量和进口金额分别为33.86万吨、144.12亿美元，同比增长4.7%和25.5%（图1-20）。

随着中国年轻消费群体对高品质化妆品的追求，越来越多的国际化妆品品牌进

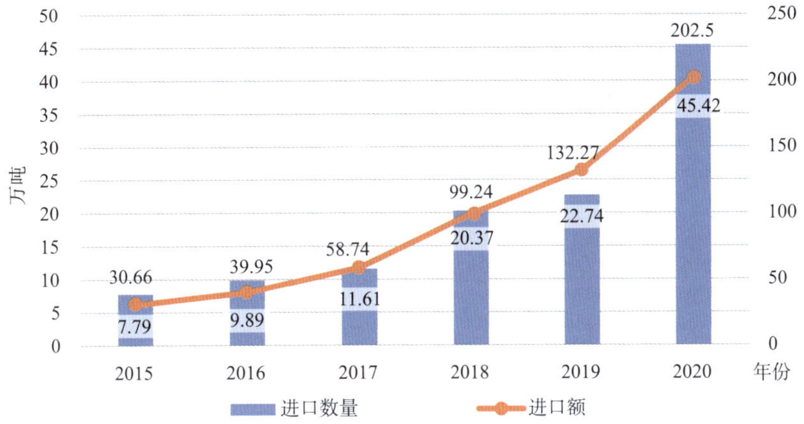

数据来源：中国海关

图 1-19　2015—2020 年中国美容化妆品及洗护用品进口数量、进口额

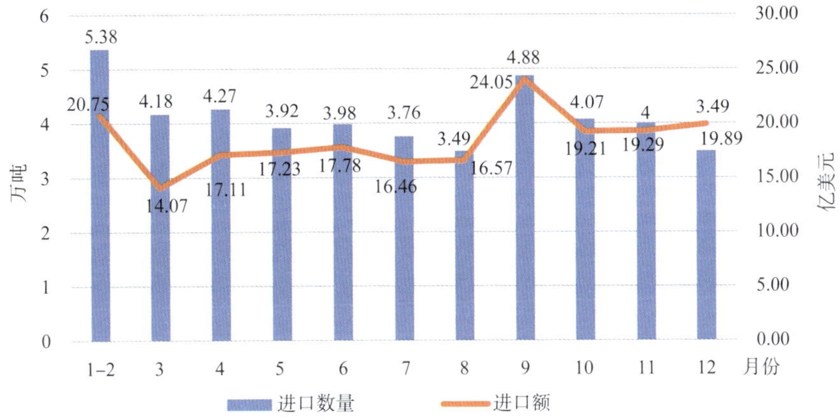

数据来源：中国海关、华经产业研究院

图 1-20　2020 年 1—12 月中国美容化妆品及洗护用品进口数量及进口额

入中国市场。2014—2018年，中国进口化妆品备案数量持续增长，并在2018年达到峰值，随后在2019年受贸易摩擦等因素影响，进口化妆品备案数量有所减少。2020年，中国进口化妆品备案数为2.2万家，较2019年增加1000款，高品质的国际化妆品品牌在中国市场的优势依旧显著（图1-21）。

与此同时，中国化妆品企业也在近几年纷纷走出国门，出口量和出口金额持续增长。2019年中国化妆品出口量21.01万吨，出口金额27.74亿美元。2020年，中国化妆品进出口呈“逆差”，据中商产业研究院数据显示，美容化妆品及洗护用品出口量为99.90万吨，同比增长4.3%；出口金额为42.44亿美元，同比下降11.2%（图1-22）。

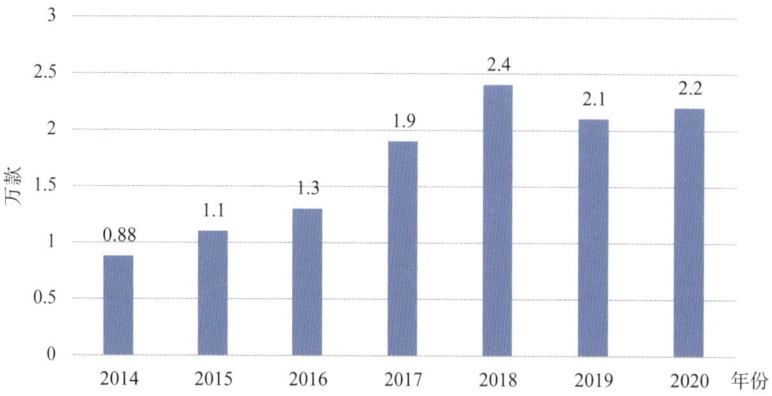

数据来源：艾媒数据中心

图 1-21　2014—2020 年中国进口化妆品备案数量

数据来源：中商产业研究院

图 1-22　2015—2020 年中国美容化妆品及洗护用品出口量、出口额

3. 市场规模增速不断提升

随着居民人居可支配收入的不断提高，国人对外在形象要求与认知持续提升，化妆品日益成为广大消费者的刚性需求。与此同时，欧美及日韩大牌化妆品公司加速开拓我国市场，国内化妆品消费需求不断增加。2012—2020 年，我国化妆品市场规模从 364.48 亿美元增加到 732.03 亿美元，虽然 2020 年的疫情对整体经济造成了较大的影响，但在此环境下的化妆品市场规模仍能保持 6.83% 的正向增长率，充分体现了我国化妆品市场未来发展的无限潜力（图 1-23）。

尽管疫情的暴发使得年初线下化妆品实体零售面临销售下滑的困境，但是化妆品在消费类中具有较强的消费韧性。数据显示，2020 年我国化妆品限额以上单位零售额再创新高，达到 3400 亿元，同比增速 9.5%，全年保持高景气状态（图 1-24）。在 1—2 月，受疫情蔓延影响，化妆品类零售总额有所下降。随着疫情缓解，化妆品消费回暖，零售额在 7 月实现反弹。11 月，行业商家发力“双十一”电商节，化妆

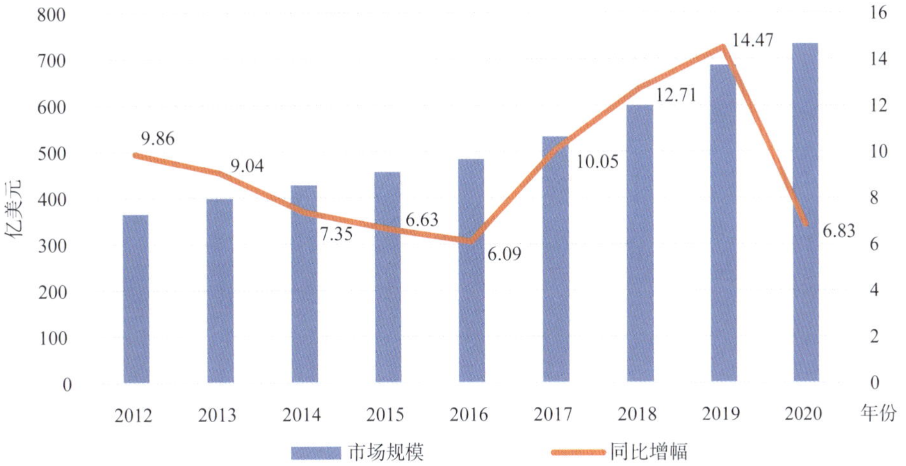

数据来源：前瞻产业研究院

图 1-23　2012—2020 年中国化妆品行业市场规模

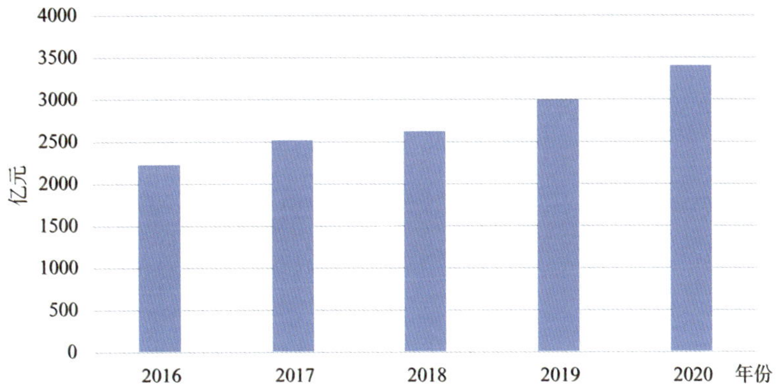

数据来源：中商产业研究院数据库

图 1-24　2016—2020 年中国化妆品零额

品零售额同比增速出现峰值。直至12月，中国化妆品零售额累计值同比增长9.5%，达到3400亿元。与发达国家相比，我国化妆品人均消费额仍有较大的提升空间，随着我国居民对自身外形重视程度以及消费水平的不断提高，预计我国人均化妆品消费水平还将得到进一步提高。

4. 护肤品市场保持高增长率

在我国化妆品行业，护肤品市场规模占比一直保持在第一位。2020年，在全球护肤品市场规模衰退的背景下，中国护肤品行业逆势增长，呈现出一片繁荣景象。数据显示，2020年，国内护肤品行业市场规模达412.3亿美元，同比增长10.1%，展现出行业较高的抗风险能力（图1-25）。从市场结构看，护肤品依然是中国化妆品市场的主力军，占整个市场份额的56.32%，比2019年增加了5个百分点。

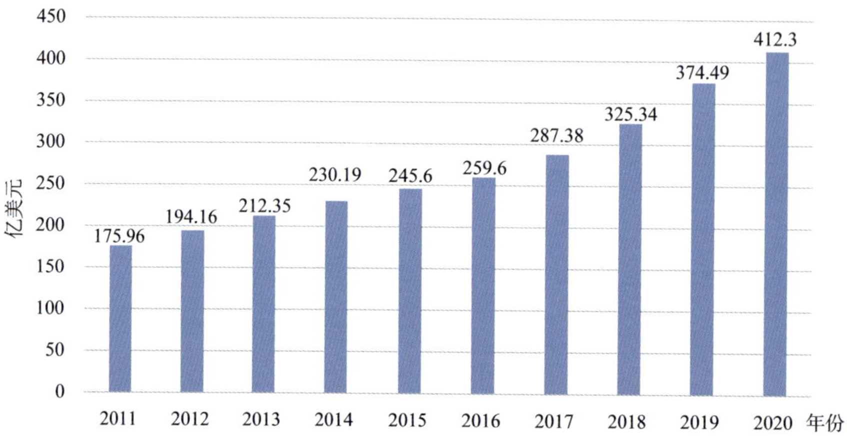

数据来源：前瞻产业研究院

图 1-25　2011—2020 年中国护肤品市场规模

护肤品行业的快速发展主要受到以下因素的影响：第一，随着我国居民消费能力的提升，越来越多的人开始追求高品质生活，并且将护肤品纳入高品质生活的重要组成部分。第二，随着智能手机和各类社交、即时聊天工具的普及，自拍等消费者形象展示的频次增加，颜值的重要性被提升到新高度，护肤品作为提高颜值的重要组成部分一直以来都受到人们的重点关注。第三，消费人群结构发生变化，男性护肤品市场拥有较好的增长潜力，艾媒咨询调查数据显示，2020年“双十一”男性护肤品涨势明显，达到30%。

5. 国际高端品牌占据主导地位

与化妆品行业的高度景气相适配，2020年美妆企业迎来发展黄金期，上海家化、丽人丽妆、逸仙电商、珀莱雅、贝泰妮、华熙生物等企业纷纷上市。但不可否认的是，我国化妆品行业整体竞争格局较为分散，本土品牌主要在大众市场占有一席之地，而高端市场仍由国际品牌所占领。在各机构出台的高端化妆品排行榜中，几乎看不到本土品牌的身影。在2020年天猫发布的11月1日0点至11日1点美妆品牌实时成交榜，前十名均为外资品牌，欧莱雅、雅诗兰黛、兰蔻揽获前三，其他依次为后、玉兰油、SK–II、资生堂、雪花秀、海蓝之谜和科颜氏。艾媒数据中心发布的《2020年11—12月中国化妆品行业月度运行及年终盘点数据检测报告》也显示，2020年11—12月中国护肤品品牌市场排名前五的均为日韩和欧美品牌，占据了19.3%的市场份额，排在前三位的欧莱雅、雅诗兰黛及兰蔻，市场占有率分别为5.4%、4.6%及4.4%（图1–26）。由于中国多数国产化妆品品牌成立时间较短，知名度以及技术发展均较为不成熟，而受中国消费者青睐的国际品牌多为中高端品牌，这进一步挤压了国产中高端化妆品牌的生存空间。

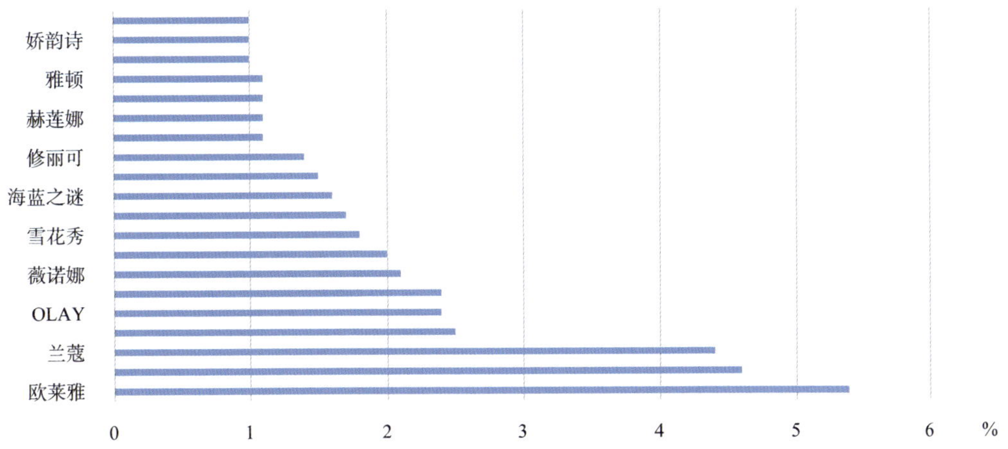

数据来源：艾媒数据中心

图 1-26　2020 年 11—12 月中国护肤品品牌市场占有率

6. 电商成化妆品销售主要渠道

近年来，随着我国电商行业趋于稳定，线上渠道模式逐渐多元化，主要包括垂直电商平台、社交电商平台、综合B2C平台和部分新兴渠道等。电商渠道崛起于2009年，其市场占比从2009年的不到1%迅速攀升至2019年的30%。但受制于流量红利逐渐消失、获客成本高企、竞争白热化导致利润降低、无法获得直观体验以及配套增值服务少等原因，线上渠道增速也存在一定的不确定性。2020年，受新冠肺炎疫情的影响，化妆品店铺大规模长时间关停给行业造成了巨大冲击，护肤品消费进一步向线上渠道转移。2020年“双十一”期间，全网22个电商平台，化妆品销售额超过900亿元，电商促销对化妆品销量的拉升作用明显。具体来看，阿里系（天猫、淘宝）、京东和抖音成为护肤品销售的主要平台。日化最前线统计数据显示，2020年1—11月，阿里、京东两大平台护肤品品类销售额增速达22.4%，远高于行业整体增速。2020年抖音美妆短视频日均播放量超过20亿，同比增长67%；日均发布量超过75万，同比增长约114%；均互动量超过3400万，同比增长约36%。

从品牌销售额占比来看，国产品牌异军突起。日化最前线整理的阿里、京东两大平台护肤品TOP20品牌销售情况数据显示，销售额占比TOP10品牌基本由国外高端品牌占领，国产品牌位居第二梯队（图1–27）。凯度消费指数公布的《2020年中国护肤品品牌消费者触及指数及排名》显示，2020年中国护肤品品牌消费者触及指数排名TOP10中，本土国货品牌占据七个名额，表明本土平价大众护肤在一定程度上正在逐渐被消费者认可（表1–1）。

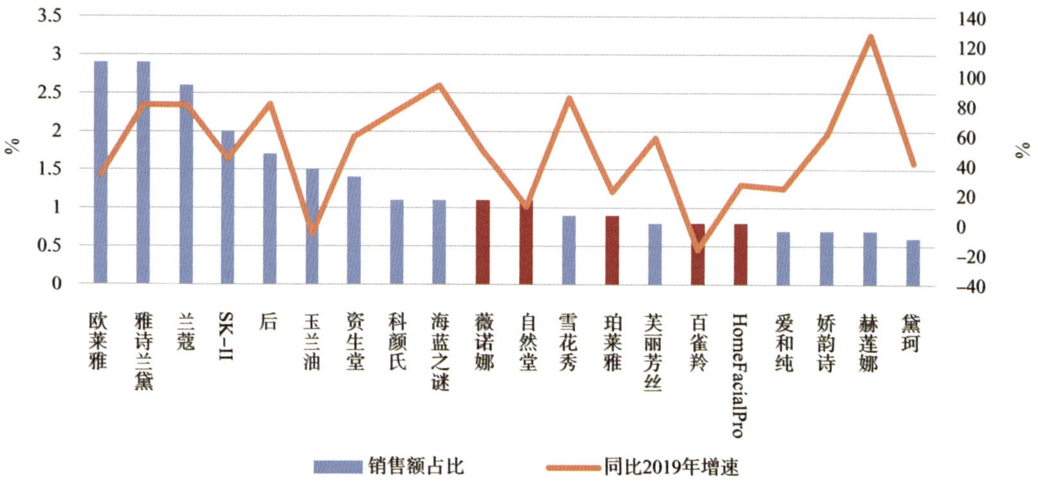

数据来源：日化最前线

图 1-27　2020 年 1—11 月阿里、京东护肤品 TOP 品牌 20 销售额占比及增速（红色标注为国产品牌）

表 1-1　2020 年中国护肤品品牌消费者触及指数排名

排名	品牌	定位
1	百雀羚	大众
2	大宝	大众
3	欧莱雅（法国）	大众/中端
4	Olay（美国）	大众/中端
5	妮维雅（德国）	大众
6	相宜本草	大众
7	自然堂	大众
8	韩束	大众
9	一叶子	大众
10	水密码	大众

数据来源：凯度消费指数

（五）文化创意产业运行情况

文化创意产业具有高附加值、可持续发展性、大容量的就业机会和高于国民经济的增速等特征。近年来，我国政府积极出台促进文化创意产业发展的各项政策，使社会力量投资文化创意产业热情高涨，文化创意产品和服务丰富多样，文化及相关产业增加值逐年提升。

1. 产业整体实力不断增强

随着我国经济的快速发展，居民消费结构逐步升级，从以“物质消费”为主转向以“精神文化消费”为主，极大地刺激了我国文化创意产业的快速发展。国家统计局数据显示，2020年我国共有规模以上文化及相关企业5.9万家，全年实现营业收入98514亿元；上半年实现营业收入40196亿元，同比下降6.2%，但降幅比一季度收窄7.7个百分点。文化新业态特征较为明显的16个行业小类实现营业收入12939亿元，增长18.2%。分行业类别看，文化创意和设计服务业增速平稳，实现营业收入15645亿元，同比增长27.4%（图1–28）；新闻信息服务营业收入3996亿元，同比增长13.4%，继续保持较快增长；其余行业虽同比仍在下降，但降幅比一季度明显收窄。

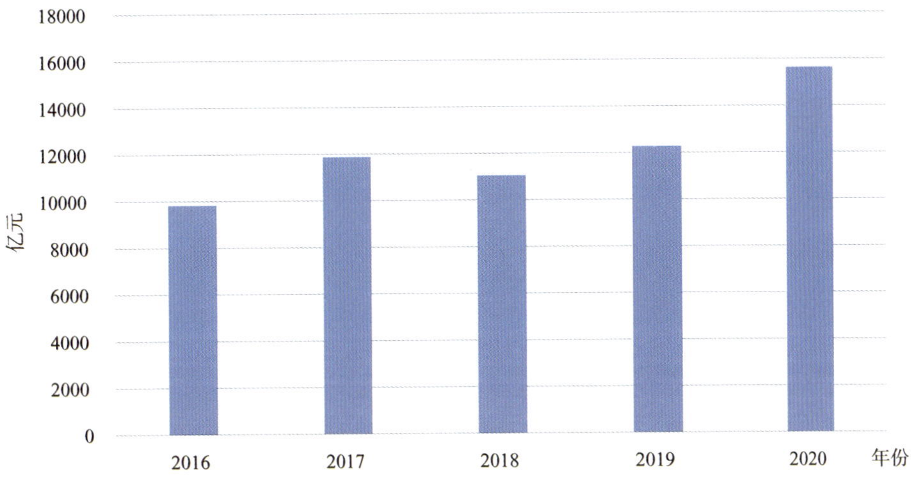

数据来源：国家统计局、中商产业研究院整理

图1–28　2016—2020年中国文化创意和设计服务营业收入

2. 集群化发展趋势明显

在国家和地方政策的鼓励下，文化创意产业园作为文化产业的重要载体进入快速发展期，文化创意产业集聚化发展趋势逐步形成。目前，我国文化创意产业已经初步形成了以国家级文化创意产业示范园区和基地为龙头，以省市级文化创意产业园区和基地为骨干，以各地特色文化产业群为支点，共同推动文化产业加快发展的格局。从区域发展格局来看，以广州、北京、上海等地为代表的珠三角文化创意产业区、长三角文化创意产业区和环渤海文化创意产业区构成了我国文化创意产业发展的三级；此外，中部地区的湖南、湖北，西部地区的重庆、四川、陕西、云南也具备良好的发展条件和产业基础，形成了以昆明、丽江和三亚为代表的滇海文化创意产业区，以重庆、成都、西安为代表川陕文化创意产业区和以武汉、长沙为代表中部文化创意产业区，全国文化创意产业区遍地开花，蓬勃发展（表1–2）。

表 1-2　我国文化创意产业六大区域板块

文化创意产业区	城市及特点
环渤海文化创意产业区	以北京、天津、大连等区域为核心，延伸至济南、青岛、沈阳、秦皇岛、唐山等地，文化创意产业园区已经呈规模化发展，多家文化创意产业园区已成为某一类型文化创意产业园区的标志性园区。北京文化创意产业园区发展最为迅速且具有代表性，以文艺演出、广播影视、文艺动漫、时装设计等为主
长三角文化创意产业区	以上海为核心，加以辐射苏州、南京、杭州等城市，各地区彼此关联，协作与竞争并举。上海文化创意产业园区重点是旧厂房改造，大量旧厂房结合其区域特点进行重新规划与改造，升级形成具有特色的文化创意产业聚集区；苏州已成为长三角地区的创意产业生产基地，是上海创意产业链的延伸；南京和杭州则聚集了一批以艺术设计、室内装饰设计、广告策划、动漫为主的文化创意产业园区
珠三角文化创意产业区	以广州和深圳为主的新文化创意产业聚集区在近几年快速崛起，是全国唯一的“双核模式”。广州市文化创意产业发育较早，发展较快；深圳市在近几年大力发展平面设计、动漫、传媒、文化旅游等文化创意产业，文化产业已经成为深圳经济支柱产业，在其发展中占据了重要位置
滇海文化创意产业区	以昆明、丽江、海口和三亚为代表，在影视、会展、艺术表演及文化旅游等行业独居特色，极大地带动了周边地区创意产业的发展
川陕文化创意产业区	由重庆、成都和西安三个西部大城市构成，在工业设计、动漫、网络游戏等产业上具有一定优势
中部文化创意产业区	以长沙、武汉、南昌为核心，依托长株潭城市群、武汉城市群和环鄱阳湖经济带三大区域经济体，形成了中部地区规模最大、最具代表性的创意产业集群区，湖南的影视与动漫业、湖北的工业设计与信息产业、江西的数字出版与陶瓷艺术形成了独特的创意产业链

资料来源：前瞻产业研究院、中商产业研究院

3. 深度融合发展的路径逐步形成

随着我国新型工业化、信息化、城镇化和农业现代化进程的加快，文化创意产业已贯穿于经济社会的各领域、各行业，与旅游业、传统制造业、农业等逐渐形成“越界、渗透、提升、融合”的多样路径。“互联网+”与文化创意产业融合。“互联网+”作为一种新的经济形态，与文化创意产业具有良好的融合效应，能够利用信息化、物联网、智能化等创新技术为文化创意产业的创新提供低成本、多渠道的技术平台；同时，互联网成为文化创意产业生产和消费的重要平台，促使创意人员从互联网思维方式考虑用户的需求，使文化创意服务与产品更能适应互联网的生产和传播需要。作为一个以创新为驱动的产业，文化创意产业需要紧随互联网的潮流，不断更新自己的内容和形式，保持产业发展的生命力。文化创意产业与旅游业融合。文化与旅游有着天然的联系，文化是旅游的灵魂，旅游是文化的重要载体。通过举办文化旅游节庆活动、打造高品质旅游演艺产品、开发文化旅游工艺品等，一方面以文化创意引领对旅游资源、衍生产品等的开发，以文化的活力提升旅游项目、旅游产品等的内涵；另一方面也为文化创意产业提供了极为广阔的应用空间，成为其快速发展的重要引擎。

4. 技术创新驱动产业快速发展

在互联网、物联网、大数据、云计算、人工智能、5G等技术快速发展的背景下，文化创意产业在原有文化资源的基础上，融入新技术，朝智慧化的方向发展。在文化创意产业园区的发展过程中，新技术的广泛应用提高了园区的运营及服务水平，为入驻企业提供更好的服务，有力地促进了园区的发展。对于文化创意类企业而言，具备数字化、技术化与工业化能力的公司能够持续满足新人群、新内容的消费形态（例如5G时代下VR、AR、MR等消费内容）。文化创意产业领域的科技创新，更新了文化创意产品的创作模式和传播方式，为企业提供了从前期的创意策划、方案设计，中期的现场制作及后期维护等全流程解决方案，真实完整地呈现了创意设计方案，实现了创意设计和文化科技的双轮驱动。

5. 投资金额和数量有所下滑

近年来，国家大力推动文创产业发展，完善现代文化市场体系，推进文创领域产融结合，从制度改革、政策引导等层面推进文创产业积极健康发展。但是，受资管新规及配套政策持续影响，“募资难”困境深化，投资机构出手谨慎，在经历了2017—2018年近两年的活跃投资期后，文创领域投资热度有所冷却，投资金额和数量均下滑。根据清科研究中心私募通数据，2019—2020年上半年，中国文化产业领域共披露投资事件3438起，其中有2695起事件披露投资金额，披露总投资金额达2037亿元人民币，单笔平均投资金额超过7500万元人民币。整体来看，中国文化产业领域的披露投资事件数和投资金额均呈波动下降趋势，季度披露投资案例数和投资金额的峰值分别在2019年第三季度和第四季度，受宏观经济形势及新冠肺炎疫情的影响，自2020年以来的季度披露投资案例数和投资金额均有较为明显的下滑。

从地域分布看，投资主要集中在东部大城市，中西部地区投资案例和金额均较小。2019—2020年上半年，中国文化产业投资共涉及93个城市，其中北京、上海、深圳、杭州四个城市合计披露投资案例数2490起，占该期间全国总数的72.4%；从披露投资金额来看，四地合计披露投资金额约1626亿元，占期间行业披露总投资金额的比例近80%（图1-29）。与上述城市相比，中西部地区投资案例和金额均比较小，成都投资数量81起，投资金额39.8亿元，每起投资的投资金额相对较高；西安的投资数量和金额双低，投资数量有27起，投资金额仅有2.5亿元；武汉投资案例数量相对较多（为53起），但金额较少；合肥投资案例25起，金额相对较高，平均每个案例投资8.68千万。

（六）时尚传播产业运行情况

随着互联网与媒体的不断深度融合，中国传媒产业发展取得了举世瞩目的发展成就。在数字经济、网络空间、5G、人工智能的背景下，时尚传播产业加速变革，

数据来源：前瞻产业研究院

图 1-29　2019—2020 年上半年中国文化创意产业投资部分地区分布情况

迎来新的发展期，进入大众自媒体传播时代，大众媒体、平台化媒体、自媒体等传媒形态并存且相互竞争。

1. 产业结构深度调整

近年来，中国传媒产业快速发展，产业规模持续扩大。2019年，中国传媒产业规模22887.8亿元，增速达9.2%。到2020年，中国传媒产业总产值达25229.7亿元，同比增长6.51%，虽然增长率较上年下跌3.3个百分点，但依然高于GDP增长率。传媒产业整体格局在保持稳健的同时进行深度的结构性调整和政策规制的调整，细分领域呈两极化发展态势。进入21世纪，我国传媒产业在技术和政策的引导下加速融合发展，传统媒体在竞争中积极探索转型发展，网络媒体的规模已经远超传统媒体的市场规模，传媒行业进入移动融合时代。国家信息中心发布的《中国网络媒体社会价值白皮书2019》数据显示，2019年中国互联网传媒占据了传媒业市场的八成，传媒产业发展进入大众自媒体传播时代，网络媒体与传统媒体的融合取得了很大进展。到2020年，传媒细分领域的两极分化趋势进一步加剧。报刊、图书、电影等传统领域业务受新冠肺炎疫情影响收入有所下降，但网络视听、网络广告、网络游戏等互联网业务在疫情背景下的“宅经济”中呈超常发展态势，直播、视频等大流量应用场景拉动移动互联网接入流量迅猛增长。数据显示，2020年，移动互联网接入流量消费达1656亿GB，较2019年大幅增长35.7%。

2. 融媒体传播业务增长明显

2020年中国媒体融合驶入升级、深化的快车道，各大媒体同时在战略层面推进媒体融合的纵深发展。中央广播电视总台在“5G+4K/8K+AI”全新战略布局下全面推开内容供给侧结构性改革；湖南广电“芒果模式”迭代为2.0版，从原有的“一体两翼，一体多元”升级为“一云多屏，多元一体”；上海东方传媒集团（SMG）推出BesTV+流媒体战略，将流媒体战略上升为集团整体战略。除了壮大自建平台，在第三方平台布局方面，各家传媒机构也加大发展力度。在政策引领和激励下，主流媒体全面挺进短视频的主阵地，加速布局和发展短视频业务。

强力推进之下，各家媒体的融媒体传播业务也出现明显增长态势。以广电机构为例，CTR媒体融合效果评估体系数据显示，截至2020年底，21家广电机构自有App产品累计下载量增长翻倍，15家广电机构微信账号年度阅读量实现翻番，235个广电机构微博账号的粉丝量过百万，25个广电机构短视频账号的粉丝量翻番，广电机构在抖音、快手平台上粉丝量超百万的账号达到334个，其中25个粉丝量达千万级的账号已成为市场顶流。

3. 短视频行业发展迅猛

自2011年中国短视频行业萌芽以来，随着互联网的深化普及以及Z世代群体的崛起，行业经历了爆发式增长，现已形成了一套较为成熟、稳定的产业链体系。2016—2017年，中国短视频行业爆发式增长，市场规模在2018年达467亿元，增长率达744.7%。2019年至今，短视频与直播带货快速发展，叠加疫情因素进一步推动了短视频市场规模的扩张。

短视频行业的发展主要受到以下因素的影响：一是庞大的网络视频用户规模。2020年，新冠肺炎疫情使得全国上下进入“待机模式”，与此同时，全民“居家抗疫”也让短视频行业迎来了爆发式增长。数据显示，2020年3月，我国短视频用户数为7.7亿人，截至12月，该指标增长到8.7亿人，占网民整体的88.3%，占网络视频用户总量的94.17%（图1-30）。二是短视频自身的优势。5G网络在下沉市场的

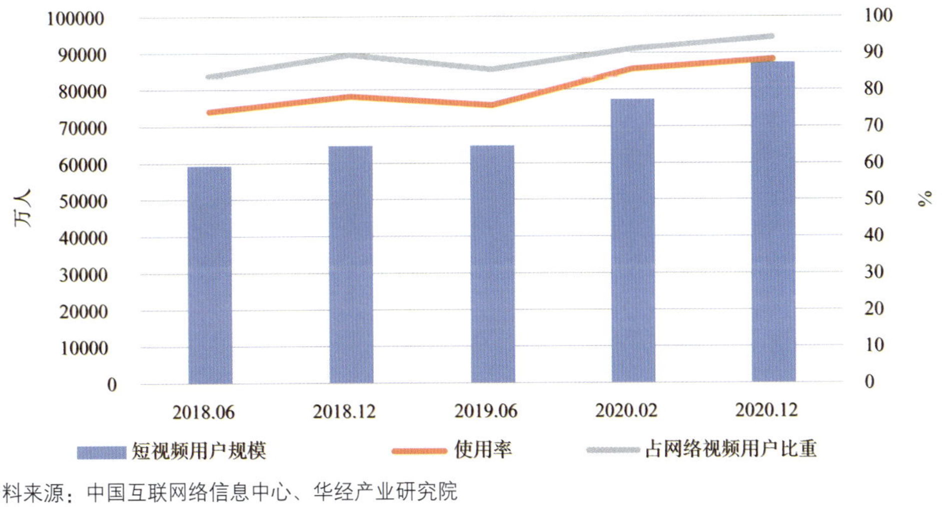

资料来源：中国互联网络信息中心、华经产业研究院

图1-30　2018.06—2020.12短视频用户规模

降价提速，短视频应用呈现出准入门槛低、观看便利、社交功能完善的特点，对下沉市场新网民的吸引力和拉动作用最为明显。相比于长视频，短视频在吸引力和节省时间方面具有一定优势，已成为娱乐的主要形式。三是短视频平台开放广告变现行为，这是短视频最主要的商业变现途径。2016—2019年，短视频/直播广告市场规模保持高速增长，2019年市场规模已经达到814亿元，相比2016年翻了五十倍，2020年市场规模已达到1351亿元（图1-31），较2019年增长65.97%，已逐渐形成较为成熟的产业链体系与商业模式。

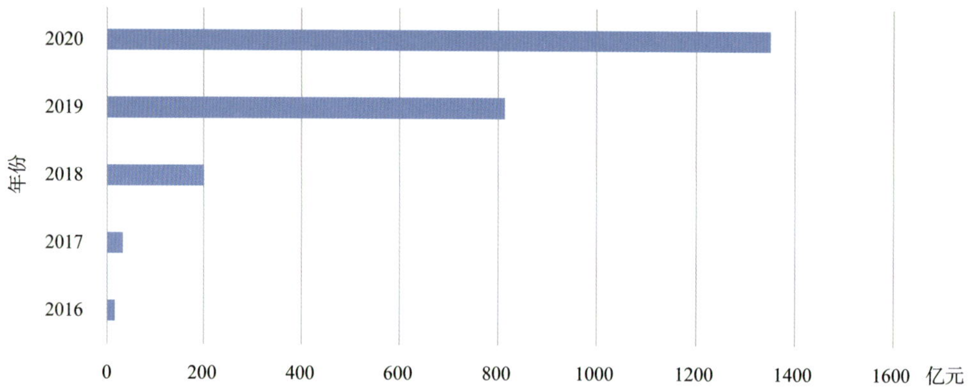

资料来源：快手招股说明书、华经产业研究院

图1-31　2016—2020年短视频广告市场规模

4. 网络广告行业迭代升级加快

网络广告是广告主为了推销自己的产品或服务在互联网上向目标群体进行有偿的信息传达，以此引起群体和广告主之间信息交流的活动。与传统的四大传播媒体（报纸、杂志、电视、广播）广告及户外广告相比，网络广告具有得天独厚的优势，如覆盖面广，观众基数大，传播范围广阔，不受时间限制，广告效果持久等多重优势。2007年以来，网络广告行业取得迅猛发展，政府规章制度等相关规范类文件相继出台，行业得到了进一步净化，同时，在创新、竞争格局和投放的形式上，发生了巨大的变化，行业迭代升级加快。网络广告收入规模增长态势可观，2020年中国五大媒体广告收入规模达8529.4亿元，较上一年增长12.88%，其增长主要来自网络广告收入规模的扩大。2020年中国网络广告市场规模达7666亿元，同比增长率为18.6%，占中国五大媒体广告总收入的89.9%（图1-32）。

从细分市场看，2020年，中国网络广告不同媒体的份额构成变化趋势越发清晰。2020年，电商平台广告形式丰富，平稳增长，市场规模达3057亿元，占领网络广告整体规模的39.9%，继续蝉联网络广告市场第一大媒体类型（图1-33）。短视频平台广告增长显著，2020年市场规模达1336亿元，以17.4%的市场份额超过搜索引擎成为网络广告市场第二大媒体类型。中国搜索引擎广告市场占比持续减少，2020年企业营收规模达到1329亿元，同比降低3.2%，市场占比为13.9%（图1-34）。

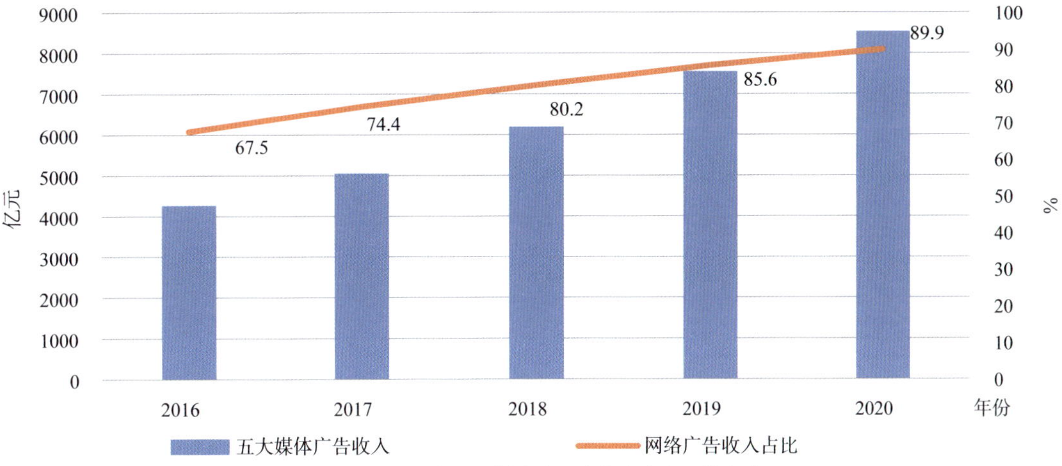

注：五大媒体广告分别为杂志广告、报纸广告、广播广告、电视广告和网络广告。

数据来源：前瞻产业研究院

图1-32　2016—2020年中国五大媒体广告收入及网络广告收入占比

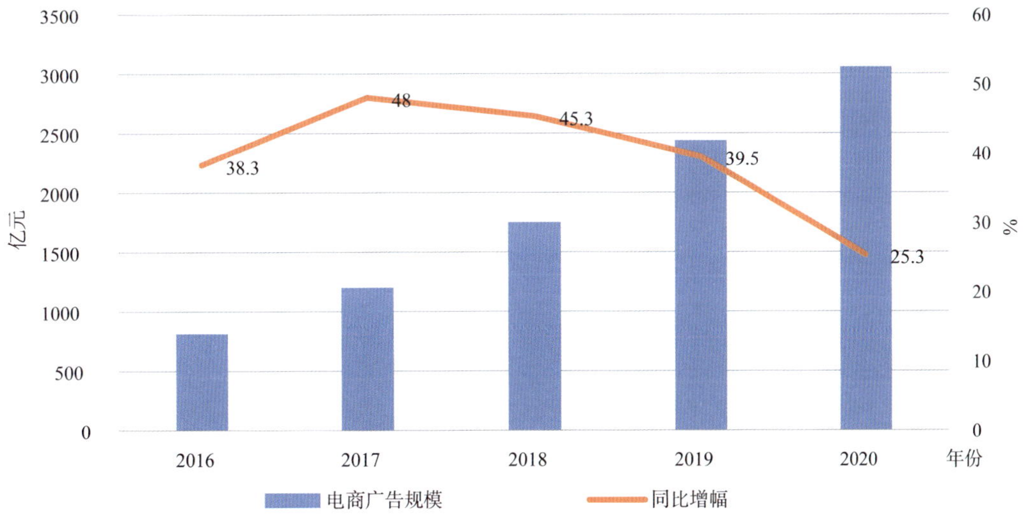

数据来源：前瞻产业研究院

图1-33　2016—2020年中国电商广告市场规模及变化

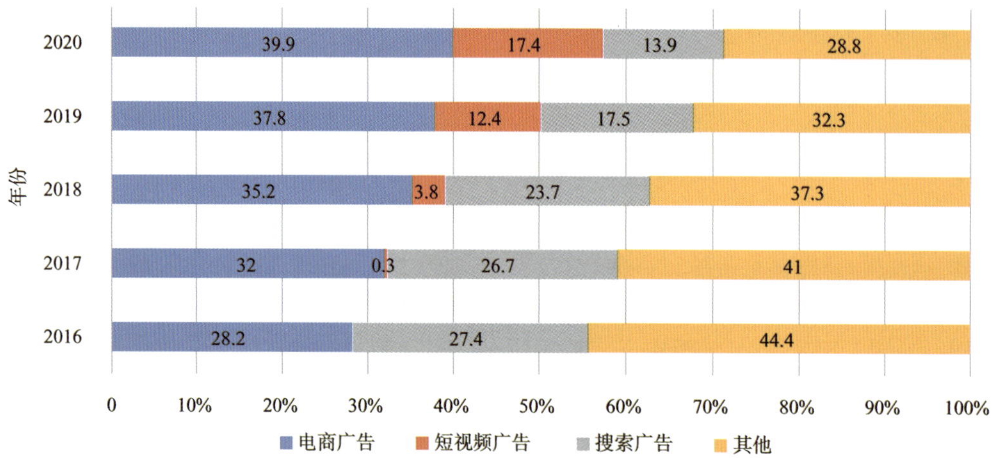

数据来源：前瞻产业研究院

图 1-34　2016—2020 年中国不同广告形式网络广告市场份额

（七）消费电子产业运行情况

电子消费产品的发展大幅提升了消费者的生活便利程度，成为日常生活不可或缺的组成部分。近年来，国家发布的与消费电子行业相关的主要法律法规及政策均为支持行业发展的有利政策，在支持智能硬件、物联网、5G技术和大数据等新技术发展的同时，也为行业的未来发展提供了良好的机遇。

1. 行业市场前景广阔

近年来，随着移动互联网、物联网、云计算、大数据等技术的飞速发展，以智能手机、平板电脑、笔记本电脑等设备为代表的消费电子产品发展迅速，更新迭代速度不断加快，整体产业始终保持活跃状态。与此同时，伴随居民收入水平的提升，消费电子产品逐步成为居民日常生活的一部分，消费电子产品的销售额不断提高。数据显示，截至2020年底，我国规模以上电子信息制造业实现主营业务收入120992亿元，同比增长8.3%（图1-35）；从行业运行趋势来看，一季度、上半年、前三季度及全年，电子制造业增加值累计增速分别为-2.8%、5.7%、7.2%及7.7%。随着我国整体科技类消费电子产品的快速发展，中国的科技消费电子产品零售规模在全球的占比也在持续攀升，2020年我国科技消费电子市场规模达2690亿美元，占全球的34%。

2. 行业集中度不断提升

随着消费电子行业分工的日益深化，消费电子企业逐步分化成品牌商、方案商、制造商等，定位更加明确，消费电子行业集中度不断提升。部分技术实力较弱、规模较小的生产商逐步退出，行业资源逐步向规模较大的厂商集中。2020年胡润研究院发布了《2020胡润中国10强消费电子企业》，按照企业市值或估值进行排名，结果显示，华为以1.1万亿元价值成为中国最值钱消费电子企业，小米以

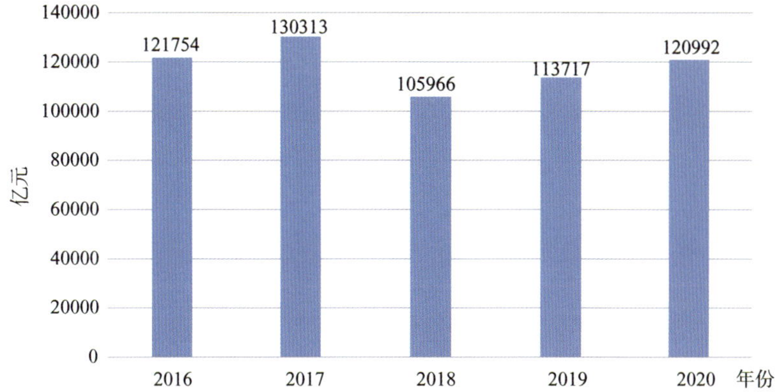

数据来源：电子信息行业联合会、中商产业研究院整理

图 1-35　2016—2020 年中国电子制造业收入规模

资料来源：胡润研究院

图 1-36　2020 年中国 10 强消费电子企业市值或估值

4340亿价值排名第二，vivo价值首次超过OPPO，以1750亿元排名第三（图1-36）。OPPO、大疆创新、传音控股、联想集团、盈趣科技、雾芯科技、漫步者依次位列第4~10名。从企业总部的地域分布看，主要以深圳（华为、大疆创新、传音控股、雾芯科技和漫步者）和东莞（vivo、OPPO）为主，粤港澳大湾区占十强中七席，其次为北京（小米、联想）和厦门（盈趣科技）。

3. 智能手机转向高端精品化

随着居民个人收入的快速增长，中国消费者对品质高的产品越发青睐，质量与内存成为中国消费者电子产品购买的两大关注因素。电子信息产业、移动数据流量和移动互联网应用快速发展，推动移动智能终端普及率快速提高，移动终端全球市场出货量比照人口基数发展，维持在相对高位，尤其是智能移动终端比例持续提升。在中高端智能手机市场需求爆发的情况下，我国中高端手机占比不断提升。数据显示，2020年我国手机销售3.24亿台，较2019年下降了11.23%，全年手机销售额达9590亿元，降幅较小，为2.14个百分点。这主要受手机均价持续增长的影响，2017年以来，我国手机均价逐年提高，至2020年，手机均价为2956元，中高端产品占比为7%（图1-37）。我国智能手机市场的竞争已经从以往单纯追求出货量、性价比的产品竞争，转向较为高端的精品化、差异化竞争，产品性能和溢价不断提升。

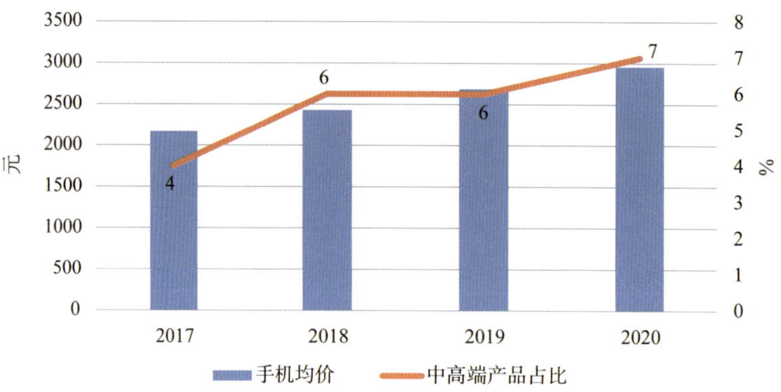

数据来源：GFK、中商产业研究院

图 1-37　2017—2020 年中国手机销售情况

4. 智能穿戴市场需求旺盛

智能可穿戴设备（Wearable Devices）是基于人体自然能力或环境能力，通过内置传感器、集成芯片等实现对应的信息智能交互，是物联网技术、移动互联网、云存储技术和大数据技术不断融合创新的最佳载体，具备可移动性、可穿戴性、可持续性、简单操作性、可交互性五大基本特征。近年来，随着移动互联网时代的到来，智能可穿戴设备成为移动互联网软硬件结合的典范。同时，随着大数据、云计算、物联网技术的不断迭代更新，极大地拓宽了智能可穿戴设备的发展空间。数据显示，2015—2020年我国智能可穿戴设备市场规模逐年递增，2020年，受新冠肺炎疫情暴发影响，市场对智能可穿戴设备的需求达到近几年高点，市场规模达559亿元，同比增长2%（图1-38）。

良好的经济环境推动了中国智能可穿戴产品的普及，助力中国智能可穿戴设备行业的发展。中国智能可穿戴设备行业的技术水平持续提高，元器件、操作系统及开发平台等技术的发展为行业发展提供技术支持，我国智能可穿戴生产企业在全球地位显著提升。依据Canalys数据显示，2019—2020年全球可穿戴设备前五的企业中，中国占两席（图1-39）。2020年，小米出货量达37.7万台，占比20.3%，首次超越苹果位列榜首。华为位列第三，出货量为32.2万台，占比17.4%，较2019年增加了近10个百分点。

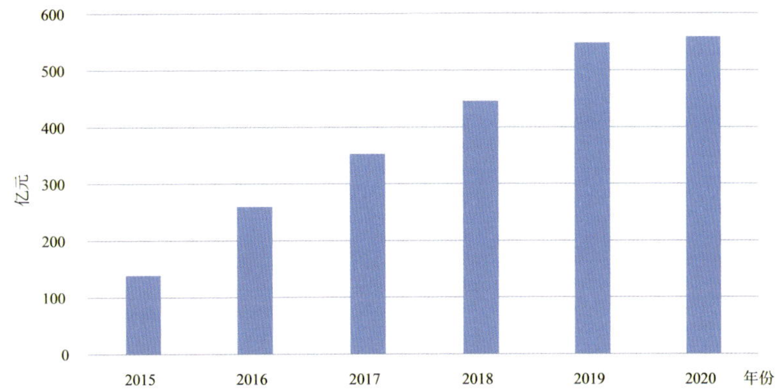

数据来源：前瞻经济学人

图 1-38 2015—2020 年中国智能可穿戴设备市场规模

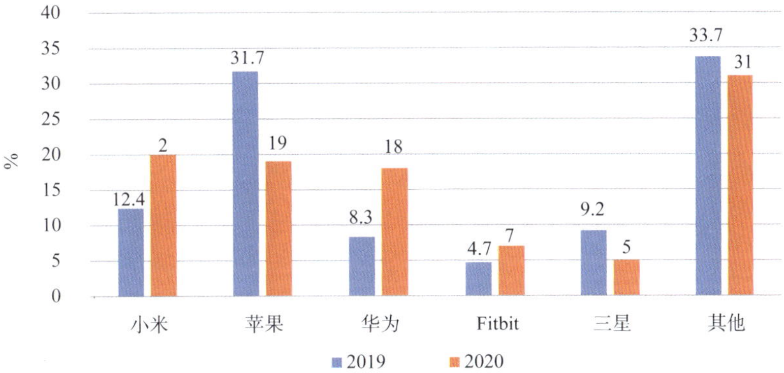

数据来源：IDC、中商产业研究院

图 1-39 2019—2020 年全球可穿戴设备 TOP5 市场份额

5. 政策驱动行业快速发展

作为我国的支柱产业之一，消费电子行业是国家战略性发展产业，在国民经济生产中占有重要地位。近年来，国家发布的与消费电子行业相关的主要法律法规及政策均为支持行业发展的有利政策，在支持智能硬件、物联网、5G技术和大数据等新技术发展的同时，也为行业的未来发展提供了良好的机遇。

三、中国时尚产业的未来趋势与展望

当前，时尚产业已成为融合先进制造业与现代服务业的高附加值产业，是未来带动经济发展的重要力量。新发展格局下，中国时尚产业发展迎来了转型升级的关键时期。

1. 数字技术赋能产业转型升级

在百年变局持续深化的新时期，数字经济成为驱动世界经济复苏的新引擎。面对网络上众多的选择，消费者的消费行为也日益多样化，无论是定制产品，还是通过移动界面下单，消费者行为受到多方因素的影响。数字化、自动化、智能化的新型技术与产品的不断进步，对于企业以及员工都有着绝对的价值体现，前所未有地改变了时尚产业的作业方式。从时尚新材料的创新供给来看，智能织物、光电纤维、石墨烯、量子科技等智能服装高新材料不断研发并投入时尚领域的产业化应用。从时尚智能制造的生产方式变革来看，时尚供给由规模化生产能力逐步培养个性化定制生产能力，由过去的渠道建设能力逐步培养对客户小众化、社群化、区域化需求的实时感知和响应、服务能力，借助科技提高企业的核心竞争力，加快转变生产模式。从时尚产品研发设计的模式创新来看，人工智能技术不断应用于纺织品织物设计、面料性能等领域，有助于解决多年来存在的技术难点，实现数字化、精确化与智能化的自动研发设计与质量检测。

2. 文化提供品牌革新源动力

对于时尚而言，创新不止于设计和创意，还应该从更广阔的发展格局着眼，创新是时尚品牌成功的关键。从国际看，许多著名的文化产业品牌不但可以矗立几十年、上百年经久不衰，而且不断推陈出新。如迪士尼、好莱坞、百老汇、时代华纳等知名企业，不断挖掘品牌化价值，推出品牌化产品。从国内看，越来越多的高学历和中等收入家庭对文化产业消费的需求激增，推动了文化产业品牌化的发展。一批围绕知名IP开发的文化品牌，一批国际国内知名的文化产业企业成为居民消费倾向的重点，文化产业品牌化的趋势越发明显。

3.Z世代是未来时尚消费主力军

驱动产业升级的关键因素在于主力消费群体的转移。Z世代消费者已经成为时尚消费市场的主力军。随着年轻一代消费群体消费能力的提升、消费意愿的转变以及文化自信的增强，身处行业变革最前沿的中国时尚品牌，也在从创意、商业等多个维度加速迭代、演变。Z世代指的是1995—2010年出生的青少年，2020年我国Z世代人口约2.26亿，占总人口16%。Z世代生活在相对富裕，良好文化教育和各种新事物冲击的环境中，因此具有更前卫的消费观和追求时尚意识，是未来市场主要的消费人群。新世代贡献时尚消费人群增量，驱动行业高速增长。相比于之前的80后、90后而言，新世代的年轻人表现出更多的个性和不同，因此，这意味着新一轮消费升级更加多变、多元、多维。

4. 多元化营销渠道推动市场格局革新

互联网电子商务产业目前正处于快速发展期。互联网电子商务平台凭借其在信息展示、信息传播、信息分享等方面的天然优势，为零售行业提供了营销新思路。在国际品牌占据主导地位的市场格局下，互联网电子商务平台的快速发展及其特有的成本优势成为国产品牌打破原有固化竞争格局的重要方式。在互联网电子商务产业兴起前，国际化妆品、服装品牌专注于线下营销渠道建设，并依托其强大的品牌、资金实力与线下营销经验快速建立起行业壁垒。随着天猫、唯品会、京东等主流电子商务平台的快速崛起，时尚产品营销思路不再局限于线下。国产品牌借助主流电子商务平台打通了产品销售渠道限制，同时借助其本土优势、快速响应优势等在细分赛道上实现快速反超。尽管目前化妆品、服饰、珠宝首饰等直播电商仍存在着产品相对低端、价格战严重、规范程度低、售后服务体系不完善等现象，但直播电商的出现和发展解决了传统线上营销渠道产品展示效果差、互动性不足、营销缺乏精准度等问题，同时突破了地域限制、有效拓宽了客户群体，极大地促进了相关产业的发展。未来在行业需求持续增长的背景下，对国内消费者有较深理解、拥有丰富电商渠道运营和营销经验、占据电商渠道优势的国产品牌仍将继续领先成长。

5. 利好政策助推产业高质量发展

近年来，国家、相关部门及地方出台了一系列支持时尚行业发展的政策法规，覆盖时尚产业各细分行业，各项政策的实施为行业发展奠定了良好的政策环境，从产业的发展目标、增长速度、行业规范、重点发展方向及技术手段等方面作出明确的指导，促进了整体行业的健康快速发展。2010年以来，我国政府先后通过降低消费税、关税等措施大力促进珠宝首饰行业发展，进一步推动消费升级。2021年，《化妆品监督管理条例》《化妆品注册备案资料管理规定》《化妆品新原料注册备案资料管理规定》等相继公布，完善了我国化妆品监管法规体系的构建，也推进了化妆品产业向着高质量方向发展。“十四五”时期，我国将加快构建以国内大循环为主体、国内国际双循环相互促进的新发展格局。在生产领域要突破“卡脖子”技术限制，弥补完成制造业升级；消费领域则要提高居民消费热情、培育国产消费品牌；流通领域要加强各类销售渠道建设，降低流通成本。在“十四五”规划纲要第四篇《形成国内强大市场构建新发展格局》的第十二章第一节中明确指出：建立健全质量分级制度，加快标准分级迭代和国际标准转化应用。开展中国品牌创建行动，保护发展中华老字号，提升自主品牌影响力和竞争力，率先在化妆品、服装、家纺、电子产品等消费品领域培育一批高端品牌。由此看来，2021年不仅是“十四五”开局之年，还将成为中国时尚行业有序、健康、高质量发展的元年。

6. 步入“国货崛起”的发展阶段

近年来，“国潮”悄然兴起。从广义上看，“国潮”可以理解为中国文化的潮流表达，已经渗透到服装、食品、日用品等各个消费领域，成为引发年轻群体精神共鸣最直接的方式之一。而在风头最劲的时尚行业，“国潮”正迎来3.0时代。“国潮”兴起之时，时尚品牌在表达上以“国”为主，更多以复古风和符号化的形式凸显中国元素，我们可以视为1.0时代；进入“国潮”2.0时代，时尚品牌更侧重于“潮”，用时尚流行元素演绎中国风，更强调与消费者之间的互动。在1.0和2.0时代，品牌更多将“国潮”作为一种情感号召来刺激消费者的消费意愿，但在创意表达和文化输出等方面，显然还不够深入。随着年轻一代消费者的文化自信与日俱增，时尚品牌对于中国文化的输出不能再停留在描龙画凤的阶段，而是需要思考：如何在深入理解中国文化的同时，将其带到消费市场，与新一代消费者建立真实的联系。在这一背景下，中国时尚品牌对于“国潮”的表达将迎来3.0时代。

7.绿色发展成为产业发展的刚性要求

全球气候治理形势紧迫性凸显，对国际经济及产业体系形成重要影响，绿色发展不仅成为时尚产业决策和布局调整的现实影响因素，也将是产业国际竞争力和话语权的重要来源。我国已制定2030年前实现碳排放达峰、2060年前实现碳中和的目标，对经济绿色发展形成刚性要求。“十三五”以来，时尚产业绿色发展取得一定成效，但仍存在诸多问题需要持续关注：绿色环保创新投入偏低，创新型人才缺乏；产业链绿色协同发展相对较弱，产品全生命周期绿色管理能力有待提升；绿色制造体系建设进展较慢，绿色发展公共服务平台支撑作用不强，绿色产品有效供给能力不足，引导绿色可持续消费力度不够等。全行业需要凝聚共识，将发展立足于国家生态战略全局与人类气候安全，将践行可持续发展作为价值提升的重要途径。

参考文献

[1] 张肇达.产业升级、智能制造　中国时尚业如何破局[OL].人民网，2020，11.

[2] 陈文晖，熊兴，王婧倩.消费升级背景下时尚产业发展战略研究[J].价格理论与实践，2018（5）：155-158.

[3] 吴立，顾伟达，贠天祥.首都时尚产业赋能城市更新发展[J].人民论坛，2021（30）：86-89.

[4] 蒋丽华.中国消费品市场国货品牌快速崛起的原因分析[J].中国市场，2021（34）：7-8.

[5] 王友青.中国美妆跨境电商发展面临的挑战及应对之策[J].对外经贸实务，2019（4）：34-37.

[6] 龚述辉.中国化妆品市场未来5年护肤趋势[J].中国化妆品，2021（9）：32-35.

[7] 艾苏洁，黄若然.浅析中国婚嫁传统中黄金首饰的发展和文化[J].超硬材料工程，2019，31（2）：59-64.

[8] 赵振祥，魏武.网络与社交媒体：时尚传播的新载体[J].新闻春秋，2021（1）：59-66.

[9] 黄宏斌，齐淑恬.疫情环境下直播带货助力企业绩效提升了吗？——基于小米公司的案例研究[J].金融发展研究，2021（10）：82-89.

[10] 魏婕.中国消费电子市场营销渠道的发展及变革[J].商业文化，2021（30）：45-46.

[11] 王素.中国消费电子产品全球化品牌洞察[J].进出口经理人，2020（7）：34-35.

[12] 宋永永，薛东前，马蓓蓓，马艳艳，袁鑫，王怡婕.地理学视角下中国文化产业研究进展与展望[J].经济地理，2021，41（11）：129-140.

第二篇

主题报告

第二章　双循环新格局与我国时尚产业发展

“十四五”时期，我国要充分发挥国内超大规模市场优势，逐步形成以国内大循环为主体、国内国际双循环相互促进的新发展格局。构建双循环新发展格局，是我国应对百年未有之大变局的主动调整，也是培育内生发展新动力和重塑国际竞争新优势的战略选择，更是融入参与发展模式向主动引领发展模式的一次跃迁。因此，探讨双循环新发展格局下我国时尚产业的发展战略与路径选择，对促进时尚产业结构升级与可持续健康发展具有一定的启示作用。

一、双循环新发展格局对产业高质量发展的影响

双循环新发展格局下的新内需、新技术、新要素、新平台等为产业高质量发展提供了新的机遇。与此同时，产业的高质量发展是构建现代产业体系的重要支撑，也是双循环新发展格局的经济基础。双循环新发展格局下，对产业高质量发展的综合影响主要体现在以下方面：

（一）壮大内需市场，以消费升级促进产业结构优化

改革开放以来，我国积极融入国际经济大循环，通过承接西方发达国家的产业转移，逐步发展成为全球第二大经济体。但是，随着国际政治、经济形势日益复杂、新冠肺炎疫情带来的不确定性等因素影响，我国需要改变过去通过国际循环带动国内循环的方式，要把发展的着力点摆在国内，以满足人民美好生活需要为根本出发点，充分挖掘内需潜力，打造强大的国内市场。当前，消费结构的变动会导致产业结构相应变动，消费的升级不仅可以有效弥补中高端消费和教育、医疗等公共服务消费的短板，满足人民对更加优质的生活水平和更加丰富的精神文化生活的需求，而且能以消费升级促进产业结构升级，推动高端服务业和先进制造业的发展。

（二）强化创新驱动，以科技创新加快实现重点领域和关键环节的自立自强

原有发展格局的技术来源主要是“引进消化吸收再创新”，虽然在一定程度上

推动了我国产业技术实力的快速跃迁，但造成一些领域进口依赖程度相对较高。这不仅导致我国产业发展无法有效从低附加值的中游向高附加值的上下游价值链攀升，而且使得部分行业面临着“卡脖子”“断供”“封杀”的风险。因此，新发展格局下，要进一步强化技术创新，尽快突破关键核心技术，实现对关键技术的研发突破和关键产品的国产替代，在前沿领域形成领先优势。在此基础上，统筹推进制度创新、模式创新、品牌创新，促进产业发展由“微笑曲线”低附加值的中游向高附加值的两端攀升。

（三）注重自主可控，以优化生产力布局提升产业链供应链现代化水平

当前，全球既有的产业链、供应链体系面临根本性的调整、收缩和重构的风险与挑战，对我国深度参与的全球产业链、供应链体系造成了突出的排挤效应，很有可能成为当前阶段制约我国经济高质量发展的最为突出的外部因素。因此，要构建好双循环新发展格局，在于统筹做好我国境内外生产力的布局，从而增强我国产业链供应链的自主可控能力。一方面，要结合我国区域发展总体战略，构建联结我国东中西地区和东北地区的产业链供应链循环体系，实现要素资源的科学配置和合理流动，提升产业链供应链现代化水平；另一方面，要依托“一带一路”、RCEP等，优化能源、基础原材料、运输大通道、行业标准等方面的全球布局，增强对产业链供应链的主导权和控制权，提升我国参与制定全球贸易新规则和全球经济治理机制的地位和能力。

（四）深化对外开放，以更高水平的开放合作提升双循环的效率和水平

新发展格局下，要进一步扩大市场准入，创造更加公平的市场环境，在更高水平上引进外资，依托国内大循环吸引全球商品和资源要素；要加强与国际前沿理念、先进技术、优秀人才的交流合作，学习、借鉴国外的先进生产经验，改善国内企业的技术水平、经营模式，从而推动产业转型升级和高质量发展。

二、我国时尚产业高质量发展的基础条件与现实困境

（一）拥有超大规模的消费市场，但本土中高端时尚消费发展相对滞后

近年来，随着人民生活水平不断提升，国民消费能力持续加强，消费规模不断扩大，消费结构持续升级，成为全球第二大消费市场，消费业已成为中国经济增长

主引擎。2019年，我国社会消费品零售总额突破40万亿元大关，最终消费支出对经济增长的贡献率保持在60%左右，消费连续6年成为拉动经济增长的第一引擎。2020年尽管受到新冠肺炎疫情的冲击，全国社会消费品零售总额依然达到39.20亿元，最终消费支出占GDP的比重仍然达到54.3%，高于资本形成总额11.2个百分点（图2-1）。摩根斯坦利预测,下一个十年里中国的消费市场规模将保持年化7.9%的增长率，成为全球消费市场规模增长最快的国家之一。到2030年，中国消费市场规模将达到13万亿美元左右，中国也将成为世界上最大的消费市场。

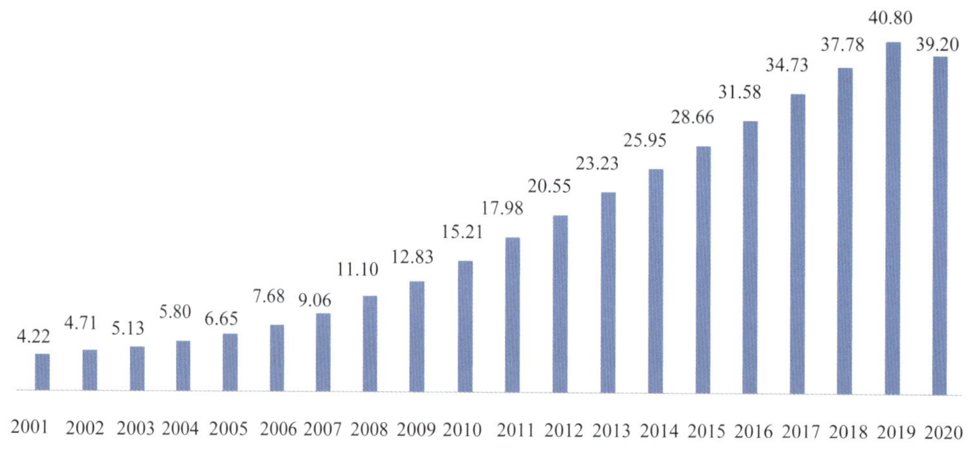

资料来源：国家统计局

图 2-1　2001—2020 年我国社会消费品零售总额

随着中国消费者的购买力越来越强，中国消费者也逐渐成为推动全球奢侈品市场增长的关键因素。贝恩公司研究表明，中国消费者在全球范围内奢侈品消费总额由2010年的2800亿元左右上升到2019年的7500亿元左右，占全球市场份额由2010年的5%上升到了2019年的35%。即使是2020年受新冠肺炎疫情影响，在全球奢侈品市场萎缩23%左右的同时，中国境内奢侈品消费逆势上扬约48%，中国境内市场占全球奢侈品消费总额的份额翻了一倍，从2019年的11%左右跃升为2020年的20%。预计到2025年，全球奢侈品市场业已回归到疫情前水平，而中国境内市场则有望成为全球最大的奢侈品市场。

虽然我国中高端消费需求日益旺盛，但是本土中高端时尚消费发展相对滞后。以奢侈品消费为例，2019年中国消费者个人奢侈品国内消费占比仅为28.20%，较2010年还下降了3.37个百分点，这表明我国日益增长的中高端时尚消费购买力主要还是让境外企业或品牌受益。当然，受进口税收的调整、国内电商平台崛起、消费者结构变化、新冠肺炎疫情等因素影响，中国奢侈品消费呈现回流趋势，但短期内本土中高端时尚消费规模仍难以赶上境外市场规模（图2-2）。

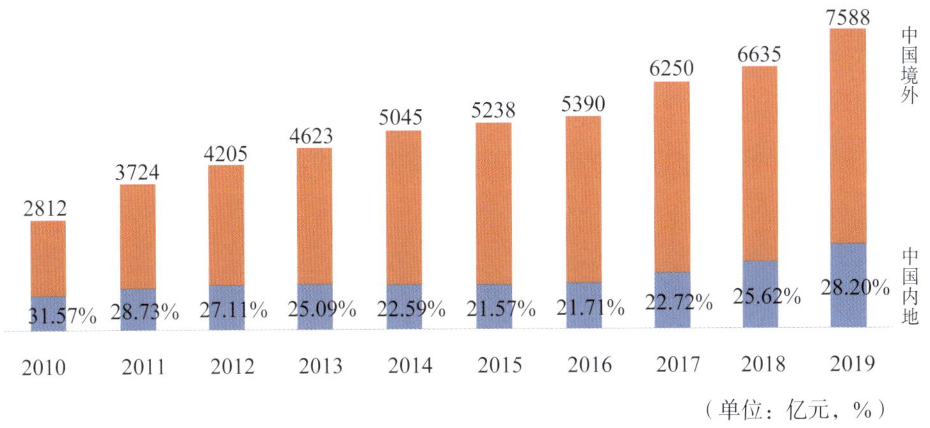

资料来源：贝恩公司

图2-2　中国消费者在全球范围内奢侈品消费规模

（二）创新发展取得明显成效，但部分领域瓶颈制约及“卡脖子”问题依然存在

“十三五”以来，以纺织服装为代表的时尚产业始终把创新摆在发展的核心位置，重点行业创新发展取得明显成效。主要体现在以下几方面：

1. 科技创新成效显著

“十三五”时期，纺织行业共有11项成果获国家科学技术奖，纺织、服装领域授权专利数量较“十二五”时期分别增长超过60%和30%，在纤维材料、绿色制造、纺织机械等领域一批“卡脖子”技术难题被突破。

2. 应用创新得到市场认可

产品开发向着功能性、绿色化、智能化方向加速发展，纺织产品在医疗卫生、航空航天、国防军工、环境保护、体育休闲等领域的应用不断延伸；近4年十大类纺织创新产品获选的318件产品中，具有明显功能的产品数量为185件，占比为58.2%；获选的139件服装产品中，具有明显功能的产品数量为78件，占比高达56.1%。

3. 时尚设计创新能力提升明显

本土品牌认知度与美誉度持续提升。国内主要大型商业实体的服装家纺品牌4500个，较2015年的3500个增长明显，其中85%左右为自主品牌。原创潮流品牌消费规模逐年提升，占品牌消费比重已超过15%。传统优秀服饰文化得到传承，近4年十大类纺织创新产品获选的服装产品中，非遗类获选产品占比约为10%。

4. 时尚产业与数字经济深度融合

当前，纺织服装行业已经成为社交电商、直播电商等模式创新最活跃的领域。

由中国纺织信息中心牵头成立的“时尚产业数字技术创新联盟”，成员单位中涌现出一批数字技术针对产业需求的优秀解决方案。

总体而言，受益于行业创新投入的稳步提高及创新成果的有效产业化，使得纺织服装行业成为当前创新最为活跃的工业部门之一。近十年来我国纺织服装行业劳动生产率年均增速达到12.3%，在全部制造业中位列首位。

在行业创新发展取得明显成效的同时，部分领域的瓶颈制约及“卡脖子”问题依然存在。一方面，新一代信息技术、生物技术、新材料等科技创新围绕时尚产品的渗透率和应用转化率依然不足。例如，AI（人工智能）技术在我国工业领域的渗透率整体偏低，2019年仅为8.6%，纺织全行业人工智能的渗透率更只有6.6%。另一方面，在碳纤维、对位芳纶、聚酰亚胺等高性能纤维及其复合材料领域的尖端技术方面存在空白，高端纺织技术装备的开发及应用也相对不足。此外，RCEP、CPTPP等高标准国际经贸规则意味着企业将面临更严的知识产权检查、更高的创新管理要求和更大的技术垄断压力。

（三）国内产业制造具备规模优势，但自主、可控、稳定的产业链供应链建设亟待强化

当前，我国的纺织工业不仅规模全球最大，而且产业门类最全，产业链体系最完整，产业科技走在世界前列，本国品牌获得国内国际两个市场广泛认同。2020年，中国纺织工业纤维加工总量占世界50%以上，出口占世界1/3，始终是全国外贸顺差最大的产业。据中国工程院院士团队2019年对中国制造业的综合考察结论，在中国被列入世界制造业第一阵列的五个行业中(纺织、家电、建材、钢铁、高铁)，纺织工业排位第一。中国也是全球最大的服装生产国、出口国和最具潜力的消费市场，2020年全国服装企业约17万家，服装年总产量712亿件；国内市场服装销售总额4.5万亿元，出口1374亿美元。尽管受新冠肺炎疫情影响，中国仍是全球最大的鞋类产品生产国，2020年全国鞋类产量占全球总产量的54.3%。时尚产品基础原材料生产方面，2019年全国高性能纤维总产能约15.4万吨，其中碳纤维产能达2.68万吨，约占世界的17%；芳纶产能1.96万吨，约占世界的15%；超高分子量聚乙烯产能达3.3万吨，约占世界的66%。此外，我国纺织服装的原料和装备的保障能力不断提升，化纤、面料自给率超过95%，纱线自给率超过90%；纺机装备自给率超过80%，高端装备关键基础件的国产化率达到50%以上。

与此同时，行业的产业链供应链的稳定性与安全性仍需进一步提升。一方面，二甲苯PX、乙二醇MEG、丙烯腈AN和已内酰胺CPL等原料的进口依存度较2015年已经分别下降了5.17%、9.22%、5.31%和5.24%，但二甲苯PX、乙二醇MEG的进口依存度仍达到50.89%、56.61%。另一方面，我国纺织行业的时尚创造力、感

召力与公信力依然处于相对弱势地位，具有符号意义的“大师、大事和大牌”在主流时尚话语权体系中呈现缺席状态，尤其是内涵深刻、技术先进、具有相当文化渗透力的世界级知名时尚品牌较少。此外，美日等一些国家正在试图降低对中国制造的依赖，并引导制造业回流。国外抵制新疆棉花事件本质上是排斥中国棉花乃至中国纺织供应链，是对供应链主导权、商品定价权和行业标准的争夺，这也对我国时尚产业其他细分领域建设自主、可控、稳定的产业链供应链提出了更高的要求。

（四）对外开放合作不断深化，但企业全球影响力和品牌国际知名度仍需提升

我国纺织品服装出口稳居全球第一。WTO数据显示，2019年中国纺织品出口1200亿美元，占全球39.2%，服装出口1520亿美元，占全球30.8%。商务部数据显示，2020年中国纺织服装累计出口2912.2亿美元，同比增长9.6%。据不完全统计，目前中国企业在海外设立纺织服装生产、贸易和产品设计企业分布已经超过100个国家和地区。安踏体育积极推进国际化战略，通过收购和并购的方式让旗下的子品牌增至30余个。我国时尚产业跨境电商的快速发展，2020年中国跨境电商进出口1.69万亿元，其中纺织服装为最大品类，占总量的28.4%，涌现出SHEIN、ZAFUL等一批优秀企业。中国国际时装周、上海国际时装周等国际时尚类展会更加专业化、品牌化和国际化，已经成为国际一流的时尚潮流展示平台和时尚产品商贸平台。

与此同时，时尚类企业全球影响力和品牌国际知名度相对不够，这使得我国时尚产业还未能在全球行业发展中掌握足够的话语权。主要体现在以下几方面：

1. 时尚类企业全球影响力不强

从全球纺织服装龙头企业市值表现看，欧洲、美国、日本分别占据2020年TOP20市值的57.7%、29.2%、5.8%，合计占据92.7%，中国企业仅占5%。其中，仅有安踏体育、申洲国际、李宁进入全球市值TOP20纺织服装企业，其主营业务主要为运动鞋服（安踏体育、李宁）、鞋服代工（申洲国际），奢侈品、休闲时装等中高端时尚消费领域还没有具有全球影响力的品牌或企业（表2–1）。

表2–1　2020年全球市值前20纺织服装企业

企业名称	市值/亿美元	国家	细分板块
LVMH	3152.6	法国	奢侈品
Nike	2220.8	美国	运动鞋服
HERMES	1135.2	法国	奢侈品
迪奥	1003.2	法国	高档鞋服、首饰、化妆品
Inditex	992.2	西班牙	休闲服装

续表

企业名称	市值/亿美元	国家	细分板块
迅销	949.5	日本	休闲服装
开云集团	917.6	法国	奢侈品
TJX百货	819.9	美国	服装零售
adidas	729.9	德国	运动鞋服
历峰集团	519.5	瑞士	奢侈品
Lululemon	453.6	加拿大	高端运动服装
罗斯百货	437.8	美国	服装零售
安踏体育	428.5	中国	运动鞋服
H&M	346.4	瑞典	休闲服装
VF集团	331.1	美国	休闲服装
申洲国际	294.7	中国	鞋服代工
伯灵顿百货	173.3	美国	服装零售
李宁	171.1	中国	运动鞋服
PUMA	170.1	德国	运动鞋服
PRADA	169.0	意大利	高档鞋服、首饰、化妆品

资料来源：Bloomberg,国信证券经济研究所整理

2. 高端时尚教育资源不足

在全球知名商业杂志*CEOWORLD* 2020年全球最佳时尚学院前110名排名中，我国（含港澳台）仅有北京服装学院、香港理工大学、清华大学三所高校入围，分别位列全球第49名、第52名和第77名，与国际顶级时尚院校仍然有较大差距。此外，我国教育与时尚融合欠佳，时尚教育体系不够完善，国际时尚设计人才、时尚引领者、国际买手、时尚管理营销人才较为缺乏，这也使得我国在时尚理念、时尚设计、时尚潮流等方面难以引领全球行业风向和趋势。

3. 时尚国际化程度有待提升

中国国际时装周、上海国际时装周时尚首发平台全球影响力相对不足，造成对国际知名时尚品牌、中高端要素资源的吸引力依然相对不够。相较于巴西狂欢节、日本樱花节、纽约万圣节等具有悠久的历史传统和鲜明的时尚标签，每年都能吸引大量的国际游客，并带来巨大的消费收益，我国还是缺乏更具特色时尚标签的国际重大活动与赛事。具有国际影响力的时尚地标和商圈有待进一步打造，以北京为例，全国购物中心年销售额达到百亿的商圈，北京仅国贸商圈上榜；2020年，SKP首次实现单店销售和每平方米单店产出“双全球第一”，但与巴黎香榭丽舍大街、纽约第五大道相比，其国际知名度依然有限。

三、立足双循环新发展格局，我国时尚产业要加快适应新形势、新要求

构建以国内大循环为主体、国内国际双循环相互促进的新发展格局，是党中央根据我国发展阶段、环境变化作出的战略决策。我国时尚产业要实现高质量发展，就必须适应好新发展格局带来的新形势、新要求。

（一）以数字为代表的科技革命深刻改变着整个经济系统的要素组成和连接方式

当前，科技已成为重塑产业格局的核心变量，产业的发展方式与产业边界都在深刻调整。其中，数字经济作为一种新型经济形态，依托新一代信息技术的推广应用，在深度赋能传统产业的同时，极大扩展和催生新产业、新业态和新商业模式，在拉动需求、创造需求、促进消费等方面也有巨大潜力，并成为吸纳和创造就业的“蓄水池”，极大地促进生产、分配、流通、消费各环节的高效衔接和动态平衡。因此，我国时尚产业的发展要切实把握科技创新的发展态势和演进规律，关注和研究新的供需关系、新的文化生态、新的基础设施、新的应用场景、新的市场规则，重点打好关键核心技术攻坚战，积极推动产业跨界融合，促进新技术向新产品、新业态、新模式的转换。

（二）以气候变化为核心的绿色发展正在重塑产业的成本结构和竞争优势

应对气候变化已成为全球共识，新的国际绿色发展的经贸规则正在加速形成，部分发达国家正在研究制定以碳交易与碳税为核心的碳定价新机制，这对产业发展的成本结构和竞争优势带来巨大影响。因此，我国时尚产业要加快绿色转型，在产品设计、材料创新、生产制造、流通销售、展览呈现等环节加快循环化改造，争取更多的绿色政策、绿色金融支持，提升企业应对绿色壁垒带来的成本上升风险的能力。

（三）区域发展格局的变化将影响要素资源的优化布局和产业功能调整升级

“十四五”期间，推动区域经济更加协调、更加平衡发展仍是重要方向，因此，一方面要引导产业高质量发展、承接和转移；另一方面要充分挖掘不同区域的资源特色、产业特色和文化特色，培育壮大时尚先进制造集群、时尚设计集群、数字时尚产业集群等新兴产业集群。国务院也批准北京、上海、广州、天津、重庆率先开启国际消费中心城市建设，引导中心城市朝国际化消费中心、创新中心、时尚中心

升级发展，这为时尚产业高端要素集聚、丰富产业服务功能、促进时尚产业与其他产业互相渗透等带来了机遇。

（四）消费市场格局的变化将影响时尚产品设计方向和市场营销策略

一方面，由于国际经贸形势的复杂型性和新冠肺炎疫情的不确定性，全球需求不振仍将持续很长一段时间，这使得内需市场的重要性更加凸显。我国是全球最有潜力的消费市场，未来时尚消费空间有多大，关键在于能否盘活存量、扩大增量，找到新的突破口。另一方面，以Z世代人群为代表的新消费主体，以三、四线城市为代表的新消费市场，以平台经济、直播经济为代表的新业态模式逐步壮大，体育休闲用品、时尚创意商品、个性化体验产品等正成为行业极具成长性的细分领域，这就需要时尚产业培育一个需求和业态都更为丰富的消费市场。

四、双循环新发展格局下我国时尚产业高质量发展的对策建议

“十四五”时期，尽管当前外部形势复杂，但我国时尚产业仍处于重要的战略机遇期。要全面融入双循环新发展格局，依托超大规模内需市场，把创新作为根本动力，优化调整生产力布局，构建自主、安全、可控的产业链供应链，提升产业对外开放水平，切实推进行业高质量发展。

（一）深化供给侧结构性改革，推动时尚消费市场量质双升

1.着力优化供给体系，推动时尚产品品质提升

“十四五”时期，时尚类企业要紧紧围绕满足人民群众日益增长的美好生活需求，站在消费者视角，以改善人民生活为使命，对所设计、生产的产品品质作出更高的要求。

因此，一是推广纺织服装产品大规模定制化和柔性制造服务，适应个性化消费趋势。二是要加强时尚流行趋势研究，深化制造服装鞋帽皮革箱包的新材料的开发与应用，加大智能穿戴、功能服饰产品等的开发力度，强化产品创新以更好地满足人民美好生活需求。三是聚焦医疗卫生、国防军工、航空航天等战略领域的应用，促进时尚与科技融合发展，开发特殊服装服饰及相关穿戴产品。四是要加强与全球顶尖时尚设计学院的交流合作，加大中高端时尚教育资源的供给力度，为高品质时尚产品的设计、制造、营销及应用提供人才支撑。

2.培育壮大本土品牌，引领时尚消费升级趋势

脱离了产业之实的时尚消费，无疑将成为缺少价值内核支撑的“无源之水，无

本之木”。时尚产业的关联性越强，链条越紧密，资源的配置效率也越高，满足消费需求的程度就越高。因此，扩大本土中高端时尚消费产品供给，引领带动时尚消费升级趋势，就必须畅通设计资源—时尚产品—文创资产—产业资本之间的有效转换通道，促进本土时尚产业的品牌化、规模化、链条化发展，通过产业构建消费的造血机制。

因此，一是以“大师、大牌、大事”为抓手，打造有中国特色、世界影响、时代特征的时尚生态。二是立足文化自信，培育形成一批具有中国特色文化内涵、凸显新时期中国时代特征的自主品牌、“国潮品牌”。三是面向Z世代消费人群和三、四线城市消费群体，培育壮大时尚创意商品、个性化体验产品等新兴时尚消费市场；积极推进纺织服装非物质文化遗产创新化和市场化发展；紧跟北京冬季奥运会热潮，继续扩大体育休闲、户外运动、健康养生等领域的时尚消费市场。四是要注重将现有国际顶级节事、赛会配套性消费转变为主题性消费，谋划兼具中国特色和国际元素的世界级节事活动及相关可持续性主题消费。五是积极开展中高端时尚消费品关税、消费税、增值税等税收政策改革，在核心城市、重点旅游景区以及交通枢纽积极布局一批免税店，促进中高端时尚消费回流。

3. 大力创新营销模式，提升消费转化效率

（1）时尚产品制造企业要加强与电商平台合作，从而更加贴近市场，实现生产制造对市场需求的快速响应。（2）注重社交媒体、移动消费对产品营销模式带来的变革影响，积极推进线上线下多渠道融合，加快直播电商、社群营销等新模式、新业态在行业的应用。（3）将线上线下联动起来，扩展产品的使用场景，构建场景化智能营销平台；改造升级一批时尚商圈，围绕首店经济、夜间经济、商业特色、潮流场景、丰富业态等多角度，布局一批时尚买手店和沉浸式时尚消费体验空间，带领消费者深层次体验产品应用的功能。（4）积极推进专业市场的优化升级与数字化转型，推动渠道向低线城市和农村市场下沉，充分释放消费潜力。（5）在优化现有购物中心、专营店等实体店铺网络，在中小型新潮商业区、创业集聚区、生活社区、郊区及卫星城等区域培育社区销售业态，为消费者提供店内体验及本土化产品组合。

（二）全面强化行业创新驱动，实现关键领域自主可控、自立自强

1. 提升技术创新及应用能力

加大对材料、工艺、装备等领域重大创新的引导与支持，打好关键核心技术攻坚战，提高产业链整体效能。顺应消费个性化、细分化的需求升级，加快具有自感知、自学习、自决策、自执行、自适应等功能的新型智能制造，构建“小批量、多品种、高质量、快交货”的快速反应机制。开展人工智能时尚设计平台建设工程，利用人工智能技术开发色彩、图案、面料、款式，设立全产业链创意设计数据中心，

智能化输出流行趋势动态。围绕体验式、交互式消费的需求，强化射频传感技术、物联网技术、云计算技术在内的新一代信息技术等在时尚消费场景建设的应用，从内容、社交、体验、场景多方面聚合社交黏性，提升时尚服务功能和购物体验。

2. 提升时尚文化创新引领能力

要以民族特色文化和流行时尚文化作为行业未来发展的个性标签，持续激发时尚品牌原创性、根植性的文化动力，研究发布从色彩、纤维、面料到服装、家用纺织品和产业用纺织品等终端产品的流行趋势，在时尚领域体现中国精神、讲述中国故事、发出中国声音，提升纺织服装业的综合价值和国际影响力。以中华哲学、东方美学作为生活美学和态度主张，促成世界级时尚品牌的诞生，提升中国时尚品牌的国际时尚消费驱动能力与综合价值创造能力。

3. 提升数字时尚创新能力

“十四五”时期，我国将加快数字技术与经济社会深度融合，因此着力构建“数字时尚经济”发展新格局，提升数字时尚创新能力，将成为时尚产业高智力发展的重要抓手。

一是要强化行业信息基础设施、融合基础设施、创新基础设施的建设。加快发展行业级、企业级工业互联网平台和大数据中心。二是围绕智能化装备、智能化运营、智能化产品、智能化服务强化应用创新。推动产业组织方式与市场连接方式的数字化转型。大力发展互联制造、大规模个性化定制等制造新模式，打造智慧化、柔性化供应链。三是进一步提升电子商务在行业应用的广度和深度，培育直播经济、平台经济、共享经济、社群经济等新业态、新场景，支持智慧零售、跨界零售、无人零售、绿色零售等新业态、新模式发展，助力时尚品牌升级全渠道数字化营销模式。四是充分利用数字技术，将时尚作为关键元素融入服装服饰、电子消费品、城市规划、文化传播、市场营销等领域，创新流通业态、创新购物场景、创新服务体验实现时尚创意的快速商品化、时尚传播的多渠道化和时尚消费的大众化，从而有效提升时尚经济的规模扩张和效益提升。

（三）优化整合产业要素资源，打造更具韧性的产业链供应链

当前，我国纺织服装业在东部地市和部分中部地市形成了一批特色产业集群，并在逐步向河南、安徽、江西等中部地区以及部分西部地区转移，且全产业链建设趋势渐强。麦肯锡研究表明，新冠肺炎疫情虽然在一定程度上影响了中国纺织服装业出口行情，但却减缓了相关产业从中国外迁的趋势，这是因为我国具有较为完善的产业链以及强大的资源整合能力，使得原材料、劳动力等产业要素的获取更加不易受到干扰，并能实现更好的成本管控，这对于国际纺织服装企业度过新冠肺炎疫情带来的行业寒冬非常重要。综合上述分析，按照党的十九大报告要求，下一步我

国时尚产业要优化整合产业要素资源。将构建更具国际竞争力、更加自主可控、更加具备韧性的产业链供应链作为重点，推动产业发展与区域重大战略紧密衔接，打造区域产业发展可持续发展共同体。主要对策建议有以下几点：

（1）面对日益严峻的国际贸易以及不断扩大的产业外迁风险，我国必须要充分挖掘和释放内需市场潜力，避免以国内市场为主导以及部分外贸转内需企业最终因内需不足而发生产业转移或者生产线裁撤，从而影响我国纺织服装业产业链的完整性。

（2）要把安全发展贯穿产业各领域和全过程，牢牢把握发展的主动权。以技术与原料保障为重点，推动化解产业链上根本性、源头性、战略性的安全问题。推动我国时尚产业价值链上大中小企业联动与融通，形成专业分工体系和产业协同发展生态系统。优化全球资源配置，引导纺织产业链供应链的开放合作和多元布局。

（3）要按照市场规律进一步淘汰落后产能，稳妥推进市场主体出清，优化国内产业链供应链布局。其中，东部省份要充分发挥创新要素集聚优势，重点发展先进制造、高端设计、品牌建设等，打造国际研发中心、设计中心、品牌中心和智能制造示范基地，在广东、福建、浙江、江苏、山东等地打造一批具有国际竞争力的区域性纺织服装产业链集群，为巩固我国时尚制造领域在全球供应链的地位提供重要支撑。引导中西部、东北部省份根据资源禀赋承接产业转移，扩大就业规模。特别是以云南、贵州、广西、新疆、西藏等地区为重点，发掘民族文化、非遗文化，进行产业的应用转化。

（4）围绕重点城市群、都市圈、核心城市建设，依托国际消费中心城市、城乡融合发展试点示范、特色产业小镇等载体，促进重点领域要素资源的科学配置、产业链条的集群发展、供应链条的合理布局。

（四）加大对外开放合作力度，提升行业国际竞争力和综合影响力

1.做好"一带一路"沿线市场开拓和产业投资

随着"一带一路"倡议的深入推进，中国与沿线国家和地区的贸易一体化仍有改进和提升的空间，这为我国纺织服装业开拓非美国市场的出口潜力提供机遇。为此，一方面依托新一代信息技术和跨境电子商务平台，将传统纺织服装贸易转变为数字纺织服装贸易，提高贸易的效率，降低相关成本，促进更多纺织服装成品开拓非洲、东盟国家和地区的市场。另一方面，要统筹和引导国内企业加大对越南、老挝、柬埔寨、缅甸、巴基斯坦等国家的纺织服装业投资，加大对相关国家的纺织服装中间品出口，促进中国与上述国家和地区纺织服装产业链之间的贸易往来与合作。

2.抓住RCEP、CPTPP机遇，进一步扩大高端、高附加值产品的市场占有率

RCEP的启动虽然在短期内对中国纺织服装业的出口带来一定影响，但从长期

来看，中国企业利用自贸区关税优惠来开拓亚太市场，还可推动重点企业“走出去，通过在海外科学合理地投资，充分发挥自身规模及产业链优势，有效规避我国在原材料价格、劳动力成本、贸易技术壁垒等方面的劣势。特别是通过RCEP倒逼纺织服装产业转型升级，加速中国纺织服装产业转型升级，从而进一步扩大高端、高附加值产品的市场占有率。

3. 依托权威时尚发布平台，构建国内与国际时尚资源深度交融的发展生态

进一步依托中国国际时装周、上海国际时装周、北京国际设计周等权威时尚发布平台，不断加快与国际时尚资源的高质量交互，强化与国际知名时装周的联动与合作机制，集聚国内外知名设计师与品牌创新资源，提升原创品牌的品质、品类与品位，构筑设计、发布、展示、销售、贸易为一体的时尚消费创新培育平台。依托权威时尚发布平台的持续升级，有效提升我国在时尚领域内的平台话语权。

（五）促进行业绿色低碳循环发展，提升行业可持续发展能力

1. 促进时尚行业碳达峰、碳中和

统筹有序做好时尚行业碳达峰、碳中和工作，依据发展阶段、现实基础和能力优势选择适宜路径和节奏，坚决不搞运动式“减碳”。强化行业绿色技术创新、关键工艺改造升级、能源结构优化提升、绿色低碳产品推广等工作，开展重点企业、重点产业集群减排试点示范工作，稳步推进行业绿色低碳转型。

2. 优化原材料结构，减少不可再生资源的消耗

考虑纤维全生命周期包括原料来源、生产过程、产品废弃后回收处理等的环境污染和资源消耗，提高具有原料可再生、产品可降解等特性的生物基化学纤维，以及来源于废弃资源的循环再利用纤维的使用比例。与此同时，提高从纤维到纺织品制造，废旧纺织品到再生产品逆循环制造过程中的节能降耗和资源循环利用水平，全面提升制造过程的资源利用效率。

3. 推广基于循环经济原则的时尚产品设计

通过材料、工艺和方案的选择延长产品的使用周期以及废弃后的循环利用率，考虑包装材料的选择和减量化方案，最小化资源消耗和环境污染。

4. 鼓励绿色消费

扩大绿色产品消费市场，推动企业实施绿色采购，构建绿色供应链；鼓励维修、共享等新商业模式，延长产品生命周期；加强宣传引导，鼓励消费者积极主动的绿色消费行为。

参考文献

[1] 盛朝讯. 新发展格局下推动产业链供应链安全稳定发展的思路与策略[J]. 改革，2021（2）：1-13.

[2] 陈林. “双循环”新发展格局下产业升级的关键[J]. 人民论坛，2021（2）：38-40.

[3] 张杰，毕钰. “双循环”新发展格局下中国产业链体系的战略布局与实施路径[J]. 江苏行政学院学报，2021（4）：39-47.

[4] Morgan Stanley. China Consumer Consumption 2030：At Your Service[R]，2021-01-26.

[5] 贝恩公司，天猫奢品中心. 2020年中国奢侈品市场：势不可挡[R]，2020-12-16.

[6] 孙瑞哲. 立足实际、理清变化、面向未来[J]. 纺织服装周刊，2021-08-19.

[7] 杜岩冰，杨金纯. 聚焦服装产品的技术创新：开发现状和未来发展趋势[J]. 纺织导报，2021（2）：74-77.

[8] 卓贤，黄金. 高工资会导致制造业外迁吗——关于劳动成本、产业链和产业外迁的关系研究[J]. 经济要参，2019（3）.

[9] 孙瑞哲. 纺织强国再出发　谱写高质量发展新篇章[J]. 纺织导报，2021（1）：15-28.

[10] 熊兴，王婧倩，陈文晖. 新形势下我国纺织服装产业转型升级研究[J]. 理论探索，2020（6）：97-101.

[11] 吴爱芝，孙铁山，李国平. 中国纺织服装产业的空间集聚与区域转移[J]. 地理学报，2013，68（6）：775-790.

[12] Jianqing Ruan，Xiaobo Zhang. “Flying geese” in China：The textile and apparel industry’s pattern of migration[J]. Journal of Asian Economics，2014，34：79-91.

第三篇

专题研究篇

第三章　新消费与时尚品牌发展

一、新消费产生的背景

（一）我国消费升级迈入新消费时代

根据马斯洛需求层次理论，人的需求分为生理的需求、安全的需求、归属与爱的需求、尊重的需求和自我实现的需求，当基本需求满足后，新一轮更高层次的需求就会产生。总的来看，中华人民共和国成立以来共有四次消费升级(图3-1)：第一次是20世纪80年代，中国食品、衣着短缺问题得到缓解，部分人口实现温饱，手表、自行车、缝纫机、收音机等产品开始流行；第二次是20世纪90年代，城镇中出现较为富裕的阶层，大屏电视、冰箱、洗衣机等高档消费品逐渐兴起；第三次是从2000—2015年，全国大部分人的物质需求得到基本满足，计算机、汽车、住房等需求量突飞猛进，通信、娱乐、旅游、教育等的支出迅速上升；第四次是2015年到现在，消费结构从生存型消费向享受型消费升级，消费市场进入以新客群及其需求为核心出发点，以新产品、新服务和新技术为突破口的新消费时代。

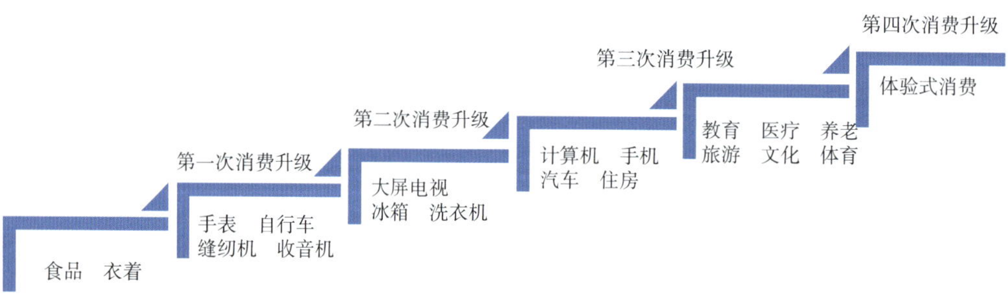

图3-1　我国消费升级的四个阶段

（二）新消费成为带动产业升级、拉动经济增长的新引擎

1.国家政策鼓励发展新消费

2015年11月，国家在相关政策中首次正式提出新消费，明确新消费在满足居民需求、提高人民生活质量、推动产业转型升级等方面具有的重要意义，并指出加快推动轻工、纺织等传统产业转型升级，要瞄准国际标准和细分市场需求，从提高产

品功效、性能、适用性、可靠性和外观设计水平入手，全方位提高消费品质量。鼓励传统产业设施装备智能化改造，推动生产方式向数字化、精细化、柔性化转变。

随后，国家在一系列中央文件和重要会议提出重视并加快新消费发展。2020年9月，国务院办公厅印发关于新业态新模式下的新型消费相关政策，明确了新冠肺炎疫情发生以来，新消费在以国内大循环为主体、国内国际双循环相互促进的新发展格局下，对扩内需、稳就业的支撑地位，提出以探索“互联网+服务”的新业态新模式为手段，以提升新型消费产品质量为基石，加快新消费发展。

这些文件的颁布，预示着“后疫情时代”，新消费将成为带动产业升级、拉动经济增长的新引擎。

2. 扩大内需成为经济主要增长点

近年来，消费对我国经济的贡献显著，持续保持为GDP增长的第一驱动力（图3-2）。继2012年消费对经济增长的贡献率达到51.8%，第一次超过投资后，2016—2020年，消费对经济增长贡献率稳定在60%左右，标志着我国正在向一个健康、稳定、可持续发展的经济体稳步迈进。根据《2020中国互联网消费生态大数据报告》显示，新冠肺炎疫情以来，在全球经济收缩4%以上的背景下，中国是少数保持正增长的经济体之一，经济展现较强韧性，预计2021年经济增长率达8.1%，成为拉动全球经济的重要引擎，其中内需市场消费功不可没。

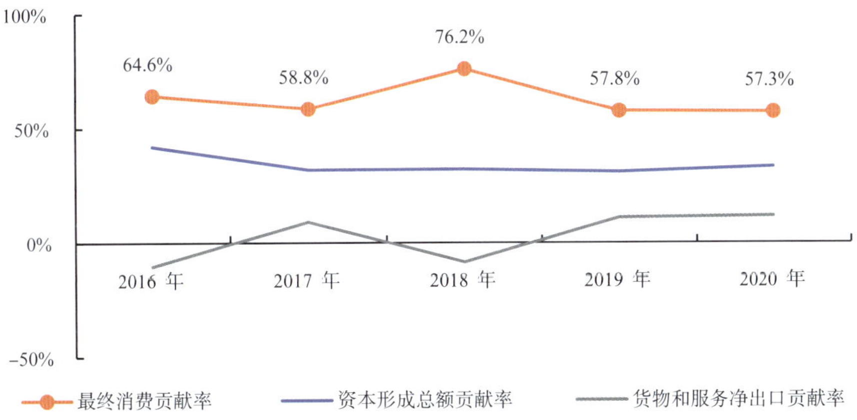

数据来源：国家统计局

图3-2 2016—2020年“三驾马车”对我国GDP增长的贡献率

另外，随着总体消费体量的不断扩大，增速放缓、平稳增长将成为新常态（图3-3），预示着我国的消费升级正向结构性的消费升级转变。新消费的形成给各行各业带来新的机遇和挑战，通过新人群、新供给、新场景、新技术来驱动新消费，带来新增长，成为新的课题。

（三）新消费形成的主要影响因素

1. 互联网快速发展

数据来源：国家统计局

图 3-3 2011—2020 年中国社会消费品零售总额及增速

随着互联网等基础设施的不断完善，物流、移动支付、网络平台等因素逐渐成熟，互联网用户规模持续高速增长，互联网产业在近几年全面渗透国民生活，为在线消费提供坚实基础。据CNNIC（中国互联网络信息中心）发布的第47次《中国互联网络发展状况统计报告》显示，截至2020年12月，我国互联网用户规模达9.9亿，互联网普及率高达70.4%（图3-4），其中移动互联网用户规模占互联网用户规模比重由2016年的95.1%增长至99.7%，全网用户移动互联网月人均单日使用时长高达6.1小时。

（1）互联网快速发展为新消费奠定基础。截至2020年12月，我国网络购物用户规模达7.8亿，占网民整体的79.1%。2020年，我国实物商品网上零售额达9.8万亿元，在社会消费品零售总额中比重持续走高，2020年占比高达24.9%（图3-5）。

（2）互联网购物新模式释放消费新势能。疫情之后，“无接触”“宅生活”激发了国人一系列数字化生活刚需，除了以短视频为典型的互联网文娱、资讯需求迅速普及和扩大，消费者线上购物习惯也在加速养成，直播电商等新模式在此背景下迅速覆盖至人们衣食住行的方方面面，消费势能进一步释放。兴起于2016年并在2020年初得到爆发增长的直播电商，在2020年3月—2020年12月不到一年的时间，用户规模由2.65亿增长到3.88亿，在互联网用户占比由29.3%增长到39.2%（图3-6）。

2. 主流消费群变迁

如今80后、90后整体成为主力消费群体，尤其90后，线上消费保持高速增长，整体增长水平远超其他消费群体（图3-7）。据CTPIC（中国纺织建设规划院）新消

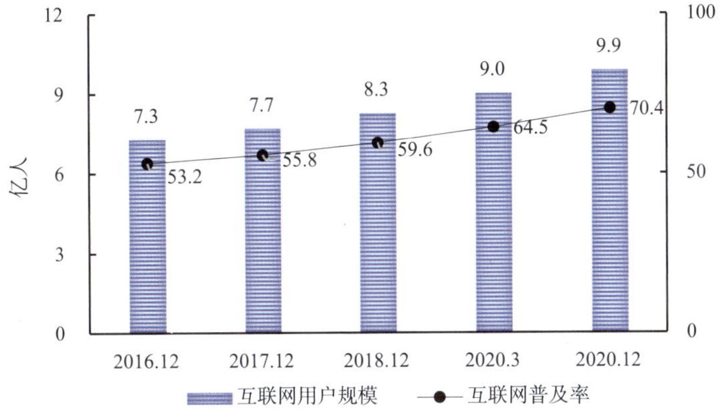

数据来源：CNNIC第47次《中国互联网络发展状况统计报告》

图 3-4　2016—2020 年互联网用户规模及互联网普及率

数据来源：国家统计局

图 3-5　2016—2020 年实物商品网上零售额及占社会消费品零售总额比重

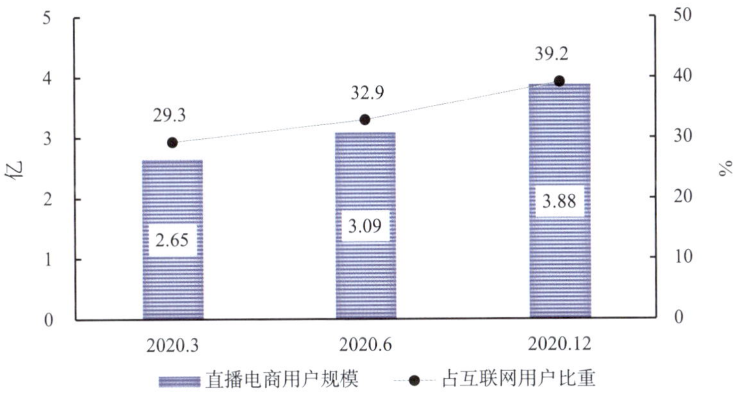

数据来源：CNNIC第47次《中国互联网络发展状况统计报告》

图 3-6　2020 年 3 月—2020 年 12 月中国直播电商用户规模及在互联网用户的比例

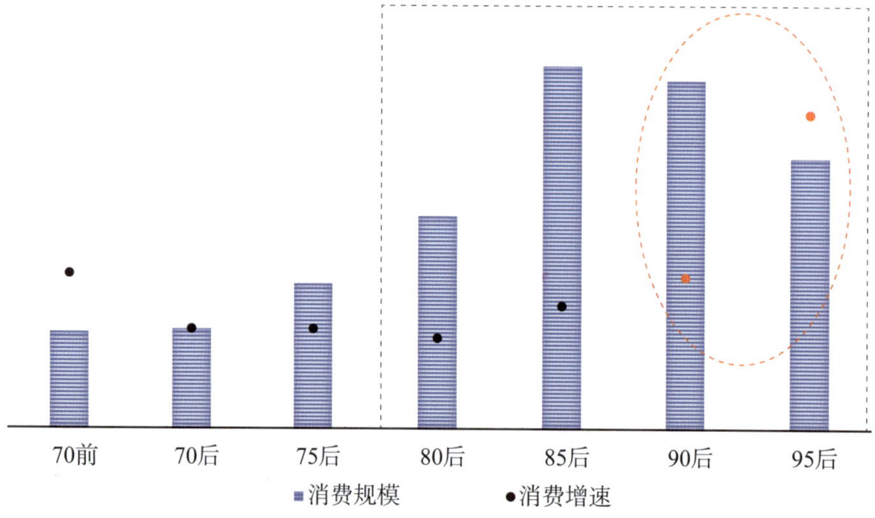

数据来源：《2019中国互联网消费生态大数据报告》

图 3-7　2019 年不同代际线上消费规模及消费增速

费调查研究院2020年消费者调查结果显示，80后、90后消费群体整体具有收入水平和受教育程度高，相比70后更注重商品性价比的消费特征，该群体更注重商品颜值、品质和服务，热衷线上社交和消费，追求个性化、多样化及体验式消费。

二线及以下城市消费新生代成为增长新引擎。麦肯锡《2020年中国消费者调查报告》中提出，居住在二、三、四线城市的90后成为消费增长的主要贡献者，调查人数仅占受访者的25%，却为2018年消费支出增长贡献了近60%。这一群体生活成本较低，年可支配收入达到14万~30万元人民币的家庭增长率高于一线城市，空闲时间远多于一线城市的年轻人，抖音和小红书是他们的常驻地，极容易“种草”新潮事物。追逐潮流趋势、购买高档产品、注重外出旅行打卡网红地，已成为这个群体的普遍生活方式。

3. 民族文化自信增强

近年来，国家大力倡导弘扬优秀中华传统文化及发扬传统“工匠精神”。“中国品牌日”的设立为国货品牌的壮大提供了平台，《中国诗词大会》《中国汉字听写大会》《经典咏流传》等传达中国传统文化的电视节目受到国人广泛关注和探讨，增强了国人民族文化自信。

（1）消费者支持国货品牌。国民文化自信的提升，在消费领域体现在消费者对国货品牌的认知度和接受度、购买力度及购买范围上，这得益于逐步积累的文化自信和积极的国货意识，国人学会客观看待他国文化，敢于承认自身不足，愿意给予国货品牌足够的信任和成长空间。华为、小米等国产品牌在创新领域实现飞跃，故宫文化IP化等实例，也让更多消费者愿意去了解国货品牌甚至尝试使用国货品牌。

（2）国货品牌有了“质”的飞跃。我国产品质量国家监督抽查合格率已连续5年保持在90%以上，中国制造正在向“中国质造”方向转变。国货品牌追求传统文化在产品上的创新应用，重视产品质量、知名度、价格及服务之间的平衡，通过线上线下多渠道组合布局，KOL、KOC带货种草等新媒体营销手段，IP跨界联名等产品开发策略，从消费者的情感需求和产品需求出发，将平价质优的“新国货”在消费者中迅速而广泛地推广开来，在此基础上掀起“国潮”风。

4. 科技创新层出不穷

金融科技创新催生新型支付方式和消费方式，移动支付和共享经济风靡全国，并在全球处于领先地位。移动支付的成熟，带动了电商、出行、生活服务行业的发展，颠覆了各个细分消费领域。根据贝恩公司(Bain Capital)的数据显示，2018年，在中国，使用微信支付的人群占比84%，使用支付宝的人群占比81%，大部分人两种支付工具并行使用，也就是说仅微信和支付宝而言，中国的移动支付使用人群已经超过80%。而在金融最发达的美国，使用信用卡支付的人群占比80%，使用现金支付的人群占比79%，采用Paypal移动支付的人群仅达到44%。新冠肺炎疫情期间，得益于顺畅的移动支付，全民大量的购物都是通过线上完成，不管是盒马、美团、饿了么，还是淘宝、天猫、京东、拼多多，抑或是各种买菜软件及各个小区组织的团购，都照常进行，将疫情对国民消费的影响降到最低。

依靠技术创新，社交平台不断完善服务体系，助力新消费。抖音推出私域流量运营工具，正式发布解决方案——抖音企业号2.0，聚焦用户沉淀、流量反哺、高效触达、智慧经营，帮助企业实现以粉丝为核心的私域经营。数据显示，截至2021年7月，抖音企业号总数达800万个，2020年企业号商业内容日均观看量超200亿。小红书正式推行“号店一体”机制，包括“零门槛开店”“BC直连”“月销万元以下商家免收佣金”等新变化。站内的店铺体系完全打通，小红书将支持店铺商家在笔记中添加商品标签，用户点击标签即可到达商品详情页，从而缩短交易链路。

智能制造助力新消费效率变革和体验变革。供给侧利用先进的数字技术，实现生产流程与上下游连接数字化；活用内部生产、终端销售、消费者研究等全方面数据分析，通过快速反应的柔性供应链，实现个性化、批量化定制服务，打造全新客户体验。兼顾智能化设计与审美的智能产品为生活创造更多美好，智能化家装已成熟应用于市场，未来将会给消费者生活带来更多便捷。

5. 物流服务全场景化发展

电商的发展带动了物流业的发展。据行业数据显示，2013年物流日均业务量刚刚突破3000万件，到2016年全行业一天可送1亿个包裹，再到2018年天猫“双十一”物流订单超过10亿。电商经济快速发展带动物流行业发展壮大，从最初的四通一达和顺丰，到现在的京东物流、苏宁物流等电商相关的物流品牌也脱颖而出。

物流业连接品牌与消费者，为消费者提供多场景消费体验。智能化、无人化仓储可以实现快速反馈、精准分类，加速了产业链的快速运转，为柔性化生产奠定基础，缩短了从原料到成品再到消费者手中的周期，推动了消费场景的转变。同时，物流业在“速度第一”的基础上延伸发展的“场景物流”，提供的不再局限于单一的产品配送，还包含上门安装、指导使用等服务，由最初提供给消费者“快”的速度，演变成“全”的服务，满足了消费者多层次需求。

二、新消费的内涵

（一）国家提出推动新消费发展的同时注重供给侧和需求侧改革

国家在推动消费发展上由单纯注重供给侧改革转变为同时注重需求与供给两端的改革。改革落点除产品外，贯穿生产、分配、流通、消费各环节。

2017年10月，在党的十九次全国代表大会上的报告中强调，中国特色社会主义进入新时代，中国社会主要矛盾已经转化为人民日益增长的美好生活需要和不平衡不充分的发展之间的矛盾。人民对美好生活的向往，体现在方方面面，但最终都会以消费的形式呈现。为应对国内供需不平衡问题，中国开启供给侧改革，消费品向高端、高附加值、可持续方向升级。

2020年《政府工作报告》对消费发展做出重要指示，要深化供给侧结构性改革，突出民生导向，使提振消费与扩大投资有效结合、相互促进。启动供给侧改革，正是从生产、供给端入手，生产高端、高附加值、环保绿色的产品，依靠创新驱动，满足居民的消费需求，为创造美好生活而发力。

2020年12月，中共中央政治局会议首次提出“注重需求侧改革”。会议要求“要扭住供给侧结构性改革，同时注重需求侧改革，打通堵点，补齐短板，贯通生产、分配、流通、消费各环节，形成需求牵引供给、供给创造需求的更高水平动态平衡，提升国民经济体系整体效能。”这是“双循环”战略下的重要布局。

（二）各研究学者对新消费的不同认识

郭春丽认为目前我国居民消费升级呈现出五点趋势：一是消费结构加快升级，逐步向“住行消费+服务消费”的“双支撑”型结构加速升级；二是消费品位提升；三是新兴消费热点和消费模式不断涌现；四是消费主体梯度变化趋势明显；五是消费理念更趋成熟，更注重高性价比、绿色消费。毛中根等认为新消费是由数字技术驱动且能满足人们对信息化、智能化、多维融合等服务需求的行为过程，并指出社会主要矛盾变化是新消费发展的理论基础，科技进步是新消费发展的技术基础，消费升级是新消费发展的动力源泉。依绍华认为新消费既有传统消费的提质升级，还有新消费产品和服务的涌现，二者共同构成了新消费的内容。刘敏认为新消费是以数字、人工智能、生物、新能源等新一代技术创新与应用为支撑，以新产业为引领的传统消费及其场景的重塑和拓展，以及消费的新领域、新体验和新模式。范亚辰等指出新消费的核心是人，而非商品，应更加注重人的多层次需求。杨柳等认为新消费是利用信息技术满足人民对更高生活质量的需求，获得智能化、便捷化、多元化的消费体验和服务。

（三）本文对新消费内涵的理解

新消费是在中国经济从高速增长转向高质量发展，人民的需求从传统的物质文化需要向美好生活需要的转变过程中，孕育出的区别于传统消费即单纯购买商品或服务的新时代消费体系，其中既包含需求侧消费人群以及对需求的把握，触达消费者的渠道、媒介，又包含供给侧的新品牌、新消费技术、商业模式及经营理念，是需求牵引供给、供给创造需求的新型消费体系。新消费更加注重人的多层次需求和价值实现，因数字化赋能而更加多元开放，消费与生产之间的关系更加柔性和精准协同。一言以蔽之，新消费是以新客群及其需求为核心出发点，以贯穿设计、生产、物流、销售各环节的新技术为支撑，以新模式为手段，以新理念、新产品和新服务在满足人们新体验的同时完成消费的过程。

三、新消费的特征

新消费的特征可简单概括为实用性、功能性、趣味性、文化性、互动性、场景化、体验性7点，反映在消费者需求上可总结为以下几点：

（一）实用价值高于价格

全球著名的市场监测和数据分析公司尼尔森在《2019年第二季度中国消费趋势指数报告》中指出，随着消费观念的转变和国货品牌的崛起，消费者认为“品质”的重要性超过了“价格”。选择商品时，价格高低并不那么重要，消费者会优先考虑商品的性能与价值比，而非单纯的性能与价格比。

（二）要颜值也要功能

新奇有趣的产品理念和在线产品设计更容易吸引消费者的注意，但消费者也会通过各种渠道去搜索、对比，最终筛选出符合自己审美与满足自己功能性需求的商品。

（三）要认同更要个性

消费者期望将自己归属到各种兴趣爱好一致的社群，在社交平台互动分享自己对产品的使用心得和见解，乐于被喜欢的KOL、KOC种草并跟随购买。同时，这些消费者又渴望体现自己的独特个性，比如偏好定制化产品、挖掘小众品牌或者购买同款时尚单品，通过搭配展现不同风格。

（四）场景化体验更加分

消费者在一个沉浸式的交互式场景，更能直观感受到商品的卖点与自己需求的契合之处，体验到产品与服务的魅力。

（五）品牌文化引共鸣

新品牌重视与消费者的情感连接，向消费者征询产品意见并进行改良，因此形成品牌认同后，消费者会大力推荐给周围人，自觉成为品牌的推广者。同时，国货品牌将中国文化元素应用到品牌和产品中，也极易引起消费者的文化共鸣。

四、时尚消费四大趋势倒逼时尚品牌转型升级

消费是人类生产的最终目的和动力，对生产具有强大的反馈和导向作用，消费行为、消费文化、消费结构以及消费模式会对产品结构调整、技术模式创新甚至产业结构重构产生重要影响。新消费阶段，我国消费者的品牌偏好正在转变，这得益于对“中国制造”的支持，消费者购买本土品牌的意愿更加强烈，2009—2019年百度搜索指数显示，消费者对本土品牌的关注度由38%增长到了70%。消费者态度的转变为我国时尚品牌发展带来机遇，驱动着本土时尚品牌的转型升级。

（一）时尚消费质量由规模消费向品质消费、绿色消费转变

我国消费规模增速持续放缓，“十三五”期间（截至2019年底），社会消费品零售总额年均增速为7.4%，比“十二五”期间降低6.5个百分点，从限额以上单位消费品零售情况看，2019年服装鞋帽针纺织品类增速仅为2.9%，相比2016年同期降低4.1%。

有研究表明，当人均GDP在1000~5000美元时，拉动经济增长的主要动力是制造、加工和传统服务业，当人均GDP达到5000~10000美元时，拉动经济增长的主要动力在于发展科技、创新、创意、高科技产业和服务产业。2019年我国人均GDP达到10276美元，同时，快时尚品牌大范围业绩增速持续下滑、频繁关店，预示着时尚消费理念由对“量”的需求转向对品质的要求和对绿色环保的关注。面对消费

需求转变，越来越多的国内时尚品牌关注产品创新与品质把控、品牌文化塑造与理念推广、购物体验提升与服务升级、企业社会责任与可持续发展。

（二）时尚消费渠道由偏重单一渠道向线上线下一体化融合转变

由于消费者同时注重体验感和便捷性趋势愈加明显，消费渠道由偏重线上或线下单一购买向线上线下并重转变。为满足消费者对便捷性、休闲和社交的需求，传统时尚品牌优化门店体验感受的同时，积极探索通过数字化升级进行线上线下新零售布局，实现消费过程中搜索、比较、购买、支付、配送及售后等各个环节上的实体、电商、信息媒介等全渠道融合。线下知名服装服饰品牌迅速成长为电商零售主力品牌，2019年天猫“双十一”男装品牌业绩排名前十分别为优衣库、GXG、太平鸟、杰克琼斯、波司登、森马、马克华菲、思莱德、美特斯邦威、海澜之家。同时，茵曼、妖精的口袋等电商品牌在原有大量线上流量的基础上，利用成熟完整的会员体系优势，线下迅速铺店，将线上流量引入线下，实现线上线下相互转化。

（三）时尚消费方式由单一购买向社交化、及时化体验消费转变

社交分享带动消费趋势愈加明显，无缝衔接的及时化体验消费需求愈加强烈。消费体验不断被赋予新的定义与衡量标准，性价比、功能、产品特性等较为理性的体验对购买行为的影响减弱，对于产品和服务的感性体验则越来越重要，受此影响，直播电商迎来井喷式增长，成为近几年全球增长最快的电商形式，其用户在网民中的渗透率已达1/3左右。时尚企业探索新兴社交媒体渠道和功能，制定营销策略，通过社群营销、线下试穿线上购买、线上购买就近取货、直播带货等新型营销方式提升了消费者的购物体验，品牌与消费者通过即时交流互动，增加品牌黏性，提高线上消费频次。

（四）时尚消费文化由产品消费向文化消费转变

消费者越来越接纳富有中华文化内涵并与之产生情感关联的中国纺织服装品牌，传统文化、中国品牌、中国设计在年轻消费群体中的认可度越来越高，传统文化、民族元素正被越来越多的国内外企业植入产品设计与品牌文化中，如中国传统文化的典型代表——汉服文化认可度明显提高。2019年汉服市场销售额突破45亿元，汉服爱好者规模超过350万人，2016—2019年连续四年保持70%以上的高增长。活跃在国内主要零售市场的服装家纺品牌中，85%左右为中国自主品牌。以服装服饰为主的中国原创潮流品牌消费规模占比逐年提升，占品牌消费的比重从2017年的11%提高到2019年的15%，其中90后、00后占“国潮”消费市场的八成。国潮品牌在质量、设计、品牌文化方面逐渐成熟，并登上世界时装周的舞台，进一步推动

了时尚消费自信与中国文化国际影响力的提升。

跨界联名商品愈发受到消费者青睐。跨界联名合作让两种原本毫不相干的品牌文化相互渗透融合，不同品牌基因带来的反差为联名商品带来了强烈的视觉冲击，尤其受到年轻消费者的热捧，最终形成“1+1＞2”的营销效果。从“李宁 × 红旗”到“太平鸟 × 洽洽”，国内时尚品牌跨界联名合作产品层出不穷，从“品牌 × 品牌”“品牌 × 艺术家”“品牌 × 名人”到“品牌 × IP”，跨界联名方式不断推陈出新。

五、探索新消费下时尚品牌发力方向

传统品牌与新品牌因为基因及发展历程不同，应对消费者的侧重点也不同。传统品牌往往更强调自己的研发、供应链，新品牌更强调跟消费者连接。这就造成了新老品牌在新消费大潮下的不同痛点，老品牌需要考虑的是，是否能及时地感知并应对消费者需求的变化；而对新品牌来说，则是否具备可以有效地满足新的消费需求的能力。抛开这些不同，寻找共性，给予时尚品牌以下四点建议。

（一）多维度产品创新

产品创新是品牌发展的根本。纵向维度来看，以流行趋势和消费需求为导向，加强与面辅料企业、纤维企业在产品开发的协同创新，从纤维原材料的创意与研发以及基础面料、辅料深度协作开发，到印花、染色、刺绣、褶皱等面料再加工，品牌企业与产业链各环节协同进行产品开发、创新产品设计、增强工艺细节、提升产品品质。横向维度来看，加强与建筑、文学、音乐、电影、美妆、珠宝、动漫、游戏、汽车等其他领域的跨界融合，通过跨界合作、IP赋能、品牌联动等方式提升品牌产品创新力。

（二）全方位数智化升级

全方位数智化升级是指从产品、生产、营销三方面，以数字化为基础向智能化方向进行迭代升级。在产品开发方面，注重以科技手段提升产品创意设计，打造智能化产品，同时注重产品研发领域不断细分，满足多样化、个性化的消费需求。在产品生产方面，加速与以互联网、大数据、人工智能为代表的信息新技术的深度融合，满足个性化定制的超柔性需求。在产品营销方面，利用互联网和大数据采集消费轨迹，得到消费者偏好，提供个性化精准营销、产品推荐、智能搭配服务等，充分利用人工智能技术为消费者营造更好的消费过程。各环节数智化的背后都包含了大量的工作，还需品牌在把握消费者需求的基础上，联系自身实际调整升级。下面以精准营销为例，从两个方面详细说明。

1. 精准匹配促销信息

促销活动能提升消费者对商家的信任和增加购买意愿。一定的促销活动能够吸引消费者，提高产品销量，但经常性的促销活动会让消费者对价格变动不敏感，不会感到真正的实惠。商家可借助相关性算法识别顾客过去的行为，策划制订促销商品列表，将顾客真正需要的商品优惠活动展示到他们面前，让消费者感知到商家提供的实惠，以此始终保持顾客价格感知优势。

2. 优化线上购买流程和商品陈列

优质的购物平台功能对消费者信任、购买意愿都会产生正向的影响。购物平台越实用，越能吸引消费者的购买兴趣，一方面是因为以年轻人为主的消费群体倾向简单快速的生活节奏；另一方面，网购群体趋于大众化，更多的老年群体因平台功能齐全且简单易用参与到网购中。商家可借助数据技术检测消费者的购物车情况和搜索浏览记录，运用算法自动推荐商品，节约消费者的购物时间，并能帮助顾客找到缺货产品的代替品。此外，当消费者养成线上购物习惯后，会减少无目的的浏览而直接选择需要购买的商品，所以应通过分析销售数据优化导航及促销商品陈列，以提高消费者的搜索体验。

（三）全域营销重视口碑打造

全域营销是指以消费者为核心、以数据为驱动，实现“人、货、场”的全场景、全链路、全媒体、全渠道营销。

首先，通过消费数据分析消费者的购买行为、购买意向，从而调整商品生产或销售方向满足消费者需求。

其次，将商品覆盖到线上线下的各种销售场景，相互引流完成高效转化，打造私域闭环。如优衣库在天猫官方旗舰店、掌上旗舰店、实体门店实行同款同价，并采用线上下单、线下提货等方式，同时为消费者提供商品购物指南等，为门店吸引精准客户，实现流量到销量的转化。全域营销模式的未来发展无论是从线上引流到线下，还是借助线下门店的体验模式引流至线上，都是在打造品牌流量闭环，带动品牌快速增长。

此外，也要重视声誉口碑打造。声誉是品牌的形象和社会资本，品牌声誉对在线消费行为不产生直接影响，而通过在线信任对其产生间接影响，这表明消费者不会仅因为品牌声誉高而选择消费，但消费者会对声誉高的品牌产生好感和信任。品牌的声誉不仅可以通过品牌宣传传达给消费者，还可通过评论、销量、粉丝数量等多个方面体现。因此，品牌除了做好产品、做大品牌之外，还应注重消费者评论质量，关注粉丝、社群的日常管理和运营。

（四）打造“社交+体验”新消费场景

品牌为消费者提供的不仅仅是产品更是服务，通过社群营销、门店智慧改造、数智化升级等手段提升消费者购物体验尤为重要。一方面，要打造“社交+体验”的新消费场景，通过大数据对消费人群精准投放商品信息，利用小红书等社交平台进行渠道下沉，帮助消费者做出决策。另一方面，将社区作为新场景社交的切入口，以贴近消费者心理，如将社区门店打造成一站式生活集合店，在此基础上进一步升级成智慧门店。如安踏在中国已经开设了3家智慧门店，顾客在进店时，安踏优Mall系统的高清摄像头会自动对顾客进行生理识别，为之提供适合的灯光和音乐，购物期间，摄像头即刻捕捉消费者的行动轨迹，如果购买的商品店内缺货，消费者可以通过网络云货架电子屏下单，商品将直接被送到家。智慧门店的打造使消费者同时感受到线上的便利和线下的互动式消费体验，让顾客在不同渠道购物时增加品牌好感，同时也提升了门店的客流量与产品销量。

参考文献

[1] 国务院.国务院关于积极发挥新消费引领作用加快培育形成新供给新动力的指导意见.中华人民共和国中央人民政府[EB/OL]，2015-11-23.

[2] 国务院办公厅.国务院办公厅关于以新业态新模式引领新型消费加快发展的意见.中华人民共和国中央人民政府[EB/OL]，2020-09-21.

[3] 决胜全面建成小康社会 夺取新时代中国特色社会主义伟大胜利[EB/OL].人民网，2017-10-18.

[4] 2020年政府工作报告.中华人民共和国中央人民政府[EB/OL]，2020-05-22.

[5] 学习进行时.中共中央政治局召开会议 习近平主持[EB/OL].人民网，2020-12-11.

[6] 陶红，关云鹤.把握消费趋势，引领产业深度转型[J].纺织服装周刊，2019（03）：13-14.

[7] 毛中根，谢迟，叶胥.新时代中国新消费：理论内涵、发展特点与政策取向[J].经济学家，2020（9）：64-74.

[8] 依绍华.新消费崛起促进消费和产业双升级[J].人民论坛，2020（21）：33-35.

[9] 刘敏.新发展格局下新消费的可及性及其实践向度[J].湖南师范大学社会科学学报，202150（3）：57-64.

[10] 范亚辰，谭静.疫情倒逼下中国居民消费体系转型升级研究[J].地方财政研究，2020（10）：27-41.

[11] 杨柳，王霜伶.三新消费助力后疫情时代白酒产业高质量发展研究[J].酿酒科技，2021（7）：135-142.

[12] 陈文晖，熊兴，王婧倩.消费升级背景下时尚产业发展战略研究[J].价格理论与实践，

2018（5）：155–158.

[13] 第一财经商业数据中心. 2019中国互联网消费生态报告[EB/OL]，CBNData消费站，2019–12–20.

[14] 第一财经商业数据中心. 2020中国互联网消费生态报告[EB/OL]，CBNData消费站，2020–12–16.

[15] 中国互联网络信息中心. 第47次《中国互联网络发展状况统计报告》[DB/OL]，中国网信网，2021–02–03.

[16] 麦肯锡. 2020年中国消费者调查报告[DB/OL]，麦肯锡官网，2019–12–18.

第四章　商圈经济与时尚产业发展

从地理学的角度出发，“商圈”一词最早起源于德国地理学家沃尔特·克里斯塔勒(Walter Christaller)提出的中心地理论。商品经济发展到一定阶段，就产生了商圈，商圈不断扩张，带动消费人群大量涌入、市场能级不断增强，城市功能得到拓展，人们的生活品质也有所提升。

近年来,我国城市商业规模持续扩大,结构不断升级,初步形成了面向不同层次、满足城市居民多样化需求的核心商圈、区域商圈、社区商圈的多层级分布格局，但也存在着规划布局不尽合理、商圈网点趋于饱和、高空置率等问题。作为我国城市文化与活力的缩影，商圈正在成为打造国际消费中心城市的重要功能载体。在新零售价值重塑、科技赋能的时代，如何结合自身特色，拥抱数字经济带来的重大机遇实现消费业态升级，是城市商圈实现高质量发展的关键所在。

一、背景解读

后疫情时代，国际市场风险加剧，贸易保护主义抬头，大国竞争和博弈越发激烈，国际外循环受限受阻。在此背景下，我国提出加快构建以国内大循环为主体、国内国际双循环相互促进的新发展格局。2021年8月，商务部就《城市商圈建设指南（征求意见稿）》面向社会公开征求意见。该意见稿提出，在常住人口超过1000万的超大城市，结合超大城市特点和城市更新改造，对标国际一流商圈和商业街，吸引国内外高端商业品牌和资源集聚，提升高端购物、文化旅游、金融商务等功能，打造一批世界顶级商圈；特大城市要引入商旅文融合型设施，集聚高端功能，形成体现城市活力的核心商圈发展格局；大城市要推动商业资源集聚，逐步疏解批发功能，增加零售、餐饮、休闲娱乐等功能，打造多元时尚的消费中心；中小城市要充分挖掘文旅资源，提升休闲娱乐、特色餐饮等功能，打造差异化、特色化的核心商圈。

差异化的商圈布局战略能有效释放不同类型和层级的消费需求。来自艾媒咨询的数据显示：2021年我国城市综合体带动的零售消费市场规模将突破47万亿元（图4-1），消费需求潜力会得到更多释放,也将更好地发挥消费的基础作用和投资的

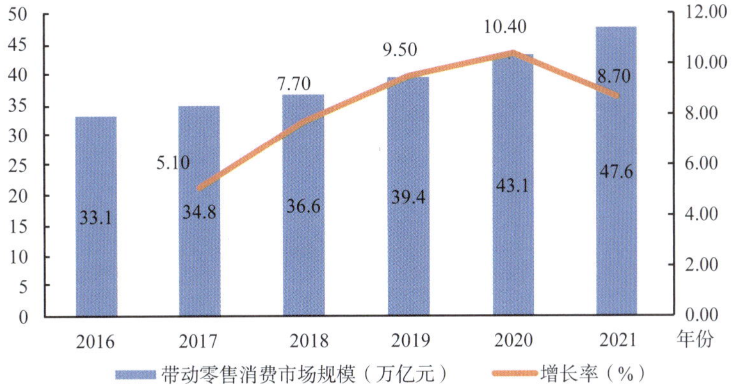

数据来源：艾媒咨询2019年中国城市商圈发展深度洞察与分析报告

图 4-1　中国城市商业综合体带动零售消费市场规模

关键作用，助力扩大内需战略实施和构建双循环新发展格局。

二、时尚产业与商圈的关系探讨

（一）时尚产业是商圈在时代进步与消费升级背景下进阶的必然产物

根植于城市经济的时尚产业，其特点在于：文化包容、创意传播、符号消费、年轻。笔者认为，时尚商圈无论是区位、产业形态抑或消费群体，都无法脱离城市商圈而孤立存在，但其并非从属关系。商圈是时尚产业经济、社会与文化效益的有形发生场所，时尚产业是商圈在时代进步与消费升级背景下进阶的必然产物。汇集了物质、文化、精神三种消费属性的时尚产业，其商业模式不同于以往百货商场时代传统零售业，或发生在社区圈层的日常生活消费，因此，区位分布、基础配套都与普通商圈存在一定差异。

1. 时尚商圈的地理位置

涵盖时尚消费的商圈大多位于城市的核心地带，是历史悠久、文化气息浓厚、发展较成熟的综合性商圈的一部分，或者毗邻综合性商圈，交通便利，客流量大且稳定（图4-2）。当然，也有部分时尚商圈伴随着城市更新与旧城改造应运而生，它们并不局限在城市的几何中心，而是散点式分布在城市不同区域，如年轻人口密度大（或新城市人集聚）、交通便利、商业生活气息浓厚的地带。

2. 时尚商圈的基础配套设施

从基础配套来看，大部分时尚商圈在选址阶段会考虑利用地面与地下空间设置多层级停车场，预留非机动车停车场所。一些合资建设的时尚商圈在软件装潢上，会植入更具时尚艺术气息的景观小品或装置艺术品，既折射所在城市的历史文化内涵，又彰显浓厚的文化艺术氛围。发展成熟的时尚商圈会专门为消费者设置开放或

图片来源：王府中环官网

图 4-2　位于北京王府井商圈的王府中环

半开放的休闲区域，不定期举办品牌推广、公益展、创意市集、盈利性节庆活动（图4-3）。

图片来源：新城市广场官网

图 4-3　香港新界沙田新城市广场区位交通

（二）依托于商圈的时尚业态，其细分领域更加包容和多元

时尚行业的实体零售多依托于商圈存在。一方面，商圈可以为时尚门店提供更加多元的消费群体，在同一个消费空间，性格、年龄、喜好、品味各不相同的人，都能找到适合自己的产品与服务，既有被消费者誉为“国货之光”的服饰，也有国际奢侈品牌，还有打破传统零售模式的网红家居、书店、餐饮、茶饮等。另一方面，商圈为时尚品牌的宣传推广提供了空间，依托于线下门店衍生出与品牌主题相关的展览、时尚活动、互动体验和网红直播，集合了网红、艺人、博主、普通人商圈成为时尚消费人群交流的平台（图4-4）。

图片来源：腾讯网

图 4-4 位于上海徐汇区的“网红马路菜场”——乌中市集

（三）时尚消费行为对城市商圈的变革产生推动作用

当前，我国城市商圈的主流消费者已经从20世纪百货经济时代的“全家齐上阵”转变为具有不同消费能力和产品需求的潮奢大咖、品质实用者、平价购物者和时尚年轻人，呈现出年轻化和个性化的特点。年轻消费群体渴望获取最具时效性的商品信息并结合自身需求就地转化为购买力，由此产生消费行为。对这部分消费者而言，在实体商圈进行时尚消费与网络购物最大的区别在于体验感，即通过随心试穿试戴获得的认同感与满足感，远比拿到网购商品因不合适而退单的挫败感更为直接。同时，在满足时尚消费需求的基础上，消费者往往会以延长停留时间的方式进行，如拍照打卡、餐饮休闲、装置艺术欣赏等其他行为活动，在获得身心愉悦的同时也为商圈升级提供了思路，即以提升消费环境与感官体验为宗旨增加客户黏性，增加消费活力。

三、我国商圈的发展现状

（一）发展历程

20世纪20~30年代，我国现代商圈的雏形——传统百货市场开始出现，业态多以传统百货、酒楼为主（图4–5）。虽然地理意义上的商圈还未完全形成，但作为城市文化与经济的缩影，这些商业的空间集聚和扩张辐射功能逐渐增强，繁荣的消费景象推动着商圈的演变与革新。20世纪90年代，随着城市基础设施建设不断完善，集聚了餐饮、百货、美容等多功能的大型购物中心陆续建成，并吸引了部分国际时装品牌的进驻。凭借一站式购物的便捷与高效，购物中心逐渐取代了以服装服饰、家居布艺、轻纺品、家电为主的百货大楼，受到消费者的普遍认可（图4–6）。21世纪以来，城镇化速度加快，带动了商圈从城市中心向郊区辐射分布，形成了多中心、多层级、网格化的布局。这一时期，大型商业综合体加速崛起，我国的城市商圈形态和级别不断发展，进驻的服装服饰品牌千变万化，餐饮娱乐休闲业态百花齐放，居民消费也趋于多元化和开始追求品质化。近年来，以大数据、人工智能为代表的新一代信息技术迅猛发展，在数字经济时代下，商圈正朝着智能化、定制化、体验化的方向进阶，进驻业态也变得更加多元。

图片来源：影像上海，详见澎湃新闻

图 4-5　20 世纪 30 年代的上海南京路商圈

图片来源：上海市徐汇区人民政府官网

图 4-6　20 世纪 90 年代建设中的上海徐家汇商圈

（二）发展特点

1. 传统商圈持续改造升级，新兴商圈不断发展壮大

近年来，我国一直在推进传统商圈、商业街等消费聚集地的提质扩容。例如，2018年，商务部在北京王府井等11条步行街启动改造提升试点工作；2020年7月，商务部将其中5条试点步行街确认为首批“全国示范步行街”；2021年7月，商务部印发通知，将北京王府井、天津金街、上海南京路（图4-7）、沈阳中街、武汉江汉路、广州北京路6条步行街确认为第二批“全国示范步行街”。

图片来源：上海市文旅推广网

图 4-7　经存量商业改造后的上海南京路

在传统商圈不断升级改造过程中，新一线城市和二、三线城市的新兴商圈也不断扩容升级。在过去的一年，外部环境的变化并未阻挡西安、长沙、郑州等城市在商业资源集聚度的上升趋势。根据第一财经·新一线城市研究所发布的《2021城市商业魅力排行榜》：15个进入新一线名单的城市依次是成都、杭州、重庆、西安、苏州、武汉、南京、天津、郑州、长沙、东莞、佛山、宁波、青岛和沈阳。2017—2021年，西安的商业资源集聚度排名从第12名上升到第9名；长沙的排名总共提升了5位，商圈日均客流总量较上年同期出现了逆势增长，五一广场商圈的日均客流总量排名全国第一；郑州从2020年的第15位上升到了2021年的第11位。这些新兴商圈的发展壮大一方面得益于区位优势及生活配套设施；另一方面受限于境外消费渠道封锁，奢侈品品牌国内渠道吸收了大量海外消费回流。高端化妆品线下门店向二、三线城市下沉的节奏依旧，高端珠宝品牌也正在将更多门店份额调整到二、三线城市（表4-1）。

表4-1　2021年第一季度一线及新一线城市客流表现最佳的商圈

城市能级	城市	商圈	工作日客流指数	周末客流指数
一线	上海	南京东路	40.79	39.10
新一线	成都	春熙路	36.96	33.65
一线	广州	天河路	32.34	31.84
新一线	长沙	五一广场	31.08	33.49
新一线	西安	钟楼	28.49	27.16
新一线	南京	新街口	27.79	28.37
一线	上海	徐家汇	24.76	22.74
一线	深圳	东门	24.41	24.31
一线	广州	北京路	22.74	23.15
新一线	武汉	江汉路	22.48	23.89
新一线	重庆	观音桥	21.79	21.74
新一线	西安	小寨	19.52	20.38

数据来源：百度地图慧眼，详见《2021第季度中国城市活力研究报告》

2.核心商圈集中于市中心，消费群体覆盖面广

在我国，城市的核心商圈和旗舰类商圈多分布于市中心，受城市空间布局、资源分布等因素影响，市中心或者城市副中心地理位置优越，人口流量大、商业密集度高，消费群体覆盖面广，消费购买力强劲（图4-8）。以一线城市为例，商业繁荣，商圈分布密集，居民人均收入和消费水平高，不断带动城市商业发展,形成了传统商圈与新兴产业共同发展的密集分布格局，业态也呈现出高端奢侈与大众消费和谐共生的繁荣景象，无论是潮奢大牌、轻奢替代品还是平价好物，都可以在同一

商圈得到体现。因此，消费群也不再局限于年轻女性，而是涵盖老、中、幼三代的家庭消费越发普遍，潮人、网络主播、时尚买手更是随处可见。

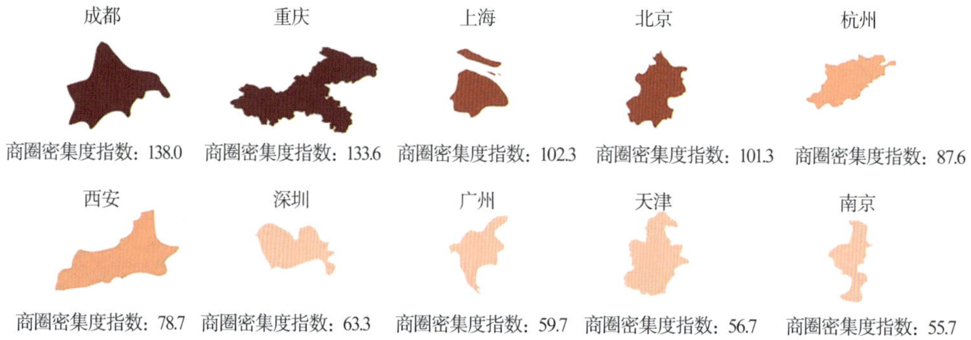

数据来源：艾媒咨询

图 4-8　2018—2019 年我国城市商圈分布密集度前 10 名

3. 时尚业态占据优势比例，对商圈发展贡献巨大

从业态特征来看，我国商圈基本涵盖了零售、餐饮、休闲娱乐、其他服务业等业态。大部分商圈行业分类比重相似，零售业态占比最大；在细分行业中，基于美妆、服装、服饰的时尚零售业带来的消费客流、国际品牌和传播影响力对商圈的发展贡献巨大。

以北京市为例，据联商网零售研究中心不完全统计，2020年进驻北京的时尚品牌中，餐饮和服饰首店占比近七成，是品牌首店最多的业态；服饰品牌中以潮流服饰品牌和运动服饰品牌为主（表4-2）。进驻北京的主要首店中包含：餐饮32家，服饰22家，美妆9家，其他业态16家。以位于北京大望路商圈的SKP为例，从2014年开始，SKP从地下一层至地上五层布局自营买手店“SKP SELECT”，集合了数百家国内外设计师品牌，特别是一些小众的国际时尚品牌。除了招募自营买手团队进驻，北京SKP在非零售区设立了比传统购物中心数量更多、面积更大的先锋艺术装置，即用艺术、科技来串联零售，越来越多的国际品牌会为SKP提供定制款商品。尽管受新冠肺炎疫情影响，线下零售业在2020年整体遭遇冲击，但北京SKP的销售额依然达177亿元，实现两位数增长，单店销售额、每平米销售产出均为全球第一，不仅连续十年蝉联中国“店王”，而且首次超越英国哈罗德百货，问鼎全球“店王”。

表 4-2　北京 2020 年下半年主要品牌首店拓展一览

品牌名称	业态	品牌属地	进驻项目	首店量级	开业时间
Tom Dixon	餐饮	英国	北京三里屯太古里	北京首家旗舰店	2020.7.3
MANITO	服饰	加拿大		全国首家概念精品店	2020.7.14

续表

品牌名称	业态	品牌属地	进驻项目	首店量级	开业时间
MAIA ACTIVE 玛娅	服饰	中国	北京三里屯太古里	华北首店	2020.7.23
Shake Shack	餐饮	美国		华北首店	2020.8.12
Randomevent	服饰	中国		北京首店	2020.8.30
DESCENTE BLANC	服饰	日本		全国首店	2020.10.31
phenix 都市综合店	服饰	日本		全国首家都市综合店	2020.11.15
Gontran Cherrier	餐饮	法国	北京朝阳大悦城	北京首店	2020.8.28
JUDYDOLL 橘朵	美妆	中国		华北首店	2020.9
姚姚酸菜鱼	餐饮	中国		北京首店	2020.10.16
Gabriele Colangelo 旗舰店	服饰	意大利	北京国贸商城	全球首店	2020.7
Peet’s Coffee	餐饮	美国		北京首店	2020.9.10
ARTNATURE	美妆	日本		北京首店	2020.10.15
vogue café	餐饮	美国		亚洲首店	2020.12
绿瘦好享瘦	丽人	中国	北京富力广场	北京首店	2020.7
莱特飞行者	教育培训	中国		北京首店	2020.10
Explorà 爱嘟咔早教中心	教育	中国		北京首店	2020.11
COF 精致珠宝	零售	日本		北京首店	2020.12
星际传奇	娱乐	中国	北京长楹天街	北京首店	2020.7
内联升生活体验店	家居	中国		全国首店	2020.8.8
贤合庄卤味火锅	餐饮	中国		北京首店	2020.8.29
DCSHOECOUSA	服饰	美国		北京首店	2020.12.1
innisfree GREEN CAFE	餐饮	韩国	北京欧美汇购物中心	北京首店	2020.8
万饰万物	服饰	中国		全国首店	2020.12.30
Jardin d’Hiver	餐饮	法国	北京 SKP	全球首店	2020.9.25
POLA 概念店	美妆	日本	北京 APM	北京首店	2020.7.19
沪小胖	餐饮	中国	簋街	北京首店	2020.8
松哥油焖大虾	餐饮	中国		北京首店	2020.9
Tim Hortons	餐饮	加拿大	北京世贸天阶	北京首店	2020.7.24
THE WAREHOUSE	服饰	中国	北京时尚设计广场	北京首店	2020.7
TACO BELL	餐饮	美国	Hello Mart 城市市集	北京首店	2020.8.21
维维尼奥香氛艺术馆	美妆	中国	北京坊	全国首店	2020.9.27
Tunny Coffee 司康专门店	餐饮	中国	隆福寺	北京首店	2020.9

续表

品牌名称	业态	品牌属地	进驻项目	首店量级	开业时间
半仙豆夫	餐饮	中国	南锣鼓巷	北京首店	2020.9
小李烧鸡	餐饮	中国	常营	北京首店	2020.9
Naive理想国	书店	中国	朗园 Vintage	北京首店	2020.9
DULTON	家居	日本	798	北京首店	2020.9
贾国龙功夫菜	餐饮	中国	北京世纪金源购物中心	全国首店	2020.10.1
松鹤楼面馆	餐饮	中国	北京侨福芳草地	华北首店	2020.10.18
ROUND 1	娱乐	日本	北京爱琴海购物公园	全国首店	2020.10.30
海马体大师定制店	娱乐	中国	北京东方新天地	北京首店	2020.11
MANNER COFFEE	餐饮	中国	北京来福士	北京首店	2020.12.12
易捷咖啡	餐饮	中国	中石化北京龙禹玉泉加油站	北京首店	2020.12.22

资料来源：联商网

（三）存在问题

1.商圈业态结构趋同，与实际需求不相符

（1）部分商圈业态趋于雷同，核心商圈过高的店铺租金使支付能力较低的业态望而生畏，平价餐饮、休闲娱乐店铺在夹缝中求生存，最终形成了档次高、专业化程度强的高端零售业态聚集的单一局面，导致抗风险能力差，店铺流动性大。

（2）个别商圈存在超前规划。受品牌战略等因素影响，一些中等规模或者小尺度范围的商圈会邀请多个全球高端品牌入驻，提升知名度，但与商圈辐射范围内的居民可支配收入存在一定差距。此外，还有经济水平欠发达城市为发展地方经济，鼓励建设大型商业综合体，取消了基于社区、居民区范围的小型零售商圈，虽然便于管理，但缺乏便利性。

2.数字化服务体验欠佳，趣味与互动性不足

目前，我国商圈的体验空间与无障碍服务设施较少，尤其缺乏基于数字技术的体验空间，难以形成全场景下的消费体验。一些城市在探索智慧商圈建设中，过于注重线上平台搭建，忽略了线下市场调研，购物中心自行开发的App缺乏互动性与趣味性，用户体验感欠佳，一些消费者担心个人信息泄露，使用意愿不强。

3.基础配套尚不完善，制度规范建设滞后

（1）基础设施建设滞后。商圈的发展需要旺盛且稳定的消费群作为支撑，大量客流前往商圈势必为城市高峰期趋近饱和的交通造成更大压力。车流和物流的交织在一定程度上影响了交通，长时间拥堵为消费者带来心理上的困扰，极大降低了商

圈对于远距离消费者的吸引力。停车难已经成为我国城市商圈发展的关键问题。

（2）相关配套设施和制度规范建设滞后，特别是智慧商圈的制度规范建设未能跟上硬件设施建设步伐，技术、运营及管理的长效制度和机制都亟待补充完善。

四、商圈发展的趋势判断

（一）新兴商圈不断崛起，潜力商圈各要素不断提升

未来，随着商业业态的不断升级，商圈会成为我国城市最为普遍的商业空间形态。特别是随着城市交通网络的不断完善和基础设施建设的加速推进，位于一线城市相对边缘地区的潜力商圈和二、三线城市的核心商圈在客流吸引力、品牌进驻程度、新型业态布局、细分领域、消费忠诚度维护方面将会得到不断提升，促使商圈品质与消费体验不断向拥有成熟运作模式和消费业态的商圈靠拢。

（二）商圈竞争格局加剧，时尚消费客群黏性进一步降低

除了业态同质化造成的商圈竞争外，未来，时尚消费者年龄、品位甚至产品偏好的变化将为商圈带来更加激烈的竞争，即定位趋同、品牌雷同、服务缺乏的商圈对消费者的吸引力将快速下降，商圈固有消费者的忠诚度和客户黏性也将受到影响。因此，商圈的发展将更加聚焦崛起的“Z世代”消费者，开发针对其需求的个性化产品和服务，在业态组合上更多引入时尚潮流元素，通过网络线上种草、线上转化、线下服务体验等环节抓住核心客群。

（三）数字赋能从线上过渡至线下，“智慧商圈”建设大势所趋

在消费升级背景下，消费者对商圈内外部品质的要求逐渐提高。未来，随着大数据技术快速迭代升级，基于大数据应用推动商圈逐步完成智慧化建设，通过大数据将商业业态、商品信息、停车场、交通站点等相关信息以更直接的方式推送给消费者，从而实现产品、消费体验、商家营销以及商圈服务的深度融合。

五、商圈经济与时尚产业可持续发展的对策

（一）加强统筹规划，打造国际商圈或街区

（1）商圈规划要与区域内的人口规模、消费能级相衔接。不同体量的时尚商圈在规划建设中均存在不同程度的盲点，比如，分布过于密集容易造成恶性竞争，分布稀疏且位于城郊的商圈，在基础配套方面建设滞后。未来，我国商圈要强化规划执行，注重市级规划的全局性与前瞻性，增强商业规划与城市总体规划、土地规

划、交通规划等的融合。

（2）做好商圈的外部动线规划。解决城郊商圈周末停车场出入口拥堵，停车位“一位难求”的问题。要充分考虑停车场的设计是否人性化，主入口与周边交通的接驳是否合理，建议在周边临近的公交站、地铁站增加导视牌。针对节假日与平日客流差异显著的问题，建议采取分时段灵活管理的方式，为客流进入商圈提供便捷。

（3）做好商圈内部规划与配套设施建设。交通动线设计应充分考虑消费者的购物习惯，合理分配不同主题楼层的游览线路。同时，可以在商圈各局域之间共享开放式阶梯，设置多经营点位的休息区，加强品牌店铺标识、景观小品的设计新意。在相关配套设施中可以植入更多的国际化元素，如多语种便民设施、服务设施、多语种导视、导购服务等。

（二）全面推进智慧商圈建设，提供丰富的产品体验场景

1. 充分发挥数字化优势，将线上流量转化为线下购买力，实现流量变销量

在新零售时代，多数时尚商圈通过发放优惠券、直播带货、内容种草、到店取货、送货上门等方式成功实现线上流量线下导入。未来，建议商圈根据自身特色进行分类，形成商圈联盟，同时着重科技场景应用，融合商圈与会员信息，优化用户体验。

2. 融合数据与场景设计，打造智慧零售模式，释放区域消费潜力

建议抓紧投放一批数字零售、数字人民币等消费应用场景，鼓励“AR试穿”“VR购物”等体验式场景。传统商圈可以通过小程序打卡、优惠券发放、屏幕互动游戏等多种方式对商圈内的客流进行重新调配，强化消费者参与感，通过打造沉浸式体验、线下科技联动等智能场景延长其停留时间，提升游览深度。持续拓展无接触消费体验，在办公楼宇、住宅小区、旅游景区布局建设一批智慧超市、智慧驿站、智慧书店。拓展智慧家居、智能停车、智慧养老等智慧环境应用，加快形成区域示范品牌。

3. 在基建层面，加强对商圈的精准管理

建议联合知名互联网企业，利用5G整合商圈内楼宇、店铺、人口、设施等多维度数据，加强对商圈内消费群体的信息采集、储存、分析。同时，在基础条件较好的商圈试点AR全景一站式购物和5G示范消费体验中心，借助5G和面部识别技术，实现消费者“进店即会员”和“到店即识别”功能，系统可以依据过往消费习惯推荐购物路线。

（三）建立并完善多层次制度规范，保障可持续发展环境

1.完善商圈统筹协调机制

开通传统商圈、传统商业设施等重大商业项目建设改造审批“绿色通道”，探索建立市级层面的商圈统筹协调机制，在整合产业资源、用地保障、设施建设等方面给予支持，对标国际知名商圈建设经验，建立便民、高效的消费申诉和联动处理机制，优化消费者维权机制，畅通消费者投诉热线，打造诚信创新的监管环境。

2.加强对商圈的监测评估

遴选综合反映城市商圈建设水平的核心指标，完善相关统计制度，构建统计监测指标体系。动态调整数据指标，及时开展监测分析，定期形成监测报告。

3.提升国际消费城市主要功能区的发展能级

在国际消费城市的试点城市，选择基础条件好的商业街区探索示范，在市场监管、税收、金融、投资、土地、跨境电商、退税等方面，提供政策支持和示范。拓展新型消费产业和各类生活性服务业发展空间，注入文化、时尚、创意、休闲、绿色等新消费元素和资源，促进消费产业和服务业加快集聚，提升国际消费城市主要功能区的发展能级。

参考文献

[1] 沃尔特·克里斯塔勒. 德国南部中心地原理[M]. 常正文，王兴中，等译.北京：商务印书馆，2010：94-207.

[2] 张竞，王志伟.城市商圈发展的空间经济学分析[J].学术交流，2015（4）：139-144.

[3] 新华社. 中共中央关于制定国民经济和社会发展第十四个五年规划和二〇三五年远景目标的建议[EB/OL]. 中华人民共和国中央人民政府，2020-11-03.

[4] 商务部流通发展司. 关于公开征求《城市商圈建设指南（征求意见稿）》意见的通知[EB/OL]. 中华人民共和国商务部，2020-08-11.

[5] 艾媒产业升级研究中心：2019-2021中国城市商业综合体运行大数据与商业决策分析报告[DB/OL]，艾媒网，2021-08-11.

[6] 王文博. 央地联合打造世界顶级商圈 扩内需迎新动能 [EB/OL]，经济参考报，2021-08-25.

[7] 商务部流通发展司. 商务部关于公布首批全国示范步行街名单的通知 [EB/OL]. 中华人民共和国商务部，2020-07-22.

[8] 商务部新闻办公室. 商务部公布第二批全国示范步行街名单 [EB/OL]. 中华人民共和国商务部，2021-07-26.

[9] 第一财经·新一线城市研究所. 2021城市商业魅力排行榜发布 [EB/OL]，腾讯网，2021-

06-02.

[10] 西泠雪. 北京2020年主要引进79家首店，三里屯太古里最受青睐 [EB/OL]，联商网，2021-01-15.

[11] 刘雅婷. 北京时尚产业发展蓝皮书2021 [M]. 北京：中国纺织出版社有限公司，2021：61.

[12] 悠然.北京SKP何以问鼎全球“店王”[N]. 中国服饰报，2021-02-26（023）.

第五章　文化创意与时尚产业融合发展研究

2020年新冠肺炎疫情的肆虐一定程度上阻碍了不同国家间的经贸往来和文化交流，全球经济市场遭遇重创，对外投资贸易规模缩小。随着中国经济内生动力的增强，内需代替外需成为发展的主要动力之一。党的十九届五中全会提出：加快构建以国内大循环为主体、国内国际双循环相互促进的新发展格局，同时要坚定文化自信，坚持以社会主义核心价值观引领文化建设。随着双循环格局的确定，我国内需体系亟须完善，如何借助消费主力军释放的人口结构红利为国内市场注入全新活力成为后疫情时代文化消费市场繁荣的关键所在。

当前，发展文化创意与时尚产业已成为诸多国家实施文化输出战略、繁荣本土文化消费市场的必然选择。在中国经济新常态、产业结构转型升级的大背景下，文化创意与时尚产业也扮演着越来越重要的角色，不仅满足着人们日益增长的美好生活需要，而且对相关服务业的引领作用不断凸显，二者融合发展态势也越发明显。本研究聚焦我国文化创意与时尚产业的融合发展形态，通过辨析二者之间的关系，梳理产业融合互动现状，深刻剖析存在的问题并提出对策建议，旨在促进文化创意与时尚产业高质量发展。

一、文化创意产业与时尚产业的关系

时尚产业作为一种对传统产业资源要素进行深度融合后形成的产业形态，是跨越先进制造业和现代服务业界限的产业组合，具有极高的科技含量和文化附加值，呈现了现代产业发展对创意性、文艺性等新兴生产要素的内在价值诉求，产业运作方式整合了商业、媒介、媒体、设计等高科技手段，产业目标直接有利于为人们带来更加美好的生活。文化创意产业以创意、创新为核心，通过一定的生产组织方式，经营具有文化符号价值的文化产品和文化服务的生产活动。时尚与文化创意都需要与产业属性相融合，才能实现产品和服务的经济价值。

（一）文化创意产业是时尚产业的重要依托

文化创意与时尚都具有产业属性。时尚产业是指以创意设计、品牌营销、创新智造为核心，融合文化、科技、艺术等要素，以面向消费升级为主要目的的一系列经济活动的总和，具有高创意、高技术、高附加值、高市场影响力、低碳绿色等特征，是引领消费新风尚的综合性产业集群。其中，创意设计是时尚产业不可或缺的要素之一，也是决定时尚品牌价值的重要影响因素之一。根据国家统计局出台的《我国文化及相关产业分类（2018）》，创意设计服务是文化及相关产业的九个大类之一，子项包含广告服务和设计服务。其中，专业设计服务作为设计服务的三个小类之一，专指包括时装、包装装潢、多媒体、动漫及衍生产品、饰物装饰、美术图案、展台、模型和其他专业设计服务。

由此可见，创意设计从属于文化产业且自带文化属性，其本身便是时尚产品诞生不可或缺的要素。天马行空的创意经过设计物化成产品，再通过营销输送给消费者，文化创意始终贯穿产业全链条，特别是上下游的高附加值环节，是时尚产业的重要依托。

（二）时尚产业为我国文化创意产业发展提供创新驱动力

在我国，时尚产业是我国优秀的传统文化与现代社会人们丰富多彩的生活紧密对接的重要载体。传统文化与非遗技艺可以通过时尚产业进行创造性转化与传承，特别是在东方美学与国潮风尚流行的当下，传统服饰纹样、花色组合、书法笔体等都可以成为特色元素运用到时尚产品设计中，赋予产品独特的文化内涵。

有学者认为，文化自信，服装先行。中国的文化自信既要“走出去”，也要“传出去”。近年来，我国优秀的传统文化不断得到世界认可。反映在服装方面，全球一些知名时装设计师开始主动借鉴吸收中国元素，进行时尚产品创作。作为高附加值业态，时尚产业“走出去”与“传出去”不仅是文化创意元素的物化表达，也是设计理念和生活方式的传播。综上，时尚产业为我国文化创意产业的发展提供了更广阔的平台，同时也成为我国文化对外交流与传播的窗口。

（三）时尚产业与文化创意产业紧密相连、互为反哺

时尚产品最初的创意设计需要及时捕捉市场趋势、研究消费心理，通过对消费者审美追求的判断，结合原材料供给和整个消费环境，运用创意，设计出更受市场认可的产品。通过时尚行业推动文创产品的研发设计，能够拉近产品本身与消费者的距离，最典型的例子便是故宫文创商品，文博商品本身具有文化属性，给产品赋予时尚感，通过创意设计收获消费者的情感共鸣。

从产业集聚的角度看，文化创意产业多分布在一个城市开放度较高、公共服务完善的区域，其中创意设计和研发环节多集聚在内外部环境兼具的“新生产空间”或者CBD的边缘地带。随着文化创意与时尚产业融合程度不断加深，其二者对于区

位及其周边生产要素的选择标准趋于相似，即经济发达、人口受教育程度较高、开放程度高、交通便利。以高端的创意研发为主的文化创意服务业集中在经济发达的核心城市，而劳动力密集型的、以低端的业务加工为主的文化产品制造业集中在经济能级低、劳动力又相对充裕的中小城市。在全球生产网络体系下，创意人才是文创与时尚产业集聚最为关键的要素。文化创意服务业的上游文化创意生产厂商集聚在创意研发人员占比较高的发达国家，而下游厂商则趋于集中在生产加工人员占比较高、工资率较低的发展中国家。

二、我国文化创意产业与时尚产业融合发展现状

（一）不同区域存在发展梯度，一线城市产业融合集聚效应初显

我国文化创意产业与时尚产业的融合呈现地区发展梯度。以北京、天津为代表的京津冀，上海、杭州为代表的长三角，成都为代表的成渝城市群和以广州、深圳、香港为代表的粤港澳大湾区，其文创和时尚产业起步较早，经过长时间发展，产业集聚和融合效应显著，特别是北京、上海、深圳在文创企业数量、时尚产业综合实力、国际文化贸易等指标上均处在全国领先，加之地方政府在税收、政策、产业链资源整合、人才引进等方面建立了相对完善的体系，这些城市形成了各自的产业融合发展特色。

北京作为全国文化中心，一直发挥着“文化+时尚”产业融合的示范引领作用。2000年以后，以798艺术区、751D·PARK北京时尚设计广场为代表的一批产业示范园区相继改造建成，通过配套产品孵化、创意工作室、时尚培训、公共配套等功能，聚焦服务时尚创意产业，围绕服务首都“四个中心”战略定位，推动产业转型，打造具有核心竞争力的城市文化品牌（图5-1）。同样在时尚与文创产业表现惊人的还有成都。近年来，伴随着太古里、宽窄巷子等文化地标的崛起，“烟火气、蜀都味、时尚潮、国际范”的文化意象逐渐与“熊猫故乡”“竹叶”“川剧脸谱”一起成为成都的城市标志（图5-2）。在时尚产业媒体Vogue Business in China发布的2020年《新时尚之都指数报告》排名中：成都位列榜首，并在“时尚消费实力”“时尚商业潜力”“时尚文化魅力”三个维度上排名第一。数据显示：成都在潮鞋、电竞、电音、街舞、汉服、二次元、潮玩等细分领域独领风骚，特别是在培养年轻一代时尚消费者、培育青年潮“酷”文化方面全国领先。

与成都凭后发优势赶超不同，位于长三角的上海本身便是“海纳百川，兼容并蓄”海派文化中心，在民国时期便是中国乃至亚洲的时尚之都。2020年，上海文化创意产业全年实现总产出20404.48亿元人民币，占全市生产总值的比重已超过12%；特别是在与数字有关领域的发展势头十分强劲。在网络文化产业板块中，移

图片来源：IOMA爱马思艺术中心、798文旅

图 5-1　北京 798 艺术区“海克尔，白垩纪与倭瓜”自然科学艺术展

图片来源：界面新闻

图 5-2　成都 IFS 国际金融中心的地标——高 15 米，重 13 吨，名为“I Am Here ”的大熊猫

动游戏、网络视听、数字阅读等新业态纷纷实现“井喷式”增长。

粤港澳大湾区战略实施以来，深圳正在加速推进制造业转型，广州通过提升创新基础能力打造先进制造业强市，香港以“服务业强化制造业”的产业发展模式为大湾区发展提供强大的金融、科创及资金支持，特别是对于亟须搭建知识产权保护与高端人才培育体系的文创与时尚产业意义重大。中西文化交融的香港是亚洲时尚之都，拥有数所高等学府，知识产权保护体系健全，文化创意产业增加值占地区生产总值比重自2009年起已超过4%。香港特别行政区政府自1998年提出发展创意产业，之后历年持续投入相关基础设施和财政资助，并通过改革政府架构成立“创意香港”办公室以专门推动产业发展。目前，以元创方PMQ为代表的创意服务中心成功培育了多位香港文创设计师，向全球推广服装、家居、珠宝、设计等原创品牌（图5-3）。同时，香港特别行政区政府投入逾200亿港元开发了占地40公顷的西九文化区，联合艺术团体、教育机构和本地社区发起顶级文化、潮流、时尚和娱乐活动。

图片来源：PMQ官网

图 5-3　香港 PMQ 元创方

（二）多以地方文化特色为切入点，业态融合形式多样

在时尚与文化创意产业的融合下，各类新兴业态及产品如雨后春笋般层出不穷，也让我国悠久的历史文化通过创意和时尚化表达走进了人们的日常生活。国潮服装、博物馆联名时尚单品、文创雪糕……这些“网红IP”和潮流爆款的背后是中国年轻一代文化自信的高度崛起，中国风经历了市场选择和商业化渲染后成功得到继承发扬。

笔者通过调研发现，时尚文创产品的主流消费者是出生在物质条件相对丰富年代的90后、00后，他们注重自我表达和自主学习，悠久的历史文化在这代人心中不是沉重的符号，而是城市文化性格的自然流露。故宫文创便很好地抓住了这一特征，推出了故宫口红、故宫手机壳等“爆款”系列，在联合李宁、安踏等运动品牌推出联名款潮牌受到年轻人追捧后，故宫文创IP开始进军时尚彩妆、数码领域。2020年，知名彩妆品牌M.A.C与故宫联名推出了一波新年限定系列，以中国宫廷瓷器中极具特色的珐琅釉彩为灵感，将传统的图案线条与现代的色彩搭配融为一体，“宫”气十足的礼盒吸引了众多女性消费者抢购。为扩大市场，吸引男性消费者，故宫文创联名产品开始借助数字技术和现代营销手段，拓展了更多使用场景，推出电子书、个人云、U盘、投影仪、滑板车等时尚单品，在“网红IP”的道路上一次次实现“逆生长”，引领科技新国潮。

随着中国新一代设计师与消费者文化自信的崛起，越来越多的传统元素被应用于现代服饰创作中，其中最广泛的便是国家级非物质文化遗产技艺与现代服饰的融合设计。近年来，苗绣、蜡染、青瓷、京绣、夏布等多项地方非遗技艺成功落地，设计师结合国际潮流趋势、流行色彩、面料工艺，在服装制作过程中将摩登艺术与古老的纺织技艺结合，使非遗时尚从“活”起来变成“火”起来。例如，主打高级定制的时尚品牌——“楚和听香CHUYAN”的新中式·风度系列，采用天然植物染、漳缎、宋锦、夏布、红花染等传统织染工艺并加以创新，将国潮时尚、丝路美学与传统工艺相结合，赋予经典纹样新的文化意向。因此，在跨界层面上,时尚与文化的创意融合不仅为非遗技艺带来产品落地的可能，也为文化传播注入了时代活力。

（三）普遍采用口碑营销，网络社群运营成为布局重点

融合了文创与时尚元素的跨界产品，对消费者具有一定的心理价值，无论是季节限定款、城市限定款还是联名合作款，其特点均体现在产品的稀缺性与品牌文化的不可替代性。口碑营销作为消费行为最重要的一环，是产品落地不可或缺的路径之一。年轻人是文创时尚产品的主要购买力，他们追求潮流且对于网络营销并不反感。因此，直播带货、网络社群极大地带动了这部分消费群体的购买欲望，无论是文创产品、时尚单品，抑或是两者结合的跨界商品，其无形价值都能通过网络社群的有效运作得以推广，品牌形象也由此塑造。

互联网的特殊性在于用户关系更容易建立和保持，当用户关系不断发酵，便形成社群，社群进阶便可以实现周边产品跨界从而获得利润。谈到社群经济，最成功的代表之一便是小米。科技型企业小米通过基础款产品——手机来经营粉丝，增加用户黏性，裂变社群，并且由此沉淀了数量过亿的粉丝，之后再通过粉丝实现产品跨界。2019年，小米联合故宫推出“故宫星辰时光旅行系列”产品，除旅行箱以外，还包括洗漱包、行李牌等时尚文创单品。故宫旅行箱在推出后迅速刷屏，并且勾起了网友“买买买”的欲望。由此可见，在文化创意与时尚产业融合的背景之下，跨界产品的设计越来越遵从网络社群的需求，通过社群运营挖掘基于核心产品的延伸需求。

（四）载体形式不断完善，数字经济重塑行业生态

在我国，文化创意与时尚产业的融合在空间上多以园区、产业集聚区的形式存在。起初，园区业态多集中于文创或时尚单一的产业领域；而后，随着产业规模壮大和跨界融合不断深入，一些具有文化引领性、混合多业态功能的园区开始出现，如北京的798艺术区、宋庄，上海田子坊、8号桥等。园区入驻企业也从小型创意设计工作室逐渐扩展至时尚服饰、护肤彩妆品牌总部、原创设计公司、线上线下服饰品牌公司、网红直播公司、创意互联网公司、服饰科技类创业公司等，产业生态链不断完善。

2020年，国家发展和改革委员会等13部门联合印发《关于支持新业态新模式健康发展 激活消费市场带动扩大就业的意见》，明确提出打造跨越物理边界的“虚拟”产业园和产业集群。相较于传统产业园区，虚拟产业园打破了传统的物理边界，企业只需把公司注册到虚拟园中，不用入驻指定地理区域生产经营，便可自由选择办

公城市和地点。在浙江、福建等数字经济发达的省份，以乌镇虚拟产业园、泉州网商虚拟产业园、南京建邺互联网商虚拟产业园、重庆文化创意虚拟产业园为代表的园区应运而生，成为各地园区建设和发展的“新热点”。虚拟产业园注重为入驻企业提供更具个性化、更有针对性的“一站式”服务，包括政务服务、专业服务。选择入驻虚拟产业园的企业大多数为初创型小微企业，除了基础的政务服务需求外，也希望能够以较低的成本获取法律、人力、财务、营销等专业服务。

以乌镇虚拟产业园区为例，重点引进基金、互联网、电商、高科技企业和投资公司，小微企业入驻乌镇虚拟产业园后，办公地点不做迁移便可享受来自乌“云端”大数据服务和税收等方面的优惠政策。以时尚电商和创意设计类企业为例，由于行业需求还会衍生出不少个性化服务需求，如美妆电商、时尚博主对营销、客服的需求，文创企业对设计、创意文案的需求，而虚拟产业园区的优势在于能够将这些具有相似需求的企业聚集在一个平台上，共同与服务商进行洽谈，从而帮助企业获得议价权，节省成本。作为新的载体形式，虚拟产业园的发展还处于起步阶段，尽管面临不少挑战，但为时尚文创小微企业发展提供了新的平台，也为行业治理提供了新思路，即依托于虚拟产业园，打破行政边界，通过企业、规范化的社会组织来推动行业发展；同时，依托于互联网技术，拓展盈利渠道，针对主动入股园区内的企业以为给其嫁接资源等方式参与企业经营，既为入驻企业发展提供支撑，也能实现产业园自身的发展。

（五）受不确定性因素影响较大，但总体恢复发展好于预期

2020年，新冠肺炎疫情重创全球经济，对文化创意与时尚产业带来挑战，其中线下业务受到巨大冲击。以影院线、剧院、博物馆、商场等为代表的封闭场所被迫关闭，相关企业陷入关门停业甚至颗粒无收的困境，所面临的最普遍问题可归结为：新产品研发进度放缓、业务环境恶化、企业员工工作效率降低。根据北京东方意象文创机构发布的《新冠肺炎疫情对我国文化企业影响调研报告》显示，62.0%的中小微文化企业表明，面临最大的挑战是资金压力；23.2%的文化企业由于疫情会倒逼业务向线上转型或商业模式转型；12.2%的文化企业认为可能面临关闭的风险。

2020年第一季度，为应对疫情、缓解企业资金压力，许多时尚与文创品牌调整策略，开始转向口罩与防护设备生产,但业绩表现尚未恢复往年同期，此时，疫情下的“宅经济”为行业拓展线上业务提供了机遇。相关企业纷纷开展自救，开启数字化生产方式，24小时“云”上业务走进人们的生活：“云健身”“云购物”“云走秀”“云旅游”“云综艺”等层出不穷，打造以直播为主要载体的线上交互场景成为文创与时尚行业的自救指南（图5-4）。2020年11月1日至11日10时，天猫“双

图片来源：新浪网

图 5-4 2020 年上海时装周采用视频直播形式在线举行

十一”全球狂欢季有69个服饰品牌成交额破1亿元，服饰商家累计开播场次超过10万场。

2021年，我国经济继续保持稳定恢复态势，其中文创与时尚行业恢复迅速。根据国家统计局数据：2021年一季度，全国规模以上文化及相关产业企业实现营业收入25498亿元，同比增长40.4%，比2019年一季度增长20.9%，两年平均增长10.0%，高于2019年一季度增速1.7个百分点，文化及相关产业发展基本恢复到疫情前水平。其中，创意设计服务、文化消费终端生产、文化传播渠道同比增速分别增长45.0%、46.2%和50.0%。随着疫情得到控制，我国经济有序恢复，时尚产业在国内市场电商化趋势依旧得到延续。国家统计局数据显示，2021年1—4月全国限额以上服装鞋帽、针纺织品类商品零售额4440亿元，同比增长48.1%。

三、我国文化创意与时尚产业融合发展存在的问题

（一）产业融合度有待提升

从全国层面看，除一线城市外，其他城市无论是文化创意产业还是时尚产业都尚未形成规模效应和强大的竞争力，且二者融合的形式点多面少，社会效益和经济效益还未凸显。一些已经落地的文创时尚类项目由于缺乏文化内涵或时尚展示活力，对群众的吸引力不足，在项目策划及对外招商方面还需提升。区域层面看，部分二、三线城市已经具备了一定规模的文化创意与时尚产业资源，但产业要素亟待补充健全，产业链还处于未被开发的闲置状态，文化创意产业和时尚产业融合力度仍有待加强。

（二）创新力度亟待增强

文化创意通过与时尚产业的深度融合，赋予两者新的产品内容，能够为消费者

创造多样的选择机会。从市场层面看，我国文化创意与时尚产业的融合思路趋于单一。

1.产品融合的创新形式还需多样化

由于二者受外部不确定性因素影响较大，2020年开始，受新冠肺炎疫情影响，影视、演艺、会展、旅游等文化创意相关行业业务收入减少，时尚产业线下实体经济销量大幅度锐减。时尚展演、时尚设计赛事、时装周、纺织交易博览会等受疫情影响，纷纷采取创新手段寻找转型出路。目前，时尚与文创产业普遍抓住当下数字经济浪潮，发展数字创意，推出数字时装周、云游览、云设计等，特别是以区块链、大数据技术为代表的高新技术，在文化与时尚产品生产中得到广泛运用，也加快了时尚传播、消费的数字化和网络化进程。但二者融合的产品主要集中在美妆、服装、数码办公领域，其他文化和时尚相关领域鲜有涉及。

2.产品受众较窄，还未形成品牌优势

随着我国原创设计师水平的不断提升，市场上出现了诸多具有不同地域风格和历史文化特色的时尚文创单品，且各产品之间差异较大。即便设计灵感独树一帜、颜值一流，此类产品往往只能延续几个品种或一个系列，且其消费者主要集中在“Z世代”，即1995—2010年出生的千禧一代，他们既注重品质，又注重颜值，产品价格不是影响其消费的主要因素。因此，“Z世代”以精神消费驱动实体消费购买时尚文创单品，他们倾向情感带入强的产品，即某种单品仅限于某种特定情感氛围，一旦超脱在特定氛围以外，产品只能保持“三分钟热度”并被消费者束之高阁。

（三）营销推广中的文化教育导向性不够突出

当前，时尚与文创产品落地的推广手段主要依靠互联网时代的大数据应用，即网络营销，直播种草、流量代言后线上流量转销量的固定模式。但通过观看直播带货不难发现，“直播销售员”对产品的描述仅针对其属性、功能和外观，缺乏对产品文化厚重感的表达且教育导向性缺失；即便是产品线下宣传海报内容，也多是主打代言人的个人IP。即便产品定位不清晰，流量偶像的粉丝们也会照单全收，类似“×××代言了新的产品，我已经入手了，你们也赶紧买，然后发截图”的“传销式”洗脑在粉丝中广为流传。这种被扭曲的营销推广，会使粉丝为了提升偶像的社会曝光度而持续投入大量时间和金钱，陷入无法自拔的怪圈。流量经济扭曲下形成的“饭圈文化”[1]容易误导青少年价值观的形成。

[1] 饭圈，Fandom (Fan+Kingdom)，直译过来就是“粉丝的王国”，是指由某一明星的众多支持者组成的小团体。

四、发展建议

（一）合理引导产业融合，避免同质化竞争

由于城市功能、时尚产业发展定位、要素禀赋等差异，不同城市对应的时尚与文创产业融合的着力点存在差异。因此，相关部门应结合所在城市的产业发展水平，合理规划时尚与文创产业及其相关细分行业发展的优先顺序，摒弃“大而全”的传统观念，选择能够支撑城市现阶段发展以及未来阶段发展的重点行业、重点领域。避免盲目跟风建设功能类型雷同、入驻企业服务领域单一的文创时尚园区；根据文化创意产业与时尚产业层级分工的特点，合理引导二者在空间上有序集聚。

对于经济发展水平相对落后的城市，应优先发展文创时尚产品生产、加工为主的劳动密集型产业；完善传统的文化基础设施建设，如博物馆、艺术馆、电影院等；加强城市文化配套设施建设，如城市咖啡厅、书店、休闲俱乐部等，并增加园林、绿地面积以改善城市休闲文化环境，吸引更多创意产业人才、时尚企业集聚。

对于具有一定经济发展基础，中青年人才聚集度高的准一线城市和二线城市，应着力培育文创时尚产业高价值环节，如时尚创意设计、文创推广、产品营销等。要强化产业链要素市场建设，逐步破除影响和制约产业融合发展的壁垒，增强时尚与文化创意产业融合的市场活力。同时要发挥龙头企业的带动作用，重点在营销推广、文本内容加工以及创意策划方面，通过知识溢出和学习效应，促进高附加值技术和创意理念的扩散，带动时尚产业集群内中小企业的成长，从而提升产业整体竞争力。

此外，在城市群内部，各城市之间可以形成优势互补，明确层级分工，打破行政地域的限制，建立更具地方特色的文创时尚园区，真正发挥产业融合的外部效应和带动效应。通过增强城市群内部特色文化项目、时尚企业以及相关园区之间的交流协作，推动区域内文化创意与时尚产业融合。通过互惠互利、优势互补、合理分工来强化文化创意产业的园区共建和合作对接。这种合作模式和路径能够在很大程度上提高区域内文化创意产业链条的互补性和关联度。

（二）鼓励发展创意经济，提升产业全球竞争力

双循环新发展格局下的新技术、新基建、新内需、新平台、新链群、新要素和新战略等为时尚与文创产业融合发展提供了新的机遇。发展时尚与文化创意不仅有助于结构调整和产业升级，推动“中国制造”向“中国智造”“中国创造”转变，也能提升国家文化软实力。根据国际经验，当一个地区人均国内生产总值达到3000美元时，产业模式、消费类型就开始发生重大转变。2020年，我国人均国内生产总值72447元，连续两年超过10000美元；而在后疫情时代，我国经济不能完全依靠

内循环，要继续推进全球化，只有创新才能解决问题。

1.在借鉴全球创意之都的建设经验基础上，因地制宜发展具有地方特色的创意经济

创意经济作为时尚产业与文化创意产业融合发展的着力点，能够将创意工作者对产品的理解和创意冲动倾注于实体产品的质量与形态里。在这一过程中，需要各种硬件和软件的支持，同时需要创意人才、企业的协同配合才能完成。因此，要在借鉴全球创意之都的建设经验基础上，结合我国各地区、各城市的发展基础，保留原创文化资源和文化资本，加强高端要素集聚，通过高端要素不断吸引创意资源，推动形成不同区域内部的产业联盟。同时，加强跨区域创意经济的发展规划和建设，着力打造创意社区等特定的文化场景和时尚工作场所。

2.提升产业创新能力，促进科技成果转化

通过法律性约束、创新性政策和区块链技术等政策与技术的深度融合，为时尚与文化创意产业的知识产权保护提供了新的思路。在新型网络环境下，完善时尚产业核心知识产权保护，有助于维护市场秩序和避免无序竞争。相关部门要围绕产业相关法规体系、监管标准和职能定位等多个角度，构建适应新基建、新创意、新产品、新生产和新内需的多元协同监管新模式，从操作层面确保全产业链条监管到位和有效。

3.注重跨界人才的培养扶持

要加强时尚院校与企业间的合作，建立高校的企业中心；依托高校资源的专业性孵化器，为创意人才提供创业支持。例如，北京服装学院的北服创新园自2012年成立以来，按照专业化聚集、集群化推进、园区化承载的模式，打造了以“BI-FT-collection”为代表的年轻新锐设计师的集成品牌，帮助年轻设计师进行设计产品的转化、样衣生产、生产商对接、供应商的联系，将设计转化为真正的服装产业。同时，要加大对创意人才的引进力度，加强不同区域内的人才流动，促进人才共享；积极推出高端人才引进和服务政策，通过区域间人才互补，缩小城市间产业集聚差异。

（三）加强文化引导和宣传，构建“多位一体”的长效机制

1.合理引导网络营销与当下的社会主流文化相适应

时尚与文创产业的融合创造了不同领域的跨界商品，各大电商平台也开启了直播服务，涌现出一大批具有粉丝影响力的主播。除了网红、明星外，基层干部、传统手工艺人也加入了带货之列，促进地方经济的发展。所以，在时尚文创产品直播推广的过程中，既要传达社会主义核心价值观，又要为产品提供合理的表达空间，同时引导青少年粉丝多多参与现实中的社交互动。例如，邀请基层干部、非遗传承

人一起参与文创时尚产品的营销，邀请粉丝参与线下体验非遗创作，线上手工艺人配合主播讲解产品的文化内涵和创作初衷，这样可以让更多年轻人走进时尚的国潮文化，培养文化自信。

2.要构建“多位一体”的营销把关和管控机制

政府相关部门、网络平台、社会等应当协同构建“多位一体”的管控机制，加强对“饭圈文化”的舆情管控。其次，网络营销平台要不断完善运营管理，通过内容审查等方式，提升文创时尚类相关商品直播销售的准入门槛；同时加强直播销售员的职业技能培训，从选品范围、销售术语、主播资质能力、行为准则、服务评价等多方面建立评价体系，完善直播电商人员的从业规范。社会大众特别是青少年要树立正确的是非观，理性消费，避免盲从，提升自身道德水平和文明素质。

参考文献

[1] 张媛．马克思哲学视域中的“文化生产”问题研究[D].西安：西北大学，2015.

[2] 郭艳云．文化创意产业与城市文化品牌塑造研究[D].广州：广东工业大学，2015.

[3] 投资上海 Invest Shanghai. 产业 | 总产出20404.48亿元，上海文创产业2020年成绩单来了[EB/OL]. 澎湃新闻，2021-04-02.

[4] 厉无畏，于雪梅．中国和欧洲城市创意产业发展的比较研究[J].世界经济究，2007（2）：51-56+89.

[5] 北京大学文化产业研究院，文化和旅游部文化和旅游研究基地，北京东方意象文创机构．新冠肺炎疫情对我国文化企业影响调研报告[R].

[6] 国家统计局．2021年一季度全国规模以上文化及相关产业企业营业收入增长40.4% 两年平均增长10.0% [EB/OL]. 国家统计局，2021-04-30.

[7] 人民资讯．前4月我国针纺类商品零售额大幅增长 [EB/OL]. 人民网，2021-05-31.

第六章　数字化消费与时尚产业发展研究

随着我国大数据、人工智能、物联网等信息技术的快速发展，网络基础设施和治理的日益完善，信息技术与实体经济加速融合，产业数字化转型效果日益明显，数字经济的蓬勃发展，成为稳定经济增长的重要动力。根据中国互联网协会发布的《中国互联网发展报告2021》，2020年我国数字经济规模达到39.2万亿元，保持9.7%的同比增长速度。疫情之下，电子商务优势凸显，数字消费突飞猛进。2020年，我国电子商务交易额达到37.21万亿元，其中商品类电商交易额27.95万亿元。产业数字化成为各行业传统经营模式变革的最重要的突破点，新的消费场景不断涌现，新的传播推广方式有效触达消费者，消费者的需求得以精准反馈。在数字化消费的浪潮下，时尚产业也孕育着创新和巨大变革。

一、数字经济重塑消费场景，赋能商业模式再造

（一）重构“人货场”三要素

1.多元化、社交化的场

5G、移动支付、工业互联网、大数据、云计算、AI等信息技术的运用，催生出直播带货、超市到家等新兴消费场景，线下消费也在数字化重塑中获得新的消费吸引力，例如无人零售、VR试衣间。零售场景的数字化，不仅拓宽了消费者购物的渠道，而且新的消费场景更加便利、更加高效、更加有趣，带来“人”的体验的极大提升。

2.柔性化、高效化的货

从前端生产到终端销售的零售链条，在数字化下被重构，衍生出以销定产、柔性定制等新的商业模式，实现了消费方式逆向牵引的生产方式。按需定制、按需生产，大幅降低了库存风险，同时大数据分析所形成的消费者洞察使需求端获取更敏锐、研发端设计更精准，数字化对销售流程的再造有效提升了流程效率，实现了“货”生产销售的更高性价比。

3.精准化、个性化的人

数字赋能下，原本针对模糊群体的广泛营销，转换升级为对消费者精细画像下

的精准营销。大数据打下消费者的个性化标签，促成商家对消费者千人千面的精准触达。新零售场景下更加有效的沟通，使得商家越来越知道消费者需要什么，并通过更加贴心的个性化服务满足消费者诉求，促成销售端的高效转化（图6-1）。

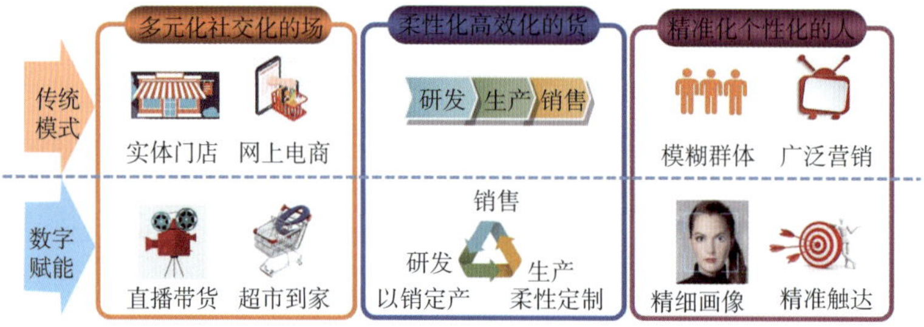

图6-1　数字经济对零售行业“人货场”的重构

（二）增进消费者触达

品牌数字化战略在消费端的重要环节便是“直面消费者”，众多国际品牌不仅向线上销售敞开怀抱，纷纷入驻天猫、京东等电商平台，更是大幅推动了品牌官网、品牌App、品牌小程序等私域流量线上渠道（图6-2），大幅增加了品牌在消费者间的普及程度和可触达性。

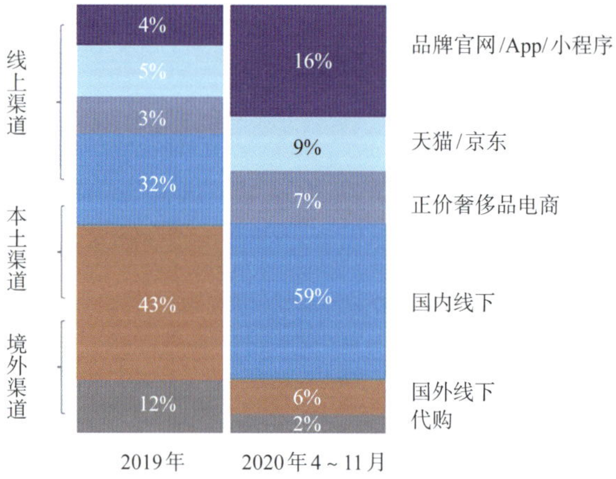

数据来源：国泰君安证券

图6-2　奢侈品销售渠道结构变化

耐克的“Nike Direct”战略高度重视自有线上渠道的推广力度，开发了“Nike”“Nike SNKRS”“Nike Run Club”“Nike Athlete Studio”“Nike内马尔VR”“Jordan Keyboard”等多款App（图6-3），直面消费者，提升其线上消费体验。Nike App是Nike的官方移动销售软件，通过这款App，消费者可以抢先独享Nike和Jordan尖货，可以通过Nike By You专属定制服务定制个性化的专属鞋款，可以观看直播选购并获得穿搭建议，可以解锁零售店内会员优惠和预约试穿，可以在同城或线上参与Nike会员独享精彩体验，可以获得多维度的运动训练技巧和专业指导建议，可以加入感兴趣的Nike社区。Nike Run Club是为消费者打造的理想跑步伙伴，其功能包括跟踪并保存用户跑步时的配速、距离、GPS路线、高度、心率等信息，由Nike教练、Mo Farah等精英运动员和Kevin Hart等特邀嘉宾提供语音指导、激励与鼓舞，为用户量身制定指导计划，用户可加入Nike跑步者全球社区参与挑战，等等。通过这些数字化工具，Nike加强了与消费者之间的直接联系，种草了消费者，提升了消费者黏性，分享了社交媒体传播热潮下的红利，并且成功建立了私域流量，获得了用户数据，也反哺了产品设计开发流程。

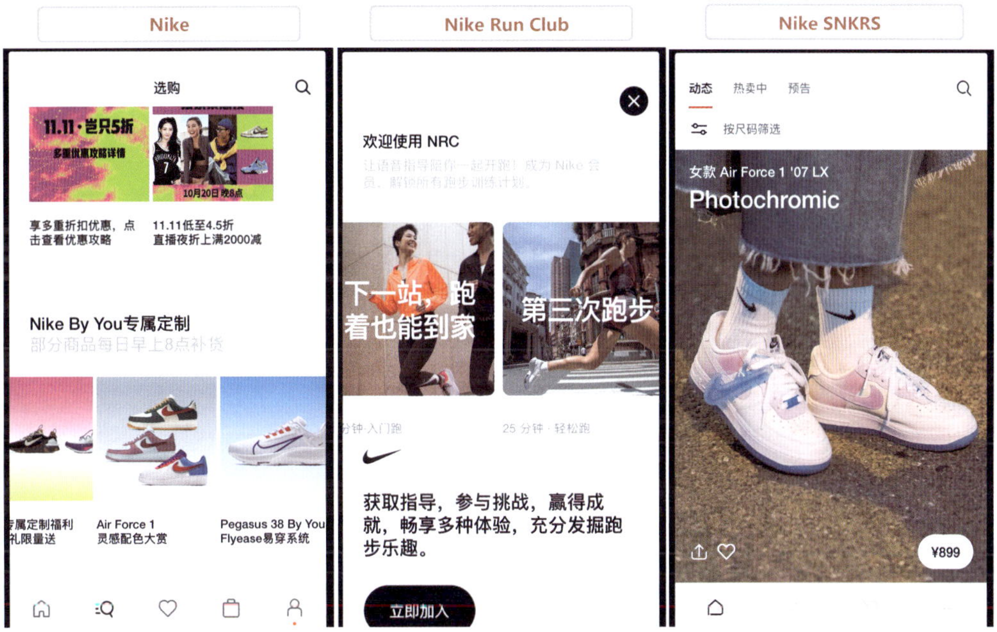

图片来源：Nike相关App

图 6-3　Nike App

当下，品牌与消费者的沟通更加互动化、多元化、社群化，直播、短视频、游戏等交互形式，让消费者获得了不同以往的、更加深度的体验。根据中国互联网络信息中心（CNNIC）发布的第48次《中国互联网络发展状况统计报告》，截至2021年6月，我国网络直播用户规模已达到6.38亿（图6-4），占网民整体的63.1%，其中直播电商用户规模已达到3.84亿，占网民整体的38%。北京市消费者协会《直播带货消费调查报告》显示，接受调查的5415名受访者中，近九成有直播购物经历，位列直播购物前两名的商品类别是服饰和化妆品，分别占36.49%和36.14%，两类

数据来源：中国互联网络信息中心

图 6-4　2018.6—2021.6 网络直播用户规模及使用率

商品占据了受访者购买商品七成以上，直播带货已经成为时尚行业非常普遍的网络购物方式。直播带货增进了品牌与消费者之间的情感触达，在消费端旺盛的需求下，直播带货生态快速演进，品牌自播的发展潜力巨大。

（三）提供消费者洞察

如今的消费者已然不满足于标准化的商品和服务，品牌需要增进个性化服务，例如提供私人定制、一对一导购等服务，满足消费者千人千面的不同需求，提升消费者体验。而提供私人定制等个性化服务的先决条件，是对消费者真实需求的深度理解和洞察。数字化使消费者洞察所面临的信息不全面、不准确等难题迎刃而解。消费者线上购物留下的搜索、浏览等方面的数据，反映了消费者的习惯、喜好、期望等，通过数据挖掘，可以对消费者进行更加有效地营销。

阿里线下集合店——素型生活，作为阿里新零售业务模式的样板店，借助阿里大数据功能，分析出店铺销售区域最受欢迎的品牌、款式等，实现海量商品的精准化筛选。李宁与阿里云打造的上海世博园“数字门店”，由传感器和视频识别等技术采集消费者逛店时的触摸商品、试穿商品、选购路线、消费数据等，录入数据中台，实现数据分层和挖掘，生成对产品和门店运营的指导意见。安踏“第九代”旗舰店陆续在重庆、上海、北京等地开业，九代门店安装了人脸识别视频系统、云货架、VIP 区视频互动系统和自助收银系统，通过客流统计、热区分析等大数据，研判消费者的购物习惯（图 6–5）。

二、时尚产业加速数字化创新，全面提升消费者体验

（一）销售渠道数字化

在疫情对全球零售端的巨大冲击下，长期热衷于线下实体消费的传统企业，尤

图片来源：新零售网

图 6-5　安踏第九代门店

其是国际奢侈品大牌，不得不积极寻求破局之道，通过对消费沟通方式的数智化升级，把对理念、品质和细节的关注灌输到与消费者全新的互动中。在强化品牌形象的同时，切实地实现生意转化，以追求实际的商业回报。根据贝恩公司与天猫奢品联合发布的《2020年中国奢侈品市场研究报告》中《2020年中国奢侈品市场：势不可挡》数据显示，2020年中国内地奢侈品市场预计全年增长48%，其中仍以线下渠道为主，同比增长32%，线上渠道增长突出，实现153%的超线性增长（图6-6）。中国奢侈品销售额的线上渗透率从2019年的13%左右增长至2020年的23%，其中，美妆品类的线上渗透率从2019年的28%左右上升至2020年的38%，时装和生活方式品类的线上渗透率从2019年的5%左右增至2020年的7%左右。

在出境受限影响下，消费者出境购买以及境外代购需求被严重抑制，“官方海淘”成为重要的需求供应渠道，根据天猫2020年双十一全球狂欢季数据显示，有超

数据来源：《2020年中国奢侈品市场：势不可挡》

图 6-6　中国内地奢侈品销售额

过30000个海外品牌参与天猫“双十一”，进口商品覆盖类目超过6000个，进口国家和地区数达89个，在11月1日至11日，进口商品总成交额同比增长47.3%，成交额超过百万的新品牌数同比增长92%，其中不乏诸多小众国家品牌借助平台势能实现交易额的超线性增长。

（二）门店场景数字化

时尚品牌在销售端的数字化创新越来越多地体现在购物门店的数字化升级上，通过不断升级的数字化手段，实体门店更好地发挥出树立品牌形象、深化品牌认知、密切联系客户的一线“堡垒”作用。

香奈儿康朋街旗舰店推出一款顾客App和一款店员App，另外推出一面充满科技感的透明数字“镜子”，来加强顾客和店员的联系，节省顾客的时间，打造全新的数字化购物体验。在设有数字“镜子”的高科技更衣室内，顾客可以通过“镜子”观看所选商品的秀场视频或活动视频，也可以直接浏览所选商品的详情和细节，不满意的商品被直接在线删除，从而节约了店员取货次数和时间（图6-7）。顾客下载App可以在线预览挑选商品，并随时与品牌顾问联系。与此同时，店员通过自己的App对顾客的手机进行扫码后，便可以获取客户试穿试用的商品信息，了解顾客造访实体店和线上购买历史等，并实时掌控商品的库存情况，为顾客提供更多的选购建议。

2018年，耐克上海001“House of Innovation”实体零售店开门营业，通过数字化体验式环境设计，为顾客带来全新的沉浸式体验和个性化服务。惹人注目的跨越四层的LED数码柱和地面数字屏幕，是这个数字化驱动实体门店的“核心中场”，提

图片来源：搜狐网

图6-7 香奈儿康朋街旗舰店数字“镜子”

供了一个吸引人的产品体验区和交互游戏区，在这里，消费者不仅可以通过跳跃和急转等动作测试鞋类产品性能，而且可以通过红外感应，完成触地跳跃、极速快步、敏捷折返等挑战，成绩优秀便可登上随时刷新的积分榜（图6–8）。

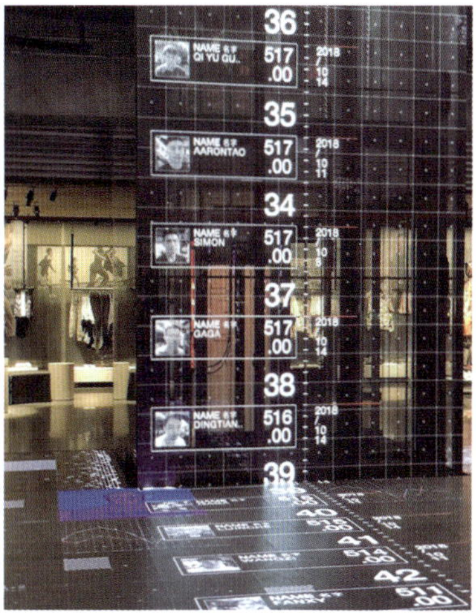

图片来源：业绩榜网

图 6–8　耐克上海 001

迪奥线上虚拟店将位于巴黎香榭丽舍大道的旗舰店原样复制到网络上，实现了消费者足不出户逛旗舰店的购物体验。3D虚拟技术的运用使进入商店购物的步入感十分逼真，点击门店入口，仿佛真的由巴黎香榭丽舍大道走进了旗舰店。店内设置有Mitzah围巾、香熏、珠宝、眼镜、香水、护肤及洗浴、礼盒、赠品8个可探索区域，顾客可以点击视频播放按钮观看不同产品的宣传视频，也可以点击产品下方的小黑点阅读产品简介，并通过产品简介提供的链接跳转到迪奥官网进行产品购买（图6–9）。

图片来源：迪奥虚拟店官网

图 6–9　迪奥巴黎香榭丽舍大道旗舰店线上虚拟店

（三）试穿试戴数字化

近年，亚马逊、淘宝天猫、京东等平台和Gucci、Nike、优衣库等时尚品牌都相继研发了虚拟试穿服务，希望能改善消费者的购物体验。Gucci App运用AR技术，使用户以虚拟方式对运动鞋、帽子、眼镜、腕表等产品进行云试穿试戴，用户可以通过拍摄将试穿试戴画面保存下来，或者通过社交平台分享，并点击跳转到Gucci官网下单购买（图6–10）。亚马逊、淘宝、爱穿搭等平台在虚拟试衣的基础上，还提供推荐穿搭服务，帮助消费者解决搭配的困扰，以改善消费者虚拟试衣的购买体验（图6-11）。

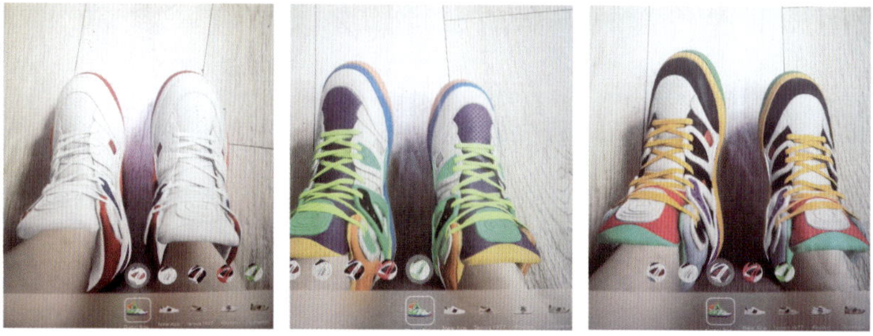

图片来源：Gucci App

图 6-10　Gucci App 运动鞋虚拟试穿

图片来源：淘宝App

图 6-11　淘宝 AI 试衣间

丝芙兰、纪梵希、迪奥、兰蔻、欧莱雅、资生堂、屈臣氏、玫珂菲、DFS、TOM FORD等众多知名品牌已经与美图公司合作，为消费者提供虚拟试妆服务。依赖于美图魔镜的AR及图像语义分割等技术，通过对消费者面部精准定位，虚拟试妆使妆容与消费者面部高度贴合，达到良好的试妆效果。位于上海南京东路世茂广场的丝芙兰亚洲首家数字概念店，推出了美图魔镜的智能试妆系统，消费者可以轻松地试妆不同质地、颜色的彩妆产品，在保证所试彩妆真实感的同时实现快速试妆（图6-12）。虚拟试妆不仅降低了试妆成本，提升了购物转化率，而且收集到的消费者试妆的纪录，更是为彩妆品牌的精准营销提供了强有力的数据支撑。

图片来源：搜狐网

图 6-12　上海丝芙兰店美图魔镜

（四）发布展示数字化

2020年受新冠肺炎疫情影响，巴黎时装周秋冬高定时装周、春夏男装时装周延期至7月，并要求线上举办数字秀场，伦敦数字时装周在6月12日至14日以完全数字化的方式在线上举行，包括在线秀场、虚拟展厅、设计师问答及博客等多方面的内容，纽约春夏时装周也以线上展示和数字化秀场为主，而上海秋冬时装周打造全球首个数字化“即看即买”云秀场。秀场看秀曾经是唯一的看秀方式，秀场作为一个有界、封闭的空间，曾经只是设计师、造型师、买手、编辑、摄影师等时尚界人士可以涉足的地方，如今这个有限的空间被打开，同步直播使得普通消费者也可以第一时间接收到最新的时尚潮流讯息，并通过社交媒体参与到与品牌方的互动中，缩短了时尚信息的传播链条，使得品牌和消费者更加接近。

奢侈品牌迪奥在以数字化展示种草消费者方面绝对走在前列。2019年10月19日迪奥在上海的2020春夏成衣系列发布秀首次采用过360°VR技术，在腾讯、新浪微博、华为和抖音四大平台同时直播，观看总人数达到2890万人次。在大量买手、博主缺席的2020巴黎秋冬女装时装周上，迪奥秋冬成衣秀于2020年2月25日同步进行微博线上话题页“云直播”，成功吸引1237万人次观看，在线话题阅读量突破1亿。而2021年3月8日在巴黎举办的迪奥2021秋冬成衣秀，4月12日在上海举办的迪奥2021秋季成衣秀，6月18日在希腊雅典举办的迪奥2022早春成衣秀，6月25日在巴黎举办的迪奥2022夏季男装秀，7月5日在巴黎举办的迪奥2021秋冬高定秀均在线上开启同步直播，使得消费者可以同步欣赏这些由迪奥打造的令人心醉神迷的惊艳表演，体会品牌对于自身和时尚界限的深刻思考与探索（图6-13）。

图片来源：迪奥官网

图 6-13 迪奥 2021 秋冬高订秀线上直播

三、数字时尚方兴未艾，萌生时尚消费新趋势

什么是数字时尚，学术界并没有统一的定义。从产业界来看，手机游戏中的虚拟时尚服装是数字时尚的最早期、最典型的例子。简单地讲，数字时尚是以数字技术为手段，设计出的存在于虚拟世界的服装、配饰等时尚产品。数字服装将时尚服装的社交属性充分放大，为自我表达提供了一种独特的方法和渠道。现如今时尚品牌开始销售数字服装，意味着数字时尚开始创造自身的经济价值。

（一）虚拟时装品牌快速发展

在2019年5月，数字时装公司The Fabricant在以太坊大会（Ethereum conference）上以高达9500美元的成交价拍出一件NFT（Non-Fungible Token）数字服装——彩虹裙（Iridescence Dress），这是世界上首款在区块链上销售的数字服装。The Fabricant利用2D服装裁剪软件和3D设计软件，以及强大的电影渲染工具，在照片上合成了这件色彩逼真、自然灵动的彩虹裙（图6-14）。斥资买下这件服装的是旧金山一家区块链公司的CEO Richard Ma，作为礼物送给妻子供给她在社交平台发图时使用（图6-15）。虽然数字服装不一定都会成为NFT，但彩虹裙像艺术收藏品一样被高价拍卖，的确开创了数字时尚的先例，刺激了这一新兴市场的增长。

数字服装的作用已经完全脱离服装用于穿着的作用，其价值在于在虚拟环境中寻求自我表达，并象征着身份、品位等。创建于2020年的虚拟时装品牌Tribute Brand在Instagram上提供各种款式的虚拟服装，将顾客选购的服装合成到他们提供

图片来源：搜狐网

图 6-14　Iridescence Dress

图片来源：搜狐网

图 6-15　Richard Ma 的妻子穿着 Iridescence Dress

的个人照片上（图6-16）。这些虚拟服装是超现实的，可以呈现现实世界中无法实现的效果，比如真实服装面料无法达到的质感。Tribute Brand科技、时尚的设计赢得了众多Instagram用户的青睐。

图片来源：搜狐网

图 6-16　Tribute Brand 虚拟服装

（二）奢侈品牌加速布局

早期各大奢侈品牌在数字服饰方面的试探，多是借助游戏的虚拟体验，比如Nike和《堡垒之夜》的合作、Louis Vuitton和《英雄联盟》的合作、Gucci和The North Face与Niantic的《Pokémon GO》（精灵宝可梦GO）的合作、Marc Jacobs与《动物森林-新视野》的合作，主要以游戏皮肤、套装的形式售卖给游戏玩家。如今，有的奢侈品牌开始尝试跳出游戏圈，进行数字服装设计和市场营销，来触达依托于虚拟世界的年轻消费者的沟通场景和方式。

2020年底，Gucci App推出全新球鞋主题数字内容版块Gucci Sneaker Garage，

并发布了首款数字虚拟运动鞋Gucci Virtual 25（图6-17）。用户可在Gucci App花费11.99美元购买这款虚拟运动鞋，在Gucci App和VR Chat中使用，也可以在游戏平台“Roblox”中试穿，并截图或者录视频，发在社交平台上。在Sneaker Generator功能中，用户可以挑选喜欢的Gucci鞋面、鞋底以及logo等元素，自行设计一双专属的运动鞋，将其分享给好友，并在App的社群里评选最喜爱的DIY设计方案。根据华丽志消息，Gucci将与虚拟形象科技公司Genies进一步加深合作，允许个人用户创建自己的个性化虚拟形象，为自己的虚拟形象购买喜欢的Gucci品牌服装和配饰，Gucci的员工也可以使用虚拟形象展示个人风格。

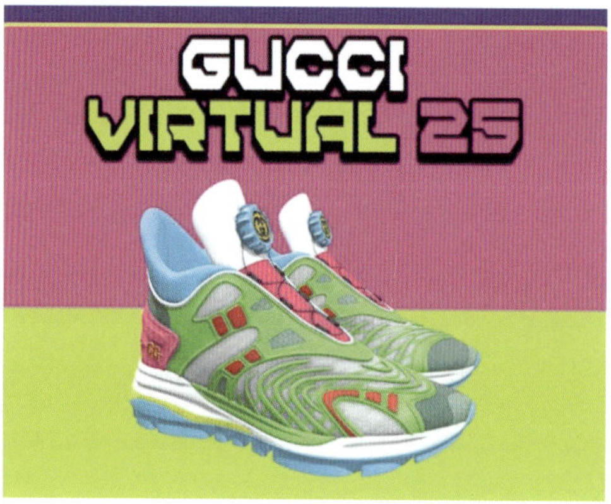

图片来源：搜狐网

图 6-17　Gucci 数字虚拟运动鞋

（三）时尚教育敞怀拥抱

产业界在数字时尚领域发力的同时，教育界也开始拥抱数字时尚。2021年9月，英国的创意艺术大学（University for the Creative Arts，简称UCA）首开MA Digital Fashion硕士课程，这一开创性的新课程在英国和全球为首创，专为满足越来越多主要品牌（从Gucci和Louis Vuitton到主要高街品牌）的需求而设计，这些品牌正在进入虚拟市场。MA Digital Fashion硕士课程是为期一年的全日制课程，设在UCA的罗切斯特校区，旨在培养熟悉与制造商、分销商和消费者互动的数字设计师。UCA时装学院院长Jules Dagonet教授说“它代表了下一波3D数字时尚，它位于游戏和时尚之间的十字路口。它包括供应链的数字化、虚拟时装秀和虚拟试穿的出现，一直到为游戏和社交媒体平台设计的纯虚拟服装。”

参考文献

[1] 中国互联网协会.中国互联网发展报告2021[R]. 2021.

[2] 中金公司.数字经济：下个十年[R]. 2020.

[3] 琥珀.新零售如何重构“人货场”？以消费者体验为核心，以数据为驱动[DB/OL]. T媒体，2017-10-09.

[4] 阿里妈妈，阿里研究院. 群邑中国.品牌营销数智化转型白皮书：后疫情时代的营销再升级[R]. 2020.

[5] 国泰君安证券.高端消费：开启下一个黄金十年——2020年消费品专题报告[R]. 2020.

[6] 中国互联网络信息中心.中国互联网络发展状况统计报告[R]. 2021.

[7] 北京市消费者协会.直播带货消费调查报告[R]. 2020.

[8] 电商在线.阿里新零售样本：集合上百个互联网品牌，素型生活这样玩“O+O”[DB/OL]. 搜狐网，2016-11-10.

[9] 刘筱薇.新零售技术让李宁更“懂”消费者 数智化转型案例之李宁篇[DB/OL].和讯网，2019-09-30.

[10] 蓝朝晖.安踏实体旗舰店揭幕背后 体育品牌线下战火重燃[DB/OL]. 北京商报网，2020-06-06.

[11] 贝恩公司，天猫奢品.2020年中国奢侈品市场：势不可挡[R]. 2020.

[12] 华丽智库.全球时尚门店数字化创新研究报告2020[R]. 2020.

[13] 华丽智.Chanel“低调”建设未来门店，法国旗舰店完成数字化改造[DB/OL].搜狐网，2019-12-17.

[14] 懒熊体育.上海001正式开业，耐克全球首家House of Innovation有何创新之处？[DB/OL]. 百度网，2018-11-01.

[15] 砍柴网.美图公司虚拟试妆技术提升消费体验 助力品牌挖掘更多商业空间[DB/OL]. 搜狐网，2021-09-29.

[16] 创业公司纪录.丝芙兰联手美图魔镜 打造亚洲首家概念店[DB/OL]. 搜狐网，2018-09-30.

[17] 华丽智.花一件T恤的钱，拥有100种款式？看得见摸不着的“数字时尚”究竟是什么？[DB/OL]. 搜狐网，2021-04-18.

[18] iWeekly周末画报.2020的数字时尚，是更数字？还是更时尚？[DB/OL]. 网易网，2020-01-02.

[19] Numero大都市.对话全球首个100%虚拟时装品牌Tribute Brand [DB/OL]. 搜狐网，2021-04-21.

[20] 时趣研究院.Gucci等品牌推虚拟时装，时尚开始数字化了？[DB/OL]. 搜狐网，2020-10-29.

[21] 华丽智.Gucci App发布首款虚拟球鞋，用户可DIY专属球鞋设计[DB/OL]. 搜狐网，2020-11-05.

[22] 克瑞思艺术留学.奢侈品巨头Gucci主推虚拟时装，时代新宠儿Digital Fashion专业来了！[DB/OL].搜狐网，2021-05-09.

第四篇

区域创新篇

第七章　北京：打造国际消费中心城市与时尚产业发展

国际消费中心是全球化时代国际大都市重要的核心功能区，国际消费中心城市具有全球一流的消费商品、消费服务、消费场景和消费环境，是吸引全球消费者的高度发达和繁荣的消费市场，具有超强的链接、汇聚和配置全球消费资源的能力；是全球消费资源的配置中心，能够引领全球消费潮流和趋势，是引领全球消费发展的创新高地。从全球范围来看，国际消费中心城市具有综合实力强、消费潜力大、消费吸力强、支撑体系完善、服务体系发达、文化氛围浓、创新能力强等共性特征。2019年初，商务部提出开展“国际消费中心城市”建设试点，并于2020年启动国际消费中心城市建设试点申报工作。全国各地国际消费中心城市的建设热情高涨，多个城市陆续出台建设方案或行动计划。纵观纽约、伦敦、东京等国际消费中心城市，无不具有较高的时尚引领程度和能力，离不开时尚产业的支撑和赋能。北京市作为商务部公布的首批试点城市，要率先建成国际消费中心城市，需要促进时尚产业发展，提升城市时尚消费的影响力和辐射力。

一、北京建设国际消费中心城市背景

（一）培育国际消费中心城市，是党中央、国务院在新形势下作出的重大战略部署

自国际大环境改变以来，我国面临很多复杂严峻的问题，并且是中长期的问题，经济形势不稳定性、不确定性较大，因此，需要加快形成以国内大循环为主体、国内国际双循环相互促进的新发展格局。为了增强经济发展的确定性，在继续加大开放、促进出口的同时，要做强、做大国内消费市场。培育国际消费中心城市，是我国在新形势下作出的重大战略部署。早在国家“十三五”规划纲要中国家就提出了“培育发展国际消费中心”的概念。2019年10月，商务部等14部门联合提出相关意见以指导推进具有国际水准和全球影响力的消费中心城市建设，指出“利用五年左右时间，指导基础条件好、消费潜力大、国际化水平较高、地方意愿强的城市开展培育建设，基本形成若干立足国内、辐射周边、面向世界的具有全球

影响力、吸引力的综合性国际消费中心城市，带动形成一批专业化、特色化、区域性国际消费中心城市。”2021年7月，商务部公布了首批试点城市名单，经国务院批准，在上海市、北京市、广州市、天津市、重庆市，率先开展国际消费中心城市培育建设。除了这五大试点城市，其他城市也积极响应、热情跟进，目前，全国已有二十余个城市明确提出要在“十四五”期间或2035年之前建成国际消费中心城市。

（二）培育国际消费中心城市，是北京市以供给侧结构性改革创造新需求的重要抓手

北京市强化“两区”建设、国际科创中心建设、数字经济、以供给侧结构性改革引领和创造新需求、京津冀协同发展“五子”联动，探索服务和融入新发展格局。加快发展时尚产业，为国际消费中心城市建设提供有效路径，是落好“以供给侧结构性改革引领和创造新需求”一子的有力支撑。

北京紧抓以供给侧结构性改革创造新需求，采取了一系列措施加快国际消费中心城市建设，包括大力发展首店经济和买手店，推进传统商圈改造升级“一店一策”改造传统百货；设立新消费品牌孵化试点基地探索孵化本土新品牌，打造“北京消费季·国潮京品节”“前门国潮京品节”等活动，掀起“国潮京造”新潮流（图7-1）；鼓励老字号与时代接轨，打造“不老传说”；鼓励打造沉浸式体验空间，启动智能消费节和信息消费节，推动“智享生活”；鼓励大型连锁超市发展仓储式

图片来源：元素谷

图7-1　2020北京时尚消费月闭幕式暨国潮京品大秀

会员店等。2021年4月，北京市委常委会议专门研究了北京国际消费中心城市建设的相关实施方案，提出要率先建设成为具有全球影响力的国际消费中心城市；5月，北京提出将系统地推动实施包括消费新地标打造行动、消费品牌矩阵培育行动、数字消费创新引领行动、文旅消费潜力释放行动、体育消费质量提升行动、教育医疗消费能级提升行动、会展消费扩容提质行动、现代流通体系优化升级行动、消费环境新高地创建行动、消费促进机制协同保障行动在内的“十大专项行动”，培育建设具有北京特色和全球影响力的国际消费中心城市。

二、时尚产业在国际消费中心城市建设中的重要作用

（一）时尚产业在国际消费中心城市建设中发挥消费引领作用

纵观巴黎、纽约、东京、米兰等国际消费中心城市，时尚产业在其发展过程中起着十分重要的作用，不仅促进了城市经济的发展，还推动了城市时尚个性的形成，大幅提升了城市的吸引力，这些时尚都市无不是世界级的旅游文化中心。随着全球化的进程，这些时尚之都从时尚制造中心升级为时尚设计中心、信息中心、营销中心、商贸中心、展示中心和研发中心，引领着全球时尚潮流，是全球时尚产业的风向标。时尚消费不仅在城市消费中占据重要比重，而且是吸引国际消费者的核心因素。发展时尚产业有利于北京市提升国际消费吸引力和引领度，是北京市高水平建设国际消费中心的需要。

（二）时尚产业在国际消费中心城市建设中发挥传播推广作用

时装周、设计周、品牌发布会等丰富的时尚活动，为国际消费中心城市的发展注入强劲活力，形成强大的消费带动力、影响力和传播力。时尚传播不仅有效烘托了城市时尚文化氛围，同时激发了时尚消费活力，聚集了产业发展资源。米兰、巴黎、纽约等国际著名时装周云集着世界著名时装品牌、时尚界顶尖人物、专业买手以及世界各地专业媒体，吸引大批时尚趋势跟随者和国际游客，不仅刺激了大规模的时尚消费，还带来了世界性传播效应，形成城市的全球影响力和吸引力。

（三）时尚产业在国际消费中心城市建设中发挥着文化影响作用

时尚产业具有国际化程度高、文化影响力大的特征，有利于北京市集聚更多国际优质时尚要素资源，提升文化创新能力和文化服务能力。时尚产业作为高创意、高文化属性的新型业态，不仅是设计与创意的表达、设计理念与生活方式的传播，更是文化理念和民族精神的传达。时尚产业“走出去”，是在世界时尚舞台展现中华精神和民族文化的重要途径，发展时尚产业是提升北京文化影响力和吸引力的重要支撑。

三、北京时尚产业发展概况

（一）发展基础

1. 经济实力雄厚，时尚消费潜力大

强大的综合实力为北京市打造时尚都市、发展时尚消费提供了有力支撑。在全球著名的城市评级机构的测评中，北京市都是全球一线城市，具有极强的城市竞争力，在2020年GaWC《世界城市排名》中位列全球第六（Alpha+级别）；在2020年科尼尔《全球城市综合排名》中位列全球第五；在2020年GPCI《全球城市实力指数报告》经济维度中位列全球第三；在2019年毕马威《全球科技创新中心报告》中位列全球第二；在2021年《全球金融中心指数报告（GFCI）》中位列全球第六。北京市拥有的世界500强企业总部数量连续7年位居世界榜首，是全球“独角兽”最密集的城市之一，“独角兽”企业占全国40%以上，聚集了全国80%天使投资人和三分之一股权投资机构。

2020年，全市实现人均GDP2.4万美元，人均可支配收入69434元，市场总消费额2.53万亿元，消费对经济增长的贡献超过六成，消费者个性化、特色化、时尚化的消费需求快速发展。强大的综合实力和巨大的消费潜力，让北京成为备受品牌首店青睐的城市。2019年，北京市共有878家首店开业，其中全球首店12家、亚太首店9家、中国首店201家。2020年，北京SKP单店销售额、每平米销售产出均为全球第一，首次问鼎全球“店王”（图7-2）。

图7-2　北京SKP

2. 文化底蕴深厚，时尚创新能力强

北京市是著名古都和历史文化名城，是传统文化与现代文明交融与共的国际化大都市。既有千年文化沉淀的见证——故宫、颐和园、天坛、历代帝王庙、明十三陵、国子监等大量宫殿、园林、庙坛和陵寝等皇家建筑，又有现代文明的辉煌代表——国家体育场（鸟巢）、国家游泳中心（水立方）、建外SOHO、中央电视台总部大楼、国家大剧院等极具特色的标志性建筑，还有特色鲜明的京味儿文化——被

视为中国国粹的京剧、青砖灰瓦的胡同和四合院、几近消失的老北京七十二行。厚重的文化底蕴成为时尚创意滋生的土壤。身处北京，在历史与现代、传承与包容、东方与西方的交融与碰撞中，更容易摩擦出灵感的火花，激荡出设计的灵魂。这成为北京吸引时尚创意人才的关键因素，也是北京发展时尚产业的核心优势。

北京市作为全球十大科技创新中心和“设计之都”，拥有丰富的时尚创新资源。北京市聚集着北京服装学院、中央美术学院、清华大学美术学院、中国传媒大学等高校资源，其中，北京服装学院、清华大学分别位列*CEOWORLD* 2020年全球最佳时尚学院排名榜第49名和第77名，每年培养大量时尚产业所需的设计、研发、传播等方面的专业人才。北京服装学院在2008年奥林匹克运动会、中华人民共和国成立70周年庆典大会、2019年武汉世界军人运动会、2014年亚洲运动会、“2014 APEC（亚太经济合作组织）会议”领导人服装等一系列国家重大活动中体现了北京市强大的服装服饰设计创新能力（图7-3），向全世界展现了中华民族独特的服饰文化魅力。北京分布着中关村时尚产业创新园、751D·PARK北京时尚设计广场、798艺术区等一批时尚创意产业园区，拥有大量的中小企业孵化器、文创金融服务网络平台、文创企业股权转让等服务平台。铜牛、爱慕、依文、红都、白领等品牌企业与高等学校合作建立的研发中心取得了一批国际、国内领先的研究成果。

图片来源：北京服装学院官网、百度网

图 7-3　北京服装学院国庆 70 周年庆典服装设计

3. 时尚品牌集聚，本土品牌发展快

《2019北京国际品牌发展报告》显示，目前北京市场一线奢侈品牌增长最快，

潮牌设计师品牌尤其受到年轻消费者的青睐。一线国际品牌多集中在市中心的国贸CBD、三里屯太古里、侨福芳草地等多元化、体验感强的商场。北京市本土品牌发展迅速，爱慕、白领、格雷、赛斯特、铜牛、朗姿、李宁、依文、际华 9 家北京企业入选工信部“重点跟踪培育纺织服装品牌企业名单”。其中，爱慕旗下打造有AIMER MEN、AIMER KIDS、MODELAB慕澜、BECHIC、UM25、LA CLOVER、IMIS爱美丽、乎兮HUXI、黄锦、BODY WILD宝迪威德、Nature’s Gift纽格芙等多个品牌（图7-4）。李宁、雪莲、天坛、雷蒙、水孩儿品牌入选世界品牌实验室(World Brand Lab) 2020年《中国500最具价值品牌》。北京聚集一批著名的设计师品牌，如马羚的马羚时装、郭培的玫瑰坊、马艳丽的Maryma、谢锋（Frankie Xie）的JEFEN吉芬、刘宣佐的XUAN PRIVE、郭瑞萍的度兮DUXI、邹游的YOUZ悠之、张弛的CHI ZHANG、刘清扬的Chictopia、叶谦的YE’S、楚艳的楚和听香、李坤的ALICIA LEE、高扬的SIMONGAO、孙小峰的SEAN BY SEAN等，这些品牌在时尚界备受追捧，众多明星和时尚达人是其忠实的支持者。

图 7-4　爱慕旗下品牌

在北京，经商务部认定的“中华老字号”共有117个，北京老字号协会认定的“北京老字号”共有197个，具有百年以上的历史老字号共105个。在北京“国潮京造”新潮流下，老字号翻新花样、触新潮流，大幅提升了品牌的活跃度、增加了品牌的流量，使得国货IP重焕金光、再度崛起。国潮的流行是中国美学和生活理念在新生代中的觉醒，有利于作为城市品牌的老字号进一步走出国门、走向世界（图7-5）。

4. 时尚活动丰富，时尚影响与日增

中国国际时装周、北京设计周、北京时装周等时尚品牌活动和北京国际电影节、中国国际青年设计师时装作品大赛等国际节庆赛事活动，成为城市时尚形象的

图片来源：北京时尚控股、搜狐网

图 7-5　北京市“老字号”

名片。创办于1997年的中国国际时装周是中国最早的时装周，截至2020年，已有来自近30个国家和地区的830余位设计师、810余家品牌和机构举办了1636场发布会，是中国最具代表性的时装周之一，代表了中国时尚最高水平的话语权。创办于2016年的北京时装周连年来在太庙、王府井、国家游泳中心、故宫、凤凰中心、中华世纪坛、国家博物馆等首都文化与时尚地标举行盛大的时尚活动，向国际时尚界展现时尚北京和首都文化的华彩篇章（图7-6）。截至2020年，每年北京时装周合作的官方主流媒体近20家，注册媒体机构200余家，到场参与活动记者400余位，微博话题阅读量近2亿，成为宣传和引领城市风尚的新IP。

图片来源：搜狐网

图 7-6　2020 北京时装周开幕盛典

（二）存在问题

1.时尚国际化程度有待提升

相较国际知名时尚之都而言，北京市有国际影响力的时尚商圈相对不足，虽然全市16区分布着CBD、王府井、三里屯、大栅栏、金融街、亚奥、双井、朝外、望京等大大小小52个商圈，但国际知名度不高，对国内游客尤其是国际游客的吸引力有限。国际高端时尚资源集聚程度不够，知名时尚设计大师、时尚引领者、国际买手、时尚企业管理及营销人员等方面的人才较为缺乏。时尚产业的国际传播和营销系统不够完善，有国际影响力的时尚展示平台和国际时尚交流活动不足。免税店难以发挥有效吸纳国外消费者的作用，免税店的规模有待进一步扩大，免税政策有待进一步优化。

2.产业综合配套能力有待加强

由于城市定位的原因，时尚制造业在北京的生存空间受到挤压，纺织服装、服饰业的材料、打板和制造等产业链环节被打散，在一定程度上增加了相关企业的制造和物流成本，使得全行业加工制造配套能力有所下降。京津冀的产业配套能力不足，导致部分创意设计类企业研发设计的时尚产品的样品还需要到珠三角地区寻找代工厂商，严重影响了产品的研发生产进度。

3.城市时尚文化氛围有待培育

与世界五大时尚之都，尤其是巴黎相比较，北京在时尚文化氛围方面存在明显的差距。同样是国际消费中心试点城市的上海，在时尚文化氛围上也比北京具有先天优势。一个城市的时尚感，很大程度上是由生活在城市中的人来决定的，而生活在北京的人们对时尚的理解想要与国际接轨，最需要改变的是人们的时尚观念。时尚感的培养需要提高全民的审美意识和生活品位，这不是一时可以有所改观的。

四、以时尚产业发展促进国际消费中心城市建设的发展思路

（一）以时尚消费集聚和引领国际消费

1.打造国际品牌时尚消费集聚区

按照“商业+品牌+时尚”的定位，围绕首店经济、夜间经济、商业特色、潮流场景、丰富业态等多角度，形成国际品牌消费集聚中心区。繁荣首店首发经济，在地标性建筑或人气商场设立“新品首发地”，开设新品发布平台、首店、旗舰店。鼓励网红餐饮、文体娱乐、科技场馆等消费品牌在特色商业街区、文化园区等开设旗舰店、体验中心，催生更多新业态、新模式。依托文化消费街区，吸引更多原创设计品牌进驻，支持开发具有“中国元素”、彰显“北京特色”的城市定制商品（图7–7）。

图片来源：搜狐网

图 7-7　王府井“时尚北京 2021”

2. 打造都市休闲时尚消费集聚区

按照“年轻+时尚+不夜城”的定位，打造都市休闲时尚消费集聚区，植入时尚展示、时尚体验、时尚休闲等多种消费业态，加快发展深夜食堂、夜间演艺、咖啡吧、24 小时书店等夜经济（图 7-8）。加快建设艺术品展览馆、美术馆、博物馆、文化艺术中心等新型时尚文化空间。在时尚展示方面，举办各类时尚艺术展览和国际比赛，利用开放空间举办室外展演。在时尚体验方面，打造原创设计体验馆，建设文创商场，艺术家工作坊，鼓励时尚消费体验，开设大师艺术手作课程，保留现有商圈建筑风貌特色。在时尚休闲方面配套时尚零售业态，特色主题餐厅和电影院，发展沉浸式演出、装置艺术展览，集 AR、人工智能、虚拟视觉、人机互动、新媒体技术于一身的光影艺术，打造特色灯光艺术秀，提升夜间活动的活力，以大师/知名团队作品引进为主，同时注重小众创意类文艺表演形式的引入。

图片来源：搜狐网、百度网

图 7-8　北京夜经济

3. 打造时尚体育消费聚集区

按照“健身+教育+沉浸体验”的定位，以体育场馆、体育综合体、体育商圈、体育公园、体育乐园为依托，加快发展时尚体育消费（图7–9）。举办以时尚体育运动为主题的赛事活动，打造体育旅游精品项目，促进时尚运动与旅游、文化、教育融合发展，拓展体育消费新模式。以2022年北京冬季奥运会为契机，打造北京冰雪消费品牌，做好冰雪场所的优质服务、特色项目和品牌活动。

图片来源：搜狐网

图7–9　曼联体验中心

4.优化时尚消费供给

鼓励利用闲置工业厂区等场所建设文化时尚中心、消费体验中心等新型载体。线上线下多渠道宣传全市时尚消费打卡地，支持餐饮、特色小店、商场、老字号等打造沉浸式、体验式消费场景。通过地标性商圈建设，进一步激发区域商圈发展活力，拓展社群营销、直播卖货、云逛街等消费新模式。同时创新便捷宜居的社区服务圈，以商圈升级带动全市消费升级。

5.提升国际时尚消费便利度

扩大信息消费，支持一批“互联网+”新业态发展。完善发展时尚消费的新型基础设施，便利进口商品消费，高水平打造跨境电商示范体验店，增强国际消费服务能力。优化线上线下协同互动的消费生态，推进普惠性“上云用数赋智”服务，培育高效、便捷的消费新生态。顺应年轻消费群体个性化、社交化、娱乐化消费特点，推进传统商圈改造升级，建设高水准国际购物小镇，支持跨境电商向市中心延伸，促进境外消费回流，增加离境退税商店数量，吸引境外游客消费，支持跨境电商保税仓、体验店等项目建设。拓展免税店服务功能，增强国际消费服务能力。进一步扩大开展跨境电商“网购保税+线下自提”业务的企业范围。

（二）以全球时尚IP提升国际消费吸引力

1.做大作强时尚发布展示平台

通过汇聚国际顶尖服装品牌及设计资源，提高知名品牌参与度，增加参与品牌和活动数量，提高媒体传播度等措施，提升中国国际时装周、北京时装周的国际影响力。鼓励纺织服装和设计师行业组织、特色服装产业集聚发展；支持专业市场和企业举办定制周、品牌商品秀等时尚发布和展示活动；扶持一批新型的时尚互联网平台。

2. 打造时尚产业品牌IP

鼓励时尚品牌加强个性化定位策略，打造集"吃、住、行、游、购、娱"各环节的时尚文旅体验和消费场景，借直播电商等新型互联网模式，加强品牌多平台和自媒体个性化宣传，打造一批时尚产业品牌IP。鼓励北京时尚品牌、北京设计作品"走出去"，提升北京的国际时尚影响力和话语权。

3. 引导线上线下"超级流量"

激活网红时尚打卡地品牌价值，带动时尚文旅消费各环节24小时有机衔接。注重社交效应、时尚体验，打造精神消费的"第三空间"。从视觉层次、社交性、感官参与度等方面打开流量之门。突出夜间经济"时尚点亮北京"，实现全域、全时、全业、全覆盖。鼓励老字号开展跨界合作，研发联名系列、文创系列、伴手礼系列等。支持老字号对接买手平台和品牌营销企业，创新营销模式。

（三）以时尚教育和时尚文化交流扩大国际消费中心城市影响力

1. 开展产学研合作

办好北京服装学院，依托产业优势，整合全球领先时尚教育资源，培养一批具有宽广的国际视野、具备跨文化思维能力的优秀时尚类人才。加快时尚产业领域领军和拔尖创新人才的引进和培养。积极引进国内外顶级创意设计大师和青年创意人才。加强与国际一流高校交流合作，主动对接米兰理工大学、伦敦艺术大学、美国帕森斯设计学院等世界知名时尚类高校，开展联合办学、交流访学等活动。建设时尚研发平台、时尚科技联盟，共建行业资源平台，共享产业数据研究。搭建人才对接平台，优化人才创新创业环境。在时尚文化交流、时尚趋势研究、学术活动交流、知名品牌建设等领域开展校企合作。

2. 对标国际一流，深化文化交流活动

加强与中国香港、澳门以及米兰、巴黎、纽约、伦敦、东京等国际时尚策源地的交流合作与资源对接。支持具有比较优势的企业，积极参与国际知名时尚展览展示与走秀活动，在国际知名时尚城市核心商业街区开设自主品牌产品销售专柜，扩大的国际知名度和影响力。

3. 提升节事活动吸引力

承办一批具有全球影响力的国际会议、国际会展、国际文化旅游活动，持续办好北京国际电影节、北京国际音乐节等品牌活动。吸引国际时尚资源向北京汇集的大赛、展览和论坛等各类重大活动。

（四）以“时尚+科技”促进消费升级

1.促进时尚科技融合发展

实施数字化战略，推动时尚与工业、互联网、信息技术等融合发展，培育发展新型时尚企业，建设时尚科技融合示范基地。推动时尚创意设计与工业设计对接，在智能机器人、可穿戴设备、电子消费品、汽车等产品的设计领域加快融合。推动时尚设计、展示与数字创意对接，特别是与虚拟现实（VR）、增强现实（AR）、交互娱乐、电子商务等领域的融合发展。推动纺织服装、美妆日化、箱包皮具、珠宝首饰等特色行业工业互联网平台建设，打通订单、设计、生产、物流、金融等产业链各环节，加快产业集群数字化转型，向规模化个性定制生产方式发展。探索以互联网为平台，搭建一批时尚设计数据库，建设时尚众创在线平台，提供在线设计工具、信息共享和时尚设计项目众筹、众包等服务。

2.培育时尚数字消费生态圈

加强培育数字创意、网络新视听等新兴业态，打造时尚产业与数字文化产业相结合的文化科技示范园区。支持通过互联网、大数据、物联网、人工智能等技术应用加快时尚商贸企业转型升级。支持企业运用大数据技术分析顾客消费行为，开展精准服务和定制服务，灵活运用网络平台、移动终端、社交媒体与顾客互动，建立及时、高效的时尚消费需求反馈机制，做精、做深体验消费。

参考文献

[1] 刘涛，王微.国际消费中心形成和发展的经验启示[J].财经智库，2017（4）：100-109.

[2] 马婧.培育建设国际消费中心城市，北京将实施十大专项行动[N].北京青年报，2021-05-31.

[3] 北京市商务局.2020北京市服务业发展环境评价报告[R].北京，2020.

[4] 周星，贾荣林.新文科建设：创设时尚和艺术“艺工融合”的优势[J].艺术设计研究，2021（1）：119-126.

[5] 陈文晖，熊兴.关于北京打造国际时尚之都的思考[J].中国纺织，2018（6）：122-124.

[6] 中国经济信息社.2020年全球时尚产业指数·时装周活力指数报告[R].上海，2020.

[7] 李静.老字号解锁“国潮”新玩法[N].经济日报，2021-05-23（5）.

[8] 负天祥.砥砺前行再出发[J].中国服饰，2021（3）：10-11.

[9] 张阿朵，任茜，赵洪珊.建设时尚之都，打造北京“软实力”[J].现代商业，2016（5）：51.

第八章　上海：建设具有全球影响力的国际消费城市与时尚产业发展

2020年新冠肺炎疫情的全球大流行使世界经济陷入前所未有的低迷状态，主要经济体的经济增速整体下滑，甚至出现负增长，面对疲软的全球经济，打造消费资源的集聚地，强化消费的引领和带动作用，抢占区域乃至全球消费市场的制高点显得尤为重要。党的十九届五中全会通过的《中共中央关于制定国民经济和社会发展第十四个五年规划和二〇三五年远景目标的建议》明确要求“培育国际消费中心城市”，充分发挥消费在形成强大国内大市场、推动国内大循环的重要作用，激发消费在构建以国内大循环为主体、国内国际双循环相互促进的新发展格局中的基础作用，国际消费中心城市的建设已箭在弦上，蓄势待发。2021年7月，国家确定上海作为全国率先开展国际消费中心城市培育建设的五个城市之一，这既是对上海改革开放以来发展的重要肯定，也是国家在新时期赋予上海的新使命，更是上海全面增强城市软实力和国际影响力的重大机遇。国际消费城市的建设需要满足大量增长的消费需求，新潮、时尚、独立等成为消费者的新追求。因此，如何最大限度地发挥时尚产业在上海国际消费城市建设的作用就显得尤为重要。

一、时尚产业发展助力上海国际消费城市建设

上海因商而兴，因商立市，不仅是中国最具消费基因的城市，更是汇集着海派旗袍、万国建筑、雪花膏等时尚标签的“东方巴黎”，在积极探索并率先建成国际消费城市的过程中，以时尚创意为亮点，高标准、高质量、高水平地满足着人民日益增长的对美好生活的需求，在引领时尚潮流的过程中提升文化软实力，“时尚之都”必然是国际消费中心的一张靓丽“名片”。发掘时尚产业在上海国际消费中心城市建设的作用以及发掘和赓续国潮时尚的特色，在未来发展中有着极其重要的意义。

（一）时尚产业发展为上海国际消费中心城市建设增添“国潮”色彩

上海作为全国经济发展的标杆，在不同的历史阶段有着不同的“国潮”时尚代表，大白兔、冠生园、双妹、回力等20世纪20年代产生的老字号品牌时至今日仍

备受消费者青睐；英雄、永久、美加净等20世纪70年代上海城市品牌也在逐步凸显西风东渐、国风与欧美融合的时尚概念，为丰富消费者的生活发挥着重要作用；佰草集、HIPANDA、sandiver（沙涓）等展现人民对美好生活向往的新时尚、新国潮品牌的诞生更是引领着国内、国际的发展潮流。各种类型的潮品、潮牌、潮店在不同的历史阶段在上海演绎了不同的精彩故事，在新的发展阶段仍有着各具特色的国潮品牌诞生，上海在全力推进国际消费中心城市建设的过程中，以国潮品、国潮牌、国潮店、国潮节为发展契机，推动传统文化与现代文化的碰撞、国潮品牌和现代技术的交织、文创IP与大国科技的叠加、人工智能与极端精致的融合，在对标巴黎、纽约中进步、发展。以国潮留住入境游客，以国潮提升游客购买消费水平，以国潮引领品牌国际竞争力，同时以国潮提升国人文化情感，激发其消费的热情，增强世界对中国民族文化和“中国标签”的认同感，使上海成为以特色国潮引领国际消费中心城市的第一窗口。

（二）时尚产业发展为上海国际消费中心城市建设优化消费结构

上海作为中国经济的领头羊，2020年社会消费品零售总额达1.59万亿元，居于全国首位，主要电商直播平台的用户数量也稳居全国第一，网络购物交易额位列全国前三[1]，在“五五购物节”的加持下，上海消费市场展示出了巨大的潜力和强大的生命力。时尚本就与消费有着极其紧密的联系，时尚消费品一直备受消费者青睐，时尚产业的发展能最大限度地促进消费者与时尚产品连接，满足消费者对时尚的追求。根据商务委的相关数据，2018年5月以来，超过4500个国际国内品牌在上海举办了新品首发活动，时尚消费品的首发更是占据了首发新品的半壁江山，为消费者提升生活品质做出重要贡献。上海时尚产业的发展吸引着众多国际知名品牌的入驻，众多时尚活动的举办为消费者制造了强烈的视觉冲击，也为整个城市传递了正确的时尚消费观念，消费者在时尚的熏陶与影响下会逐步提升消费内容和规模，与此同时，时尚产业发展也能满足消费者个性化、时尚化的消费需求，并引领整个城市的消费趋势，推动城市整体的消费升级。此外，时尚产业的发展集聚的各类首发平台、时尚地标、市级核心商圈，越来越成为新模式、新业态、新产品的“试验田”和“竞技场”，越来越成为各国时尚人士的集聚地，刺激消费者的多元消费需求，进一步推动城市消费升级。

（三）时尚产业发展能为上海国际消费城市建设拓展发展空间

上海时尚产业汇聚，产业链供应链完整，产业规模庞大，随着上海时装周、“上

[1] 上海统计局统计。

海全球新品首发季”“上海潮生活节”等一系列时尚活动的举办，时尚潮流与时尚产品正逐步改变着国人生活，也逐渐影响着世界的潮流，据上海商务委员会预计，2025年时尚消费品产值将达到3600亿元。随着数字经济的不断发展，数字与时尚创新融合产生的新消费模式、新消费业态不断涌现，大规模个性化定制成为可能，这对拓展小众产品发展空间与传播新兴时尚理念创造了新的机遇，也为上海拓展国内外消费市场奠定了基础。此外，时尚产业中的创意设计环节能够极大地提高产品的附加值，改善创意设计行业的营商环境，吸引优质的创意设计人才，不仅有利于将创新和科技元素融入消费领域，而且能够提升时尚消费的国际影响力和国际竞争力，也能对推进上海“时尚之都”的建设发挥重要作用。因此，时尚产业发展不仅能助力上海国际消费中心的建设，而且能拓宽国际消费中心的空间，并推动时尚之都、设计之都的建设。

（四）时尚产业发展为上海国际消费城市建设提升国际影响力

上海作为我国的商业和消费中心，汇聚着全球知名的消费品牌，集聚着一大批时尚发展的“创客空间”，拥有着国际时装周的优质品牌，是最有条件发挥时尚产业建设国际消费中心、提升国际影响力等作用的城市。时尚创客空间作为时尚产业发展的重要载体，集聚着时尚咨询、时尚资源生产、时尚创业指导、时尚协同供应链、时尚营销及全渠道销售等资源，吸引着全球时尚产业的各类人才。苏州河南岸的衍庆里已经成功从“老仓库”变身“时尚聚集地”，成为产业规模60亿元的国际级时尚产业标杆片区，已经形成了一定的国际影响力，所以创新时尚创客空间能提升城市整体的国际影响力。除创客空间外，上海国际时装周已成为国际经济文化交流的重要载体，时装周举办的各类时尚潮流活动使上海的国际曝光率逐年增加，时装周的时尚潮已逐步成为引领国际消费潮流的风向标，成为人人向往的“购物天堂”和具有全球有影响力的新品首发地。除此之外，上海举办的各种时尚产业活动能极大提升国际的曝光率和热度，提升国际消费城市建设的国际影响力。

（五）时尚产业发展为上海国际消费城市建设增强软实力

时尚产业本身就是体现区域文化和区域内容的重要载体，是通过各种新技术、新工艺、新媒体将经济、文化、艺术、生活连接和升华的，能够给人类带来“美”的感受的新兴产业；也是转变经济发展方式、实现经济高质量发展目标重点打造的、面向世界的高端产业；更是上海在建设国际消费中心城市的重要抓手。随着经济社会的发展，城市软实力的作用日益重要，时尚产业通过与优质文化产品的融合，能极大地提升时尚消费品的生产能力和传播能力，使具有中国特色、上海特色的时尚产品源源不断地生产与输出，同时也增强了上海国际消费城市的时尚感和文化内涵。时尚产业通过增加影视产品、戏剧、动漫、游戏等产品中的特色时尚元素，增加这些产品的全球认知度，也提升上海的软实力。此外，时尚产业还能融入各类服务中，在服务中增添时尚元素，使各类服务具有多样的“温情”，让城市更有“温度”。

二、上海国际消费城市建设与时尚产业发展的现实状况

上海自改革开放以来就是全国经济最发达、科技创新最活跃，居民人均收入水平长期居于国内一流的现代化国际大都市。随着各种关于消费城市建设、文化创意产业发展的相关政策的实施，上海正逐渐向万商云集的消费供给、独树一帜的首发经济、丰富创新的消费形式、影响非凡的消费商圈、近悦远来的消费环境等方向迈进，努力形成国际零售商和国际知名品牌集聚、消费市场规模突破万亿、引领国际时尚消费潮流的世界消费中心。

（一）上海国际消费城市建设现状

培育国际消费中心城市是推动经济高质量发展，服务构建新发展格局的重要举措，是践行“人民至上”理念，更好满足人民日益增长的美好生活所需要的必然要求。上海正积极响应国家的号召，积极推进国际消费中心城市建设，打造最有商业创新活力的世界级消费市场，成为全球新零售的“策源地”和“竞技场”，引领世界时尚潮流发展。

1. 上海消费持续稳定增长

随着上海经济的持续高涨，受中美贸易摩擦、国际政局不稳定等灰犀牛事件影响，消费已经成为上海城市经济持续繁荣的“稳定器”和“压舱石”。从社会消费品零售总额的角度看，上海社会消费品零售总额呈现持续增长态势（图8-1）。2015年，上海市社会消费品零售总额为11605.7亿元，首次突破万亿元大关，成为国内市场规模最先迈入万亿级的城市之一；2017年，社会消费品零售总额达到13699.52亿元，成为国内市场规模最大的城市；2019年这一数值达到15847.55亿元，连续3年蝉联国内消费规模榜首；2020年，尽管受到新冠肺炎疫情的影响，上海的社会消费品零售总额在5月就开始转向正向增长，并且呈现一路上扬的趋势，同比增速为0.5%，高于全国4.4个百分点，规模稳居全国城市首位。从社会消费品零售种类角度看，2020年上海社会消费品零售种类丰富、结构合理。鞋帽纺织类占社会消费品零售总额的25.5%，汽车类占社会消费品零售总额的11.8%，粮油食品类占社会消费品零售总额的11.5%，化妆品类占社会消费品零售总额的10.3%，日用品类占社会消费品零售总额的8.9%，其中吃、穿、用的占比分别为21.4%、23.6%和52.1%

（图8-2）。从消费对经济增长的贡献来看，消费对经济增长的贡献率逐年提升，2019年消费对上海经济增长的贡献率接近50%。

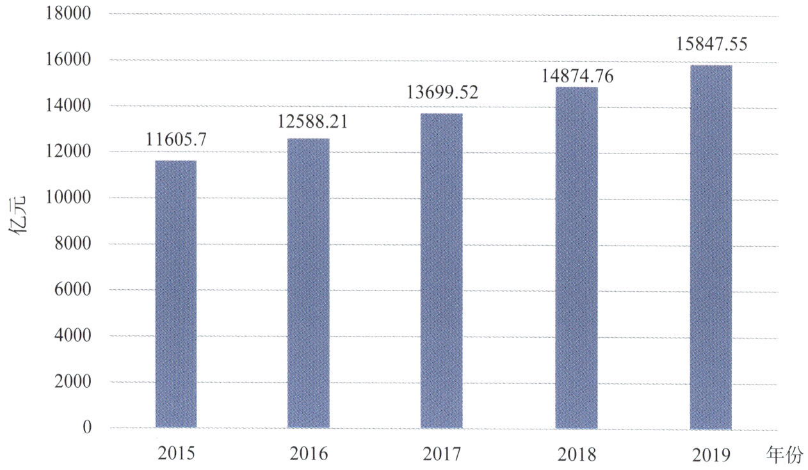

资料来源：上海市统计局

图8-1　2015—2019年上海社会消费品零售总额

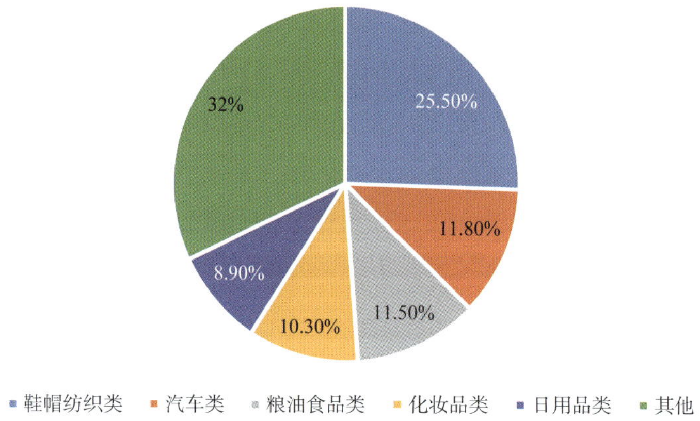

资料来源：上海市统计局

图8-2　2020年上海社会消费品零售种类及占比

2. 消费新业态与新模式层出不穷

上海历来是消费新业态与新模式的引领者，在国际消费中心城市的建设中更是成为新零售的“试验田”和“竞技场”，在新冠肺炎疫情对线下消费产生重要冲击的不利情况下，上海消费领域加速了线上线下的联动，数字技术与实体商业形成了融合联动的良好局面，涌现出一批代表新兴消费发展方向的业态和模式。远程办公、“无接触”配送等过去在想象中的新业态、新模式瞬间迸发，华平信息推出云视讯平台，共为近1000家政企单位提供云视讯服务；叮咚买菜、饿了么等纷纷推出了“无接触”配送服务，将线上点单的模式渗透到了传统的买菜、吃饭业务，订单量倍增；美团、富友等公司推出智能储物柜、保温外卖柜，满足社区、办公楼的多样化需求。上海除了新增了大量的新业态与新模式外，也创新了众多线下成熟商业模式向线上线下融合的转型，在线教育、在线问诊等模式正逐步改变着市民生活，也引领着世界的消费模式。此外，无人工厂、工业互联网、在线文娱、生鲜电商零售等已经有所发展的业态在疫情影响下加速发展壮大，如上汽通用金桥工厂无人车间实现100%焊接自动化，保障无人生产线始终“不掉线”（图8-3）。

3. 上海消费的国际影响力持续扩大

上海在推进国际消费中心建设中积极促进“首发经济”发展，全力吸引世界优

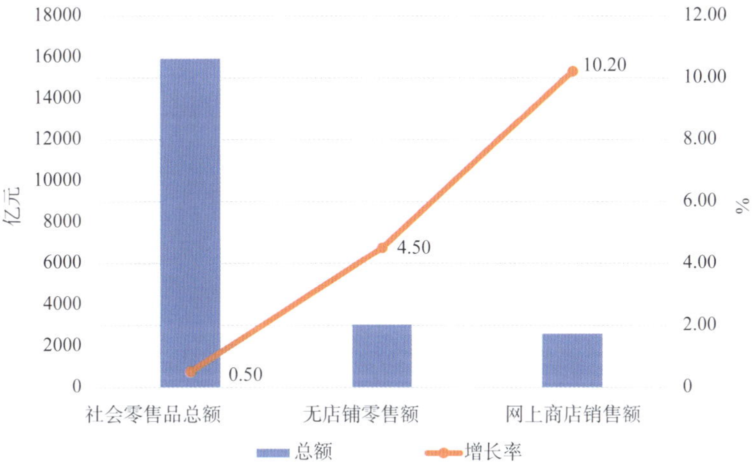

资料来源：2020上海市国民经济与社会发展，统计公报

图 8-3　2020 年新消费模式的销售额及增长率

质的消费品牌入驻，还研究制定了《全力打响“上海购物”品牌加快国际消费城市建设三年行动计划（2018—2020年）》，在不断提升品牌发展过程中促进消费活力。中国进口博览会自2018年召开以来，上海承接进口博览会的溢出效应，成为全球新品首发地、国际消费品集散地和高端品牌首选地。国际知名品牌首店发布时会同时开展各种活动，这使上海的国际影响力逐步增大，彰显着国际消费中心高度的吸引力和生命力（图8-4）。上海在推进首店首发的同时还积极推动数字购物转型升级，拼多多、京东、阿里巴巴等头部电商正利用小程序、微视频、直播等产品和服务开展数字化营销，并通过策划线上促消费系列活动扩大影响力和知名度，并积极将这一模式向国外推广，扩大自身的影响力。此外，为应对新冠肺炎疫情对消费的冲击，进一步提升“上海购物”的影响力，上海又首创由政府主办的大规模综合性消费节庆活动——五五购物节，实际参与购物节的线上商家超过52万家，线下商家也有10万多家，举办重点活动170余项、特色活动1000余项，线下实物消费总额达

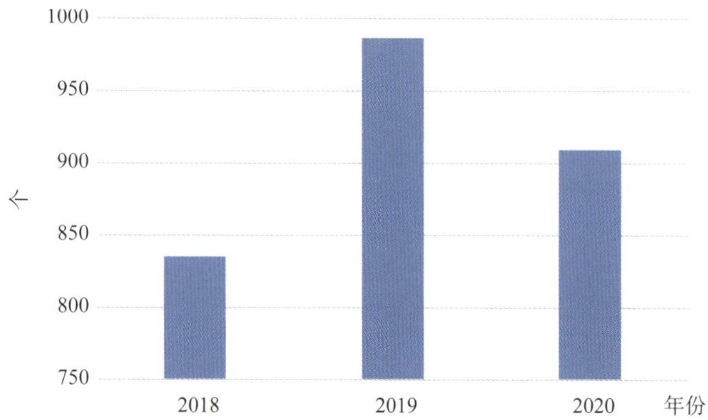

资料来源：上海统计局

图 8-4　2018—2020 年上海首店数量

2846亿元，环比增长11.6%，网络零售额达2551亿元，同比增长23.5%。

（二）上海时尚产业发展现状

上海从近代开始就开启了时尚发展之路，海派旗袍、万国建筑、雪花膏等引领着那个时代中国的时尚潮流，也在全国人民的心里留下了“上海时尚”的标签。改革开放以后，上海以发展、包容、开放的姿态在经济增长、国际化程度等方面走在了全国前列，这为上海延续时尚传统，发展时尚产业带来了得天独厚的发展资源。发展时尚产业、建设国际时尚之都，不仅是上海坚持“消费引领时尚、文化积淀时尚、教育点亮时尚、科技驱动时尚、品牌承载时尚”发展方针的指引，更是其发挥独特优势、彰显城市特色、提升国际影响力的必然选择。

1. 上海国际时尚消费市场逐步形成

上海市最早在2011年就提出了要打造“时尚消费之都”的构想，“上海国际时装周”成为叩响世界时尚发展大门的“金手指”。2011年，超模刘雯成为知名品牌雅诗兰黛的国际形象代言人，各式各样的时尚展和品牌活动纷至沓来，上海正快步走进国际时尚舞台。上海在经济持续快速发展的过程中积累了大量财富，市民对于Louis Vuitton，Chanel等时尚奢侈品的需求也逐渐增多，越来越多时尚品牌入驻上海，Vivienne Westwood，Vega Wang等品牌也开始在上海时装周展示，人们无须再像过去一样出国购买这些知名的时尚奢侈品。此外，由于上海市民偏好于购买与众不同、独一无二的商品，一方面体现自身独特的风格与品位；另一方面在某种程度上展示自身的时尚魅力，这加速了除奢侈品外的小众时尚消费品进入人们视野的步伐，Uma Wang，Simon Wang，Wang Yiyang等本土设计师渐渐在国际时尚界崭露头角，带有中国元素的时尚单品出现在国际时尚市场，上海国际时尚消费市场形象逐步树立（图8-5）。

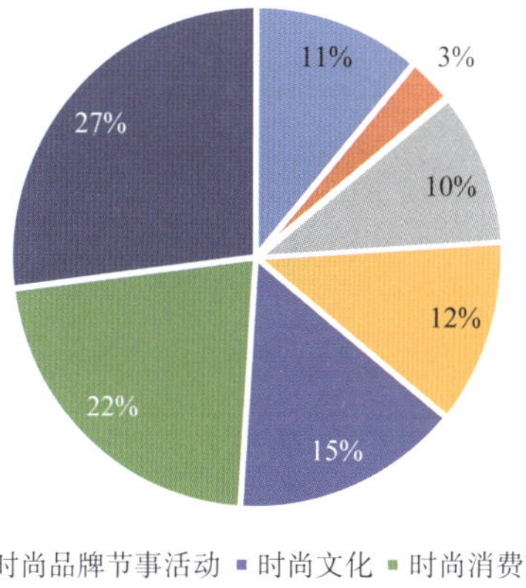

图 8-5　2011—2015 年外媒报道上海时尚产业的分布

2. 上海“时尚之都”形象逐步树立

2011—2015年间，上海在打造“时尚消费之都”方面做出了重要努力，《上海市国民经济和社会发展第十三个五年规划纲要》正式提出：“加快建设国际消费城市，着力打造国际时尚之都”。上海一直以来都是中国的设计之都和时尚之都，是国内知名的时尚设计师、时尚造型师、时尚评论家、时尚模特、时尚买手等时尚产业发展所需的各类人才汇聚的地方，但这与米兰、伦敦、巴黎、纽约和东京这五大时尚之都集聚的时尚人才相比仍有一定差距(表8-1)。为培育国际时尚人才，上海建立了多个时尚创意人才培育、培养基地和生产研发中心。这些研发中心中有一部分是依托高校建立的，一方面发挥东华大学、同济大学和上海交通大学等高校在时尚创意方面的优势；另一方面也能为具有创意灵感的大学生提供施展才华的平台。另一部分时尚人才培养基地则是依托早先的时尚创意资源建立的，如服装设计协会（SFDA）、上海服装行业协会、上海国际时尚联合会、上海国际时尚中心等，这些机构一方面吸引世界时尚创意人才进入上海，另一方面也为时尚人才提供了教育和就业机会，推动时尚创意产品的研发、创造与推广应用。

表 8-1　国际五大时尚之都时尚人才培养机构

时尚创意人才培养机构	英国皇家艺术学院、巴黎国立高等美术学院、纽约视觉艺术学院、日本东京艺术大学
设计与研发机构	伦敦时尚协会、意大利国际时尚协会、法国高级时装工会、美国服装设计师协会、东京设计师协会

资料来源：颜莉《时尚产业组织模块化价值创新能力评价研究》（2013）

随着上海“时尚之都”的不断建设，在人工智能、云计算、3D打印等新一代信息技术不断与实体经济融合中，上海的时尚产业也在逐步顺应时代发展需求，加速将新兴技术与时尚产业相结合。例如人工智能系统Style Gan能通过数字化的算法将收集到的数据信息应用到服装设计中，并从海量信息中检索发掘各数据之间的联系，找到更优化的设计方案，并能进行机器学习，在学习结果中生成更符合客户需求个性化的时尚服装。此外，上海还积极地在时尚地标、时尚品牌、时尚人物、时尚平台、时尚活动和时尚文化等多个方面做文章，基本形成时尚人才、时尚技术、时尚环境相互配合的局面，树立国际时尚之都的形象。

3. 上海时尚产业空间布局渐显特色

文化创意产业向“一轴两河多圈”集聚。在延安路城市发展轴的“一轴”上，环东华、静安时尚创意、800秀、淮海路时尚消费、8号桥、张江国家级文化科技融合示范基地等重要节点上的重大项目影响力不断提升；在黄浦江和苏州河“两河”沿线上，杨浦滨江工业设计、国际时尚产业园区、创邑河、“江南智造”等以创意设计为主的重点区域精彩纷呈。全市范围内呈现出环同济设计创意产业集聚区、复旦软件园、中广国际广告创意产业园等“多圈”型的空间布局特征，形成了产城融合发展态势。目前创意企业虽然主要集中在市区，但各郊区也都有创意企业的分布，并且新增的时尚创意产业大多落户于郊区，说明时尚创意企业有向郊区扩散的趋势（图8-6）。

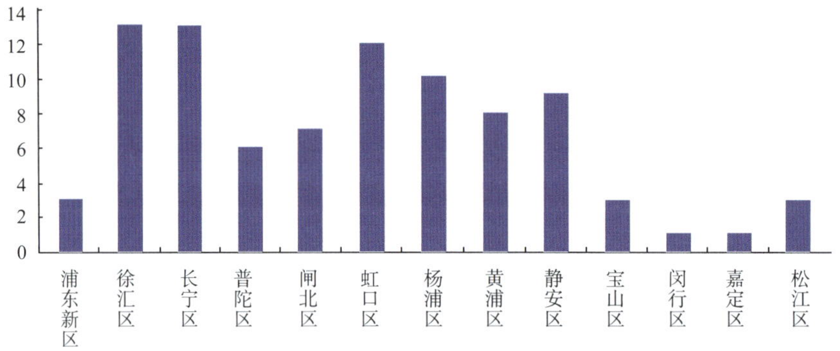

图8-6　2016年上海时尚创意产业集聚区的地域分布（按照行政区划）

时尚产业生产集中于市区主要是因为中心城区的人才资源、公共设施、文化资源等条件较为优越，但是随着上海市的发展，中心城区的空间有限，企业的租金成本、人工成本也越来越高，这使时尚创意产业不得不向郊区扩散。另外，如杨浦区和松江区的高校资源较为集中，优质人才也相对充足，这两个郊区成为吸引时尚创意企业落户的重要区域，浦东新区、宝山区、松江区的时尚创意产业均呈现崛起之势。

在时尚消费方面，上海着力发挥不同区域的优势，利用不同时尚消费的品牌差异和内涵特征，对区域内的消费者形成较大吸引，并积极拓展区域外消费资源。目前新虹桥地区、南京西路、淮海中路、南京东路—外滩、陆家嘴这几个地区集中了上海市大部分的时尚消费量，浦东商圈、徐家汇商圈、古北商圈、五角场商圈等也在逐步发展壮大，吸引着国内外的各类消费者。时尚消费空间集聚的区域具有人流量大、拥有悠久的商业街历史、商场多的特点，时尚消费品向这几个地区集中能够形成规模效应，能够促进时尚产业的发展。当然，不同的时尚消费品牌对商业区位会有不同的要求。钟表和珠宝类的时尚消费品对商业区的历史文化积淀要求较高，上海市的这类消费品主要集中在南京东路—外滩这一保留原有历史风貌的街区，以临街商铺为主，均设有橱窗进行珠宝和钟表展示。时装则倾向于那些大型的购物中心，拥有更便利的交通和更加宽敞的购物空间。因此，不同的时尚消费品的集中范围也是不一样的（图8-7）。

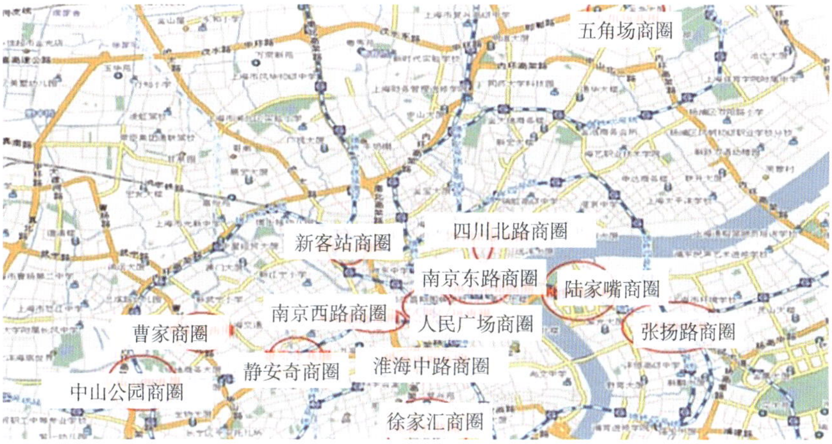

资料来源：金锄头网

图 8-7　上海市主要商圈分布图

三、上海国际消费城市建设中具备发展时尚产业的基础与优势

上海国际消费中心的建设不仅能极大地提升自身的城市软实力和国际影响力，而且能有效发挥消费的引领与带动作用，不断提升消费对经济增长的拉动作用，高效推动产业优化升级，重点发展低耗能、更环保、更高附加值的新兴产业。时尚产业作为世界主要发达经济体重点发展的优质产业，不仅能打破各产业之间的边界，将与时尚相关的各类分支产业全部收入麾下，畅通上下游产业，还能将时尚的理念不断向城市的各个领域渗透，为城市带来美的体验与享受。上海作为时尚的秀场、时尚的窗口，对发展时尚产业、建设国际消费中心具有雄厚的基础与独特的优势。

（一）上海经济的持续快速发展为时尚产业发展奠定了坚实的基础

经济发展阶段和水平是建设国际消费中心与时尚产业发展的基础，经济发展水平越高的城市越能吸引到更高端的消费品牌和消费人群，而高端消费品必定包含着时尚元素，高端消费人群也对时尚有着一定的追求。上海自改革开放以来经济增长实现了长期的平稳增长，2020年全市生产总值为38700.58亿元，虽然仅比上一年增长1.7%，但在疫情的冲击下能实现这一增长速率已实属不易。在上海生产总值中，战略性新兴产业的增加值为7327.58亿元，较上一年实现了9.2%的高速增长，服务业增加值为4367.79亿元，增长8.9%。时尚产业的发展与战略性新兴产业的工业和服务业都有着极为密切的联系，所以战略性新兴产业的快速发展能为时尚产业发展提供较好的基础。经济持续快速增长，在提升居民人均收入水平、增强消费能力方面发挥着重要的作用，也为国际消费中心的建设奠定了坚实的经济基础。

（二）上海开放包容的环境为时尚产业发展集聚了大量资源要素

"海纳百川、追求卓越"是上海多年以来形成的重要城市精神，在发展过程中极大地接纳多元化的文明、多样化的消费群体、个性化的行为思想。并且，稳定的政治环境、良好的社会治安、完善的各项制度也都对全球追求个性、创新、时尚的人才、资本等资源要素形成了强大的吸引力。上海开放包容的发展环境对于发展便利化的对外交流渠道、链接多样化的国际通道、快速汇聚或扩散全球时尚商品和消费者、形成时尚产业集聚、配置全球时尚资源提供了基础条件。与此同时，上海独特、多元、高品质时尚资源的汇聚也在一定程度上增添了城市魅力，吸引着国际大量的旅游者或消费者前往，对于国际消费中心的建设也形成了一定的助力。

（三）上海国际化发展定位为时尚产业发展带来了广阔市场

由于上海因商而兴，因商立市，是我国最具有消费基因的城市，在经济社会快速发展的推动下，其消费基础设施建设已基本完成，社会零售消费品总额早已突破万亿大关。2020年，尽管受到新冠肺炎疫情的影响，上海社会消费品零售总额依旧保持了0.5%的同比增速，社会消费品零售总额规模仍居全国首位。消费的持续高涨为时尚产业的发展带来了强劲的需求，也为时尚产业的发展提供了良好的环境，同时国际金融中心的建设又会吸引来自世界各国的消费，能极大地提升消费产品与服务的需求量，这进一步为时尚产业发展提供了重要的机遇。2019年，上海全年接待国际旅游入境人数为897.23万人次，实现旅游产业增加值达2309.43亿元，实现入境外汇旅游收入83.67亿元，吴淞口国际邮轮港停靠达到216航次。国际消费的日益增加以及领先的商品流动与集散能力，使得上海的消费动力越加强劲，在新一代信息技术的加持下，跨境电商、移动消费、海外直邮等新模式不断迸发，消费者的消费渠道日渐多元。

（四）上海国际消费中心建设为时尚产业发展带来了政策优势

国际消费中心城市的建设使得政府更加重视与消费相关的各类产业，国家在“十四五”规划中对于消费的发展也提出了新的要求，即培养上海等城市率先建设国际消费中心，不断改善消费环境，不断增强消费体验，因为时尚消费产品与时尚消费服务正是提升消费体现、改善消费环境的重要手段，所以国家的相关政策对时尚消费品的发展也带来了极大的政策利好。上海市为顺应国际消费中心的趋势，也发布了相关政策规划，鼓励利用中国国际进口博览会的平台优势，推动国际知名的高端时尚品牌，新兴时尚业态集聚，多渠道支持特色时尚产品生产，扩大个性化消费品供给，促进消费升级；支持各区打造促进消费的时尚新品发布、展示、交易于一体的产业链，增加时尚单品新品首发的数量，对符合经济评价标准的新品发布活动和首店，在落户、宣传、选址等方面给予政策优惠和支持；支持建设时尚引领高品质生活和辐射长三角消费市场的五个新城商业中心，培育一批特色时尚商业街区和夜间经济集聚区。

四、上海国际消费城市建设与时尚产业发展的现实路径

国际消费城市的建设对于有效扩大消费需求，防止国内的高端时尚消费外流以及拉动经济增长具有重要作用。结合上海时尚产业发展、经济社会发展水平以及建设国际消费中心的基础与优势，按照“大设计、大融合、大集成、大市场”和“市场化、国际化、信息化、品牌化”的要求，在着眼吸引国内外时尚高端消费品牌与服务供给的基础上，创新推出具有上海特色与中国元素的时尚消费品与服务，并结合国际旅游城市与国际贸易中心建设，承接中国国际进口博览会的溢出效应。积极顺应消费升级的需要，有效形成供给侧与需求侧合力，弥补构建国际消费城市的短板，有序推进上海国际消费城市建设。

（一）明确功能定位，以时尚为抓手打造综合性国际消费中心

上海建设国际消费中心首先要明确其在国内、国际的发展定位，认识到以购物为主的消费功能仅仅只是国际中心城市建设的重要内容与核心功能。但要真正成为全球的“购物天堂”，还需要综合利用各方力量，推动时尚创意设计与消费领域相关的产业发展，促进时尚设计服务向多个领域延伸，推进创想、创意、创新和创造，为城市发展注入持续动力；还应充分依托上海的区位条件、产业基础和国际合作优势，整合全球顶尖创意设计资源，打造具有中国特色的创意与设计产业核心价

值链，为国际消费中心城市增添“设计之都”“时尚之都”“品牌之都”的新标签。

（1）转变现行的围绕“物品消费”建设国际消费中心的思路，将国际消费中心城市的建设与“三平台一任务”、新“四大功能”、营商环境建设等重大战略有机结合，通过上海在多个方面、多个产业、多个平台的力量为国际消费城市建设导入资源，提升其全球时尚消费资源的配置能力、全球时尚消费品的集聚能力、全球时尚消费者的吸引能力，进而创造全球最大的消费流量来带动上海和全国经济的持续繁荣发展。

（2）建立国际消费中心城市工作的统一领导和统筹协调机制，借鉴巴黎、米兰、纽约、东京等国际一流消费城市的有益经验，瞄准世界一流的综合消费中心城市，协调发改委、财税、土地、交通、规划、文化等多部门力量，打造集购物消费、国际贸易、服务消费、文化消费、旅游消费等功能为一体的综合性国际消费中心城市。

（3）以数据设计为基础，以交互设计为手段，聚焦工业设计、时尚设计、建筑设计、多媒体艺术设计、广告及会展设计等重点领域，拓展服务设计、集成设计、流程设计等新领域，发挥时尚消费对上海经济转型升级的重要作用。

（二）顺应消费升级，以时尚为灵魂增强国际消费中心吸引力

消费往往是按照“非耐用消费品→耐用消费品→服务消费”这一序列逐步升级的，上海建设国际消费中心，不仅要建成全球性的商品消费中心，更是要成为在时尚、文化、娱乐、旅游、信息、教育等方面具有世界吸引力的供给和消费中心，时尚产业尤其是时尚创意产业恰好能提供知识性、创意性的“软”商品和服务的供给，所以发展时尚产业不仅是顺应消费升级趋势的需要，也是增添国际消费中心吸引力的重要途径。

（1）要进一步用好中国国际进口博览会大平台，积极承接中国国际进口博览会带来的溢出效应，吸引更多国际知名的高端品牌、新兴时尚品牌集聚，并且依托进口博览会的平台效应扩大国外特色优质产品的进口，形成上海高端消费品集聚的良好态势。

（2）上海要更好地顺应消费升级的趋势，加速挖掘自身独特的江南文化、红色文化和海派文化，以文化作为时尚创意产业的灵魂与根基，形成时尚消费品与服务集新品发布、展示、交易于一体的生态链，加强上海的国际吸引力。

（3）要进一步优化营商环境，吸引更多的时尚品牌与时尚人才工作室入驻，用时尚强大的吸引力和对外宣传力增强上海国际消费中心的国际影响力。

（三）融通各类资源，以时尚为主动力打造国际一流消费中心

纵观纽约、巴黎、伦敦、东京、洛杉矶、悉尼、中国香港、新加坡等国际一流的消费中心城市，发现这些城市不仅自身拥有巨大的消费市场和消费能力，而且还能充分利用城市周边的各类资源，通过消费这一纽带形成资源链接的枢纽。例如，新加坡、迪拜和中国香港等城市虽然自身的消费资源支持腹地较小，但是由于其拥有自由港口、国际航空枢纽等优势，成为全球重要的工业、商务、贸易、金融、文化、科技、艺术、教育、体育、医疗等中心，进而成为世界资源配置的核心，也成为国际一流的消费中心。

（1）发挥上海处于长江三角洲的冲积平原（北界长江、南临杭州湾、东濒东海、西接江苏和浙江两省）紧靠经济发达的腹地与通江达海的区位条件，积极拓展其联通国际与国内的重要通道，进而为国际消费中心建设提供强劲动力。

（2）充分利用上海消费市场规模巨大，世界知名高端品牌集聚，首店、旗舰店数量全国第一的优势，积极联动长三角，服务全国、辐射亚太，鼓励无人零售、社群电商等消费的新模式与新业态，形成配置全球各类消费资源的领先者，成为世界时尚消费与新零售的“策源地”和“竞技场”。

（3）上海要加强与纽约、巴黎、伦敦、新加坡等国际一流消费城市的联动，以独特的时尚理念和时尚元素作为切入点，形成与这些城市差异化的发展定位，利用这些城市的部分资源来发展自身。

五、上海国际消费城市建设与时尚产业发展的政策建议

上海在近代就被称为“东方巴黎”，更是乘着改革的东风率先跃入了国际大都市的行列。上海正加速推进“五个中心”建设，成为全球卓越的发展城市。建设国际消费中心是上海不可或缺的重要目标，在构建以国内大循环为主体、国内国际双循环相互促进的新发展格局中，促进消费不仅是拉动经济发展的动力，也是促进更高水平开放的重要途径。

（一）加强布局谋划，以时尚为内涵升级上海各类消费商圈

商业网点和消费商圈的布局与消费人口规模、交通便利程度、周边环境配套等关系较为密切，加强商圈的布局谋划，打造不同商圈的差异化发展定位和优势不仅能有效解决上海新天地、徐家汇、淮海路等商圈消费特色不明显，各自发展优势不突出，同质化问题较为严重的问题，也能以时尚产品和时尚理念提升各个商圈的内涵，拓展商业发展的消费空间。

（1）增强上海商业网点布局规划实施的刚性，按照各个区的不同发展实际情

况，合理调整商业网点的布局指导，对不同类型的商圈给与较为明确的发展引导，形成各商圈优势互补的良性循环。

（2）以不同的时尚消费和时尚理念为指引，根据现有商圈的发展规模与发展优势，打造具有消费吸引力的特色时尚消费主题，形成不同类型时尚资源的集聚，使时尚资源聚心合力，增强各自的消费影响力和号召力。

（3）注重各类商业规划的科学性、全局性和前瞻性，加强商业规划与城市区域发展的整体规划、交通规划、土地利用规划等相融合，提升整体规划的合理性和实践性，形成布局合理、结构合理、层次分明、特色突出的商业网点综合体。

（4）探索商业网点规划管理地方立法工作，加强规划的执行力度，让已经经过科学论证的合力规划不得随意调整、更改，维护规划的严肃性，使商业规划真正成为指导商业发展的“指挥棒”。

（5）要充分利用上海时尚产业发展良好、时尚消费突出的优势，以时尚的内涵提升整个商圈体系的吸引力，并积极扩大这种优势，形成对全球消费的巨大吸引。

（二）完善商业体系，打造世界级时尚消费地标

上海目前已经拥有市级商业中心15个、超过30个地区级商业中心和67个特色商业街区，形成了较为完备的商业体系，但这对于建设国际消费中心的商业载体层级和规模还存在一定差距。所以，上海完善商业体系一方面要加快建设高能级、高品质、高颜值的巨型世界商业综合体系，另一方面也要有烟火气，具有时尚文化特色，成为有温度的国际消费综合体。

（1）上海要继续完善引领高品质生活、联动长三角、辐射全中国、引领世界的消费综合体，挖掘现有商业综合体的时尚元素和文化特色，打造具有世界影响力的时尚消费地标，成为上海国际消费中心建设的一张“靓丽”名片。

（2）上海要依托五大新城建设的发展契机，在新城建设中建立引领区域消费潮流的新城商业中心，培育一批特色的商业街区与夜间经济集聚的特色商业区，成为与高大上的消费综合体相辅助的、具有城市温度的新型消费地标。

（3）完善15分钟便民生活圈建设，将消费潜力和消费能力下沉到社区，打造集养老、家政、洗衣、餐饮、维修、理发、生鲜、寄存、快递等为一体的便民综合体，让“一站式”便民服务功能社区成为吸引外来消费探索的新兴时尚地标。

（三）提升市场主体能级，营造多元时尚消费氛围

上海发展时尚产业，建设国际消费中心，都需要走市场驱动的路线，调动市场企业主体积极性能最大限度地提高多样化的消费产品与服务的供给，营造更多维度、更时尚多元的消费氛围。

（1）出台鼓励提升消费企业主体供给规模、供给品质的财政、税收、金融等一揽子政策，扩大内外消费品的品质，并融入本土文化特色，打响一批本土消费品牌，增加更多的消费品供给。

（2）支持大型连锁商业企业和电商平台实施自有品牌战略，深化老字号“一品一策一方案”，将一大批“老字号”的特色消费品融入时尚元素，支持发布“国潮新品”，唤醒老字号的魅力，提升自有品牌的品质。

（3）通过社会行业协会以及其他组织的力量营造多维度的时尚创意消费体验，打通创意消费产业各个环节的壁垒，将消费市场、创意设计、时尚营销链接起来，借助时尚媒体的力量对时尚消费进行日常引导，并利用VR、AI等新型技术提升消费体验。

（四）借力数字化转型，打造消费新场景

以大数据、云计算、人工智能为代表的新一代信息技术正积极地向各个产业渗透，互联网电商的迅速发展也对线下商店提出了新命题，借助数字化转型，打造多样化的消费新场景，增强消费的体验，对未来消费发展具有重要作用。

（1）鼓励短视频、直播等带货消费的新模式，提升互联网线上消费的体验感，让线上消费与线下消费在新场景与新模式中融合。

（2）推动大型连锁消费商业企业全方位的数字化转型，将数字技术充分融入时尚创意设计与消费中，培育一批数字化转型的时尚消费企业，打造数字消费新模式与新品牌，形成数字消费引领的特色街区。

（3）加快优质直播平台培育，培育一批具有国际影响力的直播活动，打造一批体现上海特色的潮流直播消费场景。

（4）积极推进“数字+生活服务+时尚个性”，用数字化的技术开展新的消费模式，拓展新的消费空间。

参考文献

[1] 刘旭颖. 科技赋能国际消费中心城市建设[N]. 国际商报，2021-09-30.

[2] 潘洁. 上海发力打造国际消费中心[N]. 国际金融报，2021-09-27.

[3] 钟禾. 塑造消费地标，培育首发经济本市举行重点消费地标和品牌首店签约仪式[J]. 上海商业，2021（9）：2.

[4] 盛宝富. 在新发展格局下打造上海国际消费中心城市[J]. 中国外资，2021（9）：46-49.

[5] 李景. 上海，争当世界消费“龙头”[N]. 经济日报，2021-08-19.

[6] 周佳. 国际消费中心城市：构念、规律与对策[J]. 商业经济研究，2021（14）：42-45.

[7] 顾春娟，张晓箴. 上海将率先培育建设国际消费中心城市[N]. 国际商报，2021-07-22.
[8] 王楚. 3T理论视角下上海文化创意产业竞争力研究[D]. 东华大学，2021.
[9] 廖欣. 浅谈上海国际时尚之都的建设路径[J]. 山东纺织经济，2021（5）：8-11.
[10] 梁丹宁. 上海“时尚之都”形象的国际媒介呈现与变迁研究[D]. 东华大学，2021.
[11] 王艳华. 首店经济：消费中心城市的新风标[J]. 群众，2021（6）：36-38.
[12] 陶希东. 上海建设国际消费中心城市的成效、问题与对策[J]. 科学发展，2020（11）：39-46.
[13] 徐天宇. 国际化视域下时尚教育的可持续发展研究[J]. 智库时代，2020（2）：97-98.
[14] 张靖欣. 上海时装周助力“四大品牌”建设[J]. 理财周刊，2019（20）：62.

第九章 深圳：时尚消费激发深圳国际消费中心城市建设新动能

2021年是“十四五”规划开局之年，也是经济先行区——深圳现代化建设的新起点。深圳要发展成为现代化国际大都市，打造国际消费中心城市，其中“消费”是一架重要马车，而“时尚消费”又起着风向标的作用，深圳因此提出“发展时尚产业，建设时尚之都”的口号。本章就这一背景，总结分析了深圳改革开放40年来消费的相关数据，横向对比了北京、上海、广州等第一批国际消费中心城市建设的优势，剖析了深圳消费的短板和不足；分析了时尚消费激发消费中心城市建设的作用和国内外实践经验，并提出了5条对策建议，以此助力深圳建设国际消费中心城市。

一、深圳建设国际时尚消费中心城市的基础现状和短板不足

（一）深圳经济特区设立以来经济和消费发展情况

自1980年设立深圳经济特区以来，面对国内外复杂多变的环境和风险挑战，深圳筚路蓝缕，攻难克艰，始终按照党中央国务院以及省委省政府的工作部署，深化改革，扩大开放，锐意进取，在经济社会建设日新月异的同时，城市消费也取得了巨大进步。

1. 经济发展情况

截至2020年，深圳经济社会蓬勃发展、经济总量连上新台阶，由一个曾经落后的小渔村发展成如今腾飞的大都市，经济发展更是发生了翻天覆地的变化：40年来，GDP增长超10000倍：1980年深圳GDP仅为2.7亿元，到2020年，深圳GDP已高达2.77万亿元，经济总量位居亚洲城市第5位（图9–1）。

40年来，深圳经济结构发生了深刻变革。随着城市化、工业化快速推进和经济的高速发展，深圳产业结构也发生了深刻变化，第二、三产业共同推动经济增长，服务业比重明显上升。三次产业结构由1979年的37.0：20.5：42.5调整为2020年的0.1：37.8：62.1。其中，第二产业增加值从1979年的0.40亿元增加到2020年的10454亿元，按不变价计算，年均增长28.3%；第三产业增加值从1979年的0.83亿元增加到2020年的17190亿元，按不变价计算，年均增长21.7%（图9–2）。

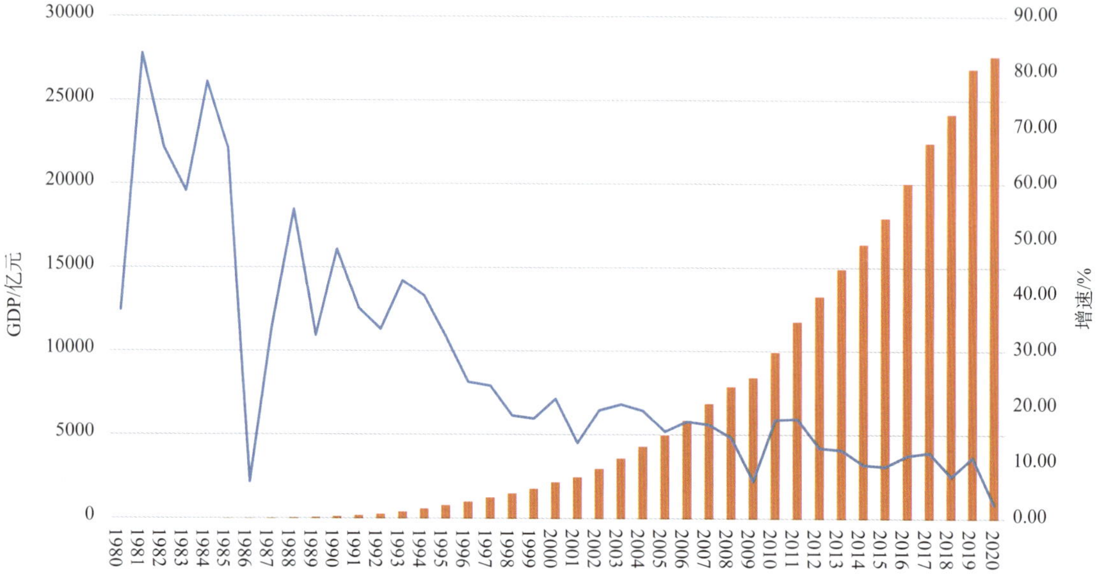

数据来源：深圳市统计局

图 9-1　1980—2020 年深圳 GDP 及增速变化情况图

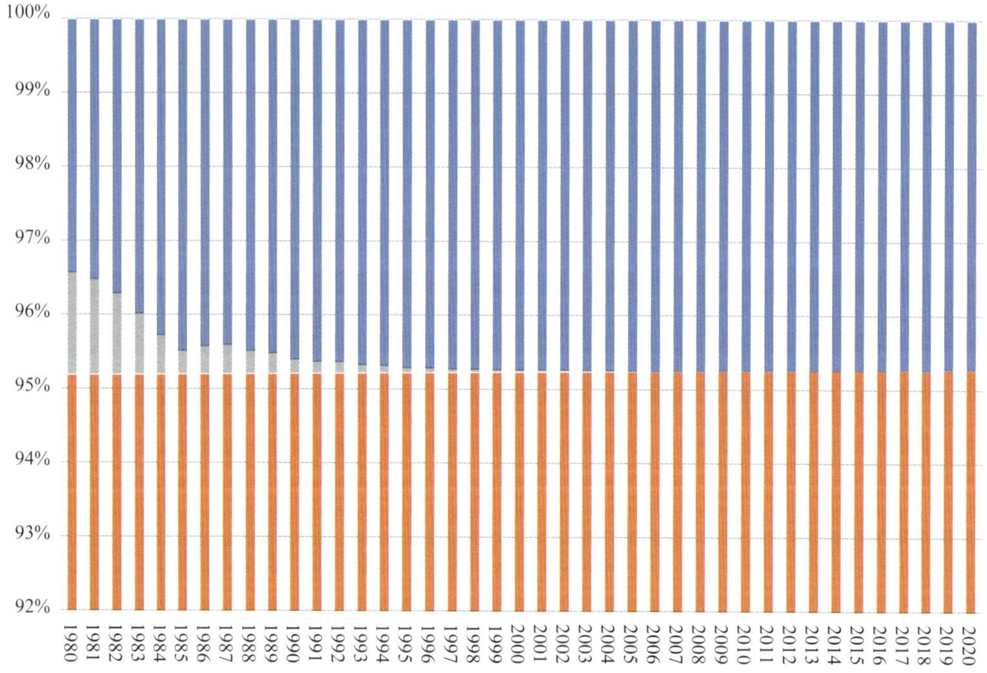

数据来源：深圳市统计局

图 9-2　1980—2020 年深圳三次产业结构变化图

2. 消费发展情况

40年来，深圳人口实现快速集聚，消费能力持续提升，为深圳消费发展奠定了基础。深圳常住人口从1979年的31.41万人，到2020年的1756万人，40年间，深圳的常住人口增加了约43倍（图9-3）。1980年深圳人均GDP为835元；到了2020年，深圳人均GDP突破20万元。短短40年间，人均GDP升至全国城市之首。2020年深圳居民人均可支配收入与人均消费支出分别为64878元、40581元，平均每人每月可支配收入5406.5元，平均每人每月消费性支出3381.75元。与此同时，深圳恩格尔系统呈下降趋势，2020年深圳市的恩格尔系数为30.8%（图9-4、图9-5）。

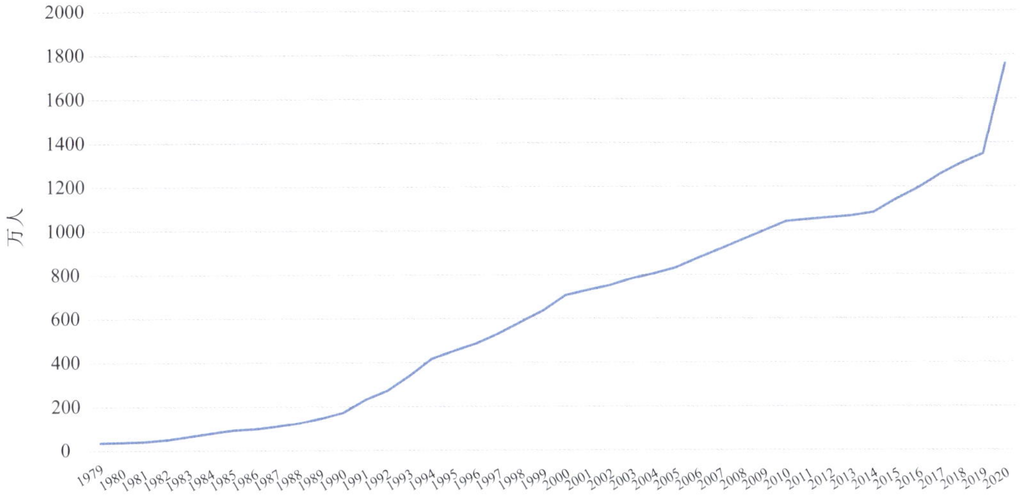

数据来源：深圳市统计局

图9-3　1979—2020年深圳常住人口规模变化图

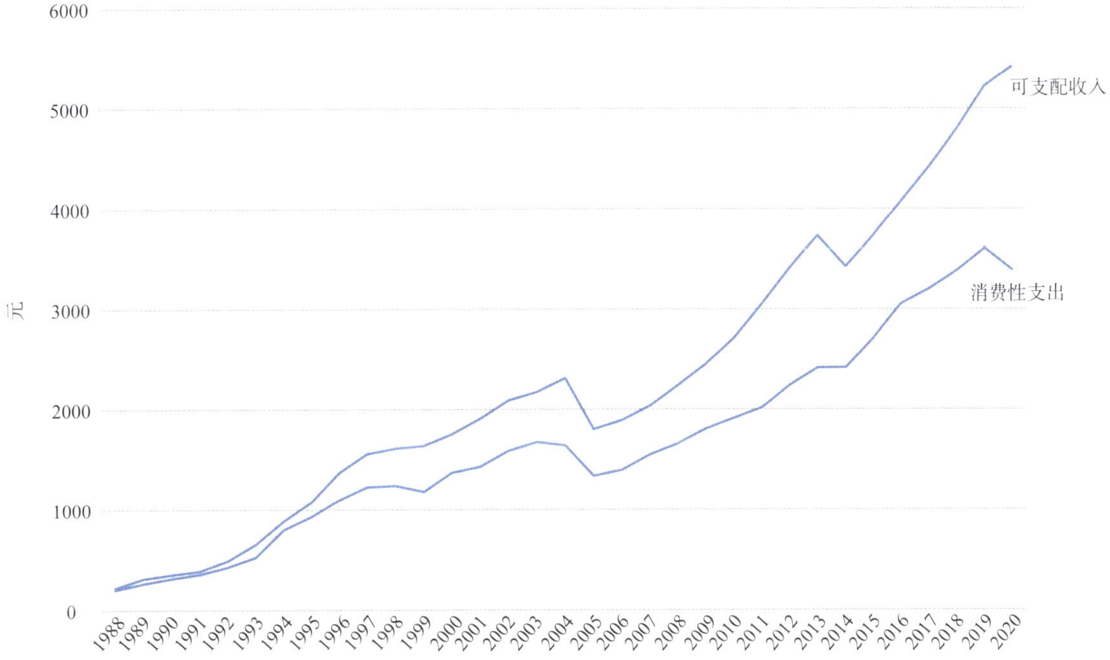

数据来源：深圳市统计局

图9-4　1988—2020年深圳平均每人每月可支配收入和消费性支出图

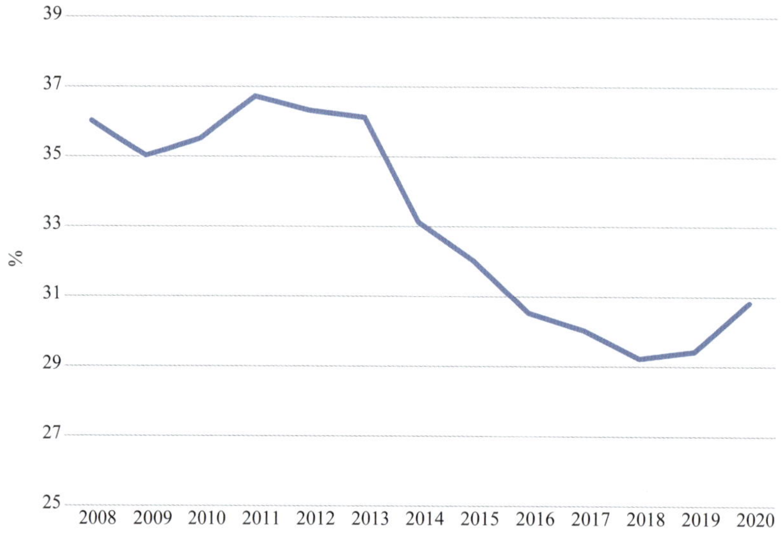

数据来源：深圳市统计局

图 9-5 2008—2020 年深圳恩格尔系数（%）变化情况

40年来，深圳社会零售品销售总额呈井喷式增长。1979年深圳社会消费品零售总额仅为1亿元，2020年则达到了8665亿元。2021年1~5月，深圳全市社会消费品零售总额2491.09亿元，增长6.7%。其中，通过互联网实现的商品零售额增长25.5%，依旧在消费领域保持最大增幅，互联网消费越发成为市民消费方式中的主流（图9-6）。

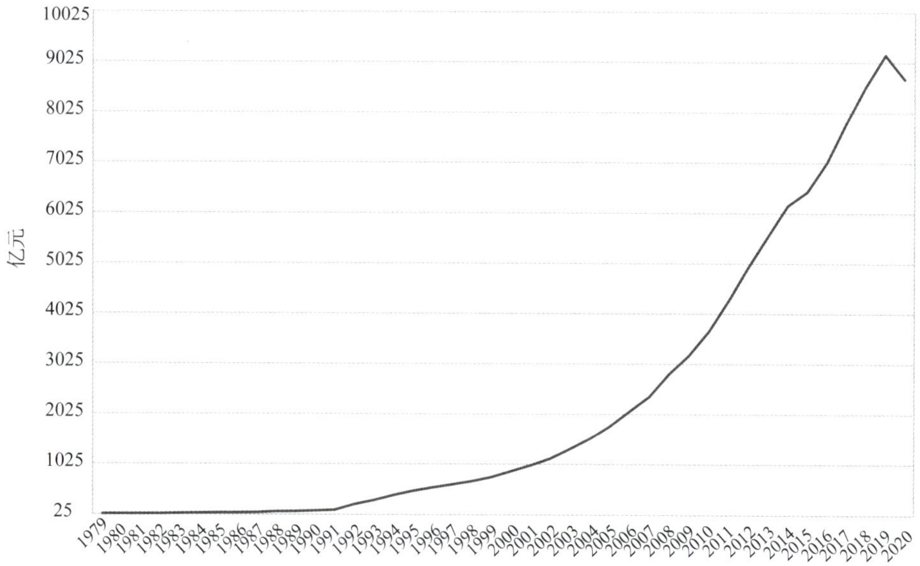

数据来源：深圳市统计局

图 9-6 1979—2020 年深圳社会消费品零售总额变化情况

（二）深圳建设国际消费中心城市的短板和问题

40年来，深圳经济和消费都取得了巨大发展，但在中国第一批国际消费中心城市建设名单中落榜[1]，也是唯一一个落榜的一线城市，深圳落选的短板和原因分析如下：

1. 区域竞争激烈，消费需求外流

深圳周边的广州和香港都是重要消费中心城市，对深圳发展消费服务业带来了极大竞争压力。2020年深圳市社会消费品零售总额实现8664.83亿元，总规模在全国排名第5，同比下降5.2%，下降幅度高于全国、低于全省平均水平。但从社会消费品零售总额占GDP比重看，深圳（31.3%）不仅低于其他一线城市，也低于全省及全国平均水平，甚至低于上海约10%，与毗邻的广州也相差超过5个百分点（表9–1）。

表9–1　2020年深圳社会消费品零售总额占GDP比重、同比增速与全国及其他城市比较

	社会消费品零售总额占GDP比重/%	同比增速/%
全国	38.6	–3.9
北京	38.0	–8.9
上海	41.2	0.5
广东	36.3	–6.4
广州	36.8	–3.5
深圳	31.3	–5.2

2. 顶流商圈缺失，消费载体不够

目前，深圳集中的商业区主要有位于罗湖区的宝安南路商业区、人民南路商业区、东门商业区，福田区的华强北商业区、福田中心商业区，南山区的欢乐海岸主题商业区、万象天地片区、后海商业区、蛇口海上世界片区，以及宝安区的宝安中心商业区等，但对外的知名度都不高，没有形成像早期华强北那样全国商业第一街的名气，成为国内外游客来深必去的地方。而上海的南京路、淮海中路、陆家嘴、徐家汇，北京的西单、王府井、三里屯，成都的春熙路等具有国际性知名度，是耳熟能详的商业区，也是外地游客高度聚集的地方。从一线、二线城市奢侈品品牌入驻代表性商业项目来看，深圳仅有万象城具有品牌效应，而上海有14个、北京有8个、广州有2个、成都有4个、杭州有3个、重庆有7个。可见，深圳急需具有国际

[1] 2019年10月14日，商务部等14部门联合印发《关于培育建设国际消费中心城市的指导意见》，提出要用5年左右时间培育建设一批国际消费中心城市。2021年7月19日，培育国际消费中心城市工作推进会召开，商务部部长王文涛在会上宣布，经国务院批准，在上海市、北京市、广州市、天津市、重庆市，率先开展国际消费中心城市培育建设。

品牌影响力的商业项目和商业运营商。

3. 商业创新不足，数字赋能不够

在传统零售时代，深圳的商业发展对全国现代商业发展起到了绝对引领作用，开创了现代连锁商业的先河，也是天虹、茂业、华润万家、人人乐等全国连锁商业的总部聚集地。而随着消费形式的变化，深圳严重依赖传统连锁零售企业的结构性失衡问题逐步暴露，全国连锁商业、企业对深圳本地商业发展的带动作用显然已后劲不足。而北京、上海、广州等地都有大型制造企业集团开设的销售公司，零售覆盖全国，这类依托大型制造企业的全国性销售公司成为带动商业发展的总部企业。与此同时，北京有京东、聚美优品、国美电器、当当等，上海有盒马、亚马逊、拼多多等，广州有唯品会、京东华南总部等，相比以上三地，深圳明显缺乏大型电商平台。

4. 消费能力不强，消费信心不足

2020年，深圳居民人均可支配收入约为6.5万元，位于4个一线城市中最低水平，名义同比增长率3.8%，低于上海和广州（表9-2）。且深圳是移民城市，大量外地人口收入转移支出,虽然转移支出增速在下降，但深圳仍是4个城市中唯一“转移性净收入”为负的城市，2019年转移净收入为-2569元，而同年上海、北京人均转移净收入分别为17153元、14084元。此外，负债过高，也是导致深圳人均可支配收入较低的重要原因。据统计，深圳人均负债超过16万元，位列全国各大城市第一位，人均负债约是北京、上海的2倍，广州的14倍。

表9-2　2020年北上广深居民人均收入及消费情况一览表

	人均可支配收入/元	名义同比增长率/%	人均消费支出/元	名义同比增长率/%
北京	69434	2.50	38903	-9.60
上海	72232	4.00	42536	-6.70
广州	68304	5.00	44283	-1.70
深圳	64878	3.80	40581	-5.90

二、时尚产业助力国际消费中心城市建设的作用及实践经验借鉴

（一）时尚产业助力国际消费中心城市建设的作用

1. 时尚产业是国际消费中心城市不可或缺的重要标志和名片

时尚产业是个美丽产业，是一个城市文化创意产业最活跃的组成部分，也是一个城市的名片和形象。从世界时尚之都的发展历程来看，纽约、伦敦、巴黎等地的时尚发展都与城市更新密不可分，这些带有时尚标签的城市也逐渐成为全球消费中

心城市。在区域经济一体化、世界经济全球化的背景下，整个时尚产业与国际大都市建设，已经是一个“你中有我、我中有你”的命运共同体。对于深圳而言，时尚产业不仅是深圳市优势传统产业的大部分内容，有一部分还是高科技产业的基础产业支撑，新形势下加快培育现代时尚产业集群，对深圳建设国际消费中心城市具有巨大的助推作用。深圳需要把握大势，突出特色优势，加快培育发展现代时尚产业集群，打造全球知名的新兴时尚产业高地，打造符合时代规律、具有中国特色、富有深圳科技创新特质的国际新锐时尚之都，为加快建成具有全球影响力的“创新之都”“创业之都”“创意之都”提供有力支撑。

2. 时尚产业在国际消费中心城市建设中发挥消费引领作用

时尚是不断引领消费和生产的新潮流、新趋势，也是提升城市活力、魅力、影响力和软实力的关键要素。纵观巴黎、纽约、东京、米兰等国际消费中心城市，时尚产业在其发展过程中起着十分重要的作用，时尚产业化或产业时尚化日益成为城市经济社会发展的重要内容。时尚消费不仅在城市消费中占据重要比例，而且是吸引国际消费者的核心因素。当前，全球时尚格局的调整为深圳时尚产业发展提供新契机，新兴科技的应用为深圳时尚产业发展注入新动力，消费升级为深圳时尚产业发展创造新空间，深圳要建设消费创新的“全球重镇”、国际品牌的“重要驻地”、中国制造的“世界橱窗”、引领潮流的“时尚之都”，发展时尚消费正当时。

3. 时尚产业助力国际消费中心城市文化传播和价值推广

时尚在某种程度上是国际本地化和本地国际化相结合的“通用语言”，时尚产业已是许多全球城市的名片，发展时尚产业有利于促进全球交流合作，以时尚语言诠释中国文化，展示中华文化软实力。在这个层面上，纽约提出了“高度的融合力、卓越的创造力、强大的竞争力、非凡的应变力”的城市精神；伦敦确立了“世界卓越的创意和文化中心”的发展目标；东京制订了“充满创造性的文化都市”发展战略。数字时尚赋能下的深圳时尚产业，也将以品牌文化丰富产业文化，以产业文化支撑城市文化，以城市文化凸显国家文化，通过建构时尚产业的风格风貌，建构消费人群的身份认同与情感归属，完成城市魅力和竞争力的独特塑造，塑造富有辨识度、美誉度的深圳文化品牌，避免全球化所带来的趋同效应。

（二）国内外国际消费中心城市建设的实践经验借鉴

1. 丰富的时尚产业网络

米兰拥有自己独特且完整的时尚产业网络体系：从设计到创新再到生产销售，几个环节相辅相成、相互促进。从地理分布上看，米兰一般将总部、研发设计中心、展示平台等设在本市，而将生产型企业移至外地，以此来降低成本。从产业链分工来看，大型企业、中型企业以及小型企业三级企业相互合作、协调发展，形成成熟且完整的产业网络。

巴黎时尚产业链完备，生产全球化。法国的时尚产业链构成非常完整，大的产业链涉及服装、香水、皮具、化妆品和工艺设计的各个环节，小的产业链则从原料、开发设计、生产制作到销售，均有其独特的地方。但其产品多在国外进行加工，而纺织材料供应商则在法国其他地区。

伦敦十分注重发展创意产业，进入21世纪，创意产业已经成为伦敦重要经济支柱和核心产业。20世纪70年代中期伦敦制造业衰退到现在，伦敦已经把中心全部转移到创意设计上，并将生产外包到欧洲甚至其他更廉价的生产加工区。伦敦时尚产业当中的跨国性大型企业并不多，占比重大的其实是中小企业。

此外，上海也提出打造全球新品首发地。

2. 知名的时尚消费商圈

巴黎的国际著名商圈以香榭丽舍大街为中心，辐射蒙田大道、奥斯曼大道、圣・奥诺雷街等多个商圈，形成自己独有的特色商业街区。该街区不仅是巴黎主要的会展、娱乐活动的举办地，也是国际品牌的聚集地，还是巴黎向世界游客展示其消费魅力的“窗口”。

伦敦时尚业的发展壮大也离不开聚集区的规模效应。城市时尚消费中心在市场环境中不断巩固形成，按照功能和品牌提供不同的时尚消费服务，满足不同消费层次和不同消费动机的需求。政府规划布局时尚消费区，打造规模化品牌效应；同时引导设计师与艺术家等创意人才集聚，进而发展为文化及艺术创意社区，形成产业集聚效应。

纽约的国际著名商圈主要是“第五大道”。这里不仅是一条顶级百货商店、奢侈品大牌云集的“购物大道”，还是一条密集包括大都会艺术博物馆、古根海姆博物馆等在内的近10家博物馆、美术馆的“博物馆大道”。“第五大道”在担当纽约商业高地的同时，也成为纽约文化品位的象征。

北京打造世界级消费新地标，将首都国际机场、大兴国际机场作为国际消费“桥头堡”。

上海也在大力建设具有全球影响力的标志性商圈。首先是培育特色商业街区，形成一批国潮品牌特色街、分时步行街区和海派特色商业街区；其次是提升世界级商圈的业态和功能，着力把南京东路、南京西路、小陆家嘴等商圈打造成为特色鲜明的世界级地标性商圈。

3. 旺盛的国内外市场需求

米兰在拉动国内外需求方面，以时尚业为代表的文化创新和创造力发挥着重要作用，不断提高米兰文化产品的质量和数量，同时政府主导的文化升级和智慧城市发展战略吸引着全球游客和投资者参与。

伦敦作为现代流行时尚与古典文化魅力最为融合的前沿城市，既拥有声名显赫的百年奢侈品牌，也不乏备受全球年轻消费群体欢迎的知名快消品牌。伦敦在不同时期出现过一些享誉世界的时尚品牌，并且还在不断涌现着一些新锐品牌。近年来，伦敦已经吸引大量国际品牌入驻，2016—2020年，伦敦吸引了2800个投资项目落地，其中15%是零售产业，超过其他消费中心城市，如巴黎、米兰和纽约。

北京坚持市场主导与政府引导结合，坚持品质提升与规模发展并举，坚持传统消费与新型消费协同促进，坚持国内消费与国际消费统筹发展，坚持消费供给与消费需求两端发力，不断增强消费对经济发展的基础性作用，加快建设具有全球影响力的国际消费中心城市，成为彰显时尚的购物之城，荟萃全球风味的美食之都，传统文化和现代文明交相辉映的全球旅游之地，引领创新生态的数字消费和新型消费标杆城市。

上海构建融合全球消费资源的聚集地，打造全球消费品集散中心，建设浦东国际消费中心，吸引国际品牌总部入沪，打造网络新消费品牌、重振老字号品牌。

4. 多元的时尚创意文化

纽约是多元文化的交汇之处，它鼓励具有强烈反差的文化元素相互“交锋”，从而打造出新的时尚风格。开放的社会氛围为这些文化各自的发展提供了空间和机会。随着纽约人口的增加和社会变化，各种文化有了一定的“兼容”和“汲取”，最终形成了我们现在所看到的纽约文化。

上海提出营造具有全球吸引力的消费环境。上海推动多领域服务消费提质扩容、完善国际消费政策和制度体系、构建区域协同产业联动新格局等方面入手，推出了不少亮点举措。比如，优化消费市场环境，完善重点商圈数字人民币受理环境建设，推进线下零售企业“七日无理由退货服务承诺亮牌行动”；优化城市商业空间，积极发展后街经济和夜间经济，打造24小时城市社交目的地；加强国内大市场联动，把“五五购物节”打造成长三角消费资源联动推广载体和平台；支持企业申请免税品经营资质，优化境外旅客购物离境退税流程；大力发展免退税经济等。

5. 良好的政府政策支持

米兰市政府为企业提供如政策咨询、信息服务等各种公共服务。同时，政府还实施强化本土品牌意识、注重劳动力技能的提高等扶助措施。除此之外，米兰市政府会根据产业发展不同时期，制订不同的扶持政策。比如，产业发展的初期，政府的重点是培养品牌意识；产业发展过程中，通过品牌建设提升产业，扩大市场和出口。

政府管理和产业政策是巴黎时尚产业发展必不可少的支持条件。其多个部门互相配合，比如，财经就业部企业总署负责规划法国工业发展策略，其中消费品处下设负责纺织品、服饰和皮件工业发展科，规划发展相关产业策略。法国和其他国家的政府支持国际品牌在本地的发展不同，政府非常注重扶持中小企业以及家庭企业的发展，推动其转型升级，创造更多利润。比如，法国国际企业发展局就是帮助中小企业走出国门，发展国际贸易的机构。

纽约市政府在不同时期，采取了不同形式的贸易保护政策，扶持时尚产业的发展。此外，产业危机、经济危机的危急时刻，政府积极应对，采取了诸多努力以促进纽约产业转型发展，巩固其作为国际消费中心城市的地位。

北京大力发展首店经济，2021年上半年，北京就吸引了434家首店、旗舰店落地，超出去年全年首店入驻数量近250家。近期，北京市商务局又出台《关于2021年度鼓励发展商业品牌首店项目申报指南的补充通知》，真金白银奖“首店”（表9-3）。

表9-3 国内外国际消费中心城市建设的时尚消费经验

名称	发展情况	发展经验
米兰	米兰历史悠久，具有深厚的文化传承与积淀，是世界著名的国际大都市之一、世界八大都会区之一、意大利最发达的城市、世界时尚与设计之都以及时尚界最有影响力的城市。米兰是世界公认的国际消费中心城市，是欧洲人口最密集与工业最发达的地区之一。国际四大著名时装周之一的“米兰时装周”一直被认为是世界时装设计和消费的“晴雨表”	时尚产业优势：米兰的时尚产业网络已经形成了一套独特且完整的体系 政策支持：米兰市政府为企业提供如政策咨询、信息服务等各种公共服务 拉动国内外需求：以时尚业为代表的文化创新和创造力发挥着重要作用，不断提高米兰文化产品的质量和数量，同时政府主导的文化升级和智慧城市发展战略吸引着全球游客和投资者参与 人才培养：米兰拥有欧洲一流金融和设计院校，为各行各业源源不断地输送着人才，使米兰拥有健康可持续的发展环境
巴黎	法国的首都和最大城市、欧洲第二大城市，法国的政治、经济、文化、商业中心，素有“浪漫之都”“时尚之都”“世界花都”“艺术之都”之美称	产业链完备，生产全球化 产业政策推动发展。政府管理和产业政策是巴黎时尚产业发展必不可少的支持条件 打造国际著名商圈
伦敦	伦敦是英国的政治、经济、文化、金融中心和世界著名的旅游胜地，是世界上最重要的经济中心之一，也是欧洲最大的经济中心。英国零售商在时尚产业链当中拥有更多话语权，伦敦拥有成熟而发达的零售业，时尚产品尤其是服装销售也以零售为主	伦敦在世界消费之都的打造上持续发力，不断进化与重塑。作为拥有2000多年历史的国际大都市，伦敦成为世界消费之都的“魔力配方”是创新动力，关键在于多样性的产业、开放性的体验、规模化的发展 重点发展创意产业 重视科技运用 规模化发展 品牌支撑 人才聚集
纽约	纽约是美国第一大城市及第一大港口，纽约都市圈为世界上最大的城市圈之一，纽约与伦敦并列为全世界最顶级的国际大都市。纽约不仅是美国的经济中心城市，更是世界经济中心之一，其经济、金融中心的地位使其在政治、文化乃至时尚等方面对于全世界具有强大的影响力及吸引力	政府规范化管理与灵活性扶持 打造国际化标志性商圈 鼓励多元文化发展

续表

名称	发展情况	发展经验
北京	北京历史悠久，文化灿烂，是中国首批国家历史文化名城、四大古都之一，世界上拥有世界文化遗产数最多的城市，是中国政治中心、文化中心、国际交往中心、科技创新中心	瞄定“国际”方向，聚焦“消费”核心 大力发展“首店经济” 打造世界级消费地标
上海	上海是长江经济带的龙头城市，是中国重要的经济、交通、科技、工业、金融、会展和航运中心，是世界上规模和面积最大的都会区之一	构建融合全球消费资源的聚集地 聚焦打造引领全球消费潮流的新高地 建设具有全球影响力的标志性商圈

三、时尚消费助力深圳国际消费中心城市建设的对策建议

面向未来，深圳提出建设国际消费中心城市，将深圳建设为消费创新的“全球重镇”、国际品牌的“重要驻地”、中国制造的“世界橱窗”、引领潮流的“时尚之都”。建议深圳以时尚消费为切口，打造全球时尚消费策源地，引领和支撑国际消费中心城市建设。

（一）打造时尚消费策源新IP

聚焦打造引领全球消费潮流的新高地，打造专业新品发布平台，以时尚消费品牌为核心，提升时尚消费创新能力，大力发展时尚消费新模式、新业态，建设全球新品首发地。城市时尚产业发展的核心要素是本土时尚品牌，推进品牌建设是提升时尚产业价值升级的必然选择。经过多年的发展，深圳充分利用区位优势和体制优势，经济发展水平日益提升，城市开放包容，科技研发能力不断提高，产业配套能力国际知名。在工业设计、女装、钟表、黄金珠宝以及眼镜等领域处于国内领先水平，是中国第一个“国际设计之都”，集聚了全国70%的高端女装，拥有3/4的钟表行业中国驰名商标，是我国珠宝行业的风向标，生产全球70%的高端眼镜。而且，深圳服装、珠宝、眼镜、钟表等时尚产业逐步实现了从“深圳加工”到“深圳制造”再到“深圳创造”的跨越。深圳要建设国际消费中心城市，发展时尚消费，首先要做的就是大力培育、扶持本土时尚品牌，发展首店经济，鼓励深圳时尚龙头企业制订品牌国际化发展战略，创立自主品牌，创建具有国际影响力的世界级品牌。增强深圳特色时尚企业的品牌宣传力度，为其对接品牌运营、营销管理团队，扩大品牌知名度。发扬“工匠精神”，潜心锤炼“深圳质量”，强化精品意识，打造精品文化，推进服装、珠宝、钟表、科技时尚等时尚领域的品牌化发展，加强“深圳精品品牌”的宣传力度，增强精品意识形态引导，形成

潜心打造精品的氛围。强化以城市为主体的“深圳精品品牌”形象，鼓励深圳女装、珠宝、钟表等优势时尚产业，以城市为名片，参与国际性展览、比赛等相关活动，打造“深圳女装”“深圳手表”“深圳珠宝”等“深圳精品品牌”，不断扩大国际知名度以及影响力。

（二）丰富时尚消费新业态

为了更好地应对新时期消费者新趋势，时尚企业应大力发展主题文化、健康、体育、竞技、创意等时尚新兴业态，激发各层级消费需求。引导会、商、文、体、旅联动，鼓励购物中心、大型百货等调整业态布局，形成文化、艺术、教育、餐饮、娱乐、体验和零售多业态聚合的新型复合消费业态。打造一批夜间消费示范街区，举办常态化特色体验活动，培育多元化夜间消费模式，延长游客消费时间，挖掘消费潜力。鼓励企业在重大节假日和店庆等节点，结合灯光秀等夜间活动，举办创意集市等。

1. 丰富时尚文化消费

中华文化博大精深，而“时尚文化”是近年来衍生出来的一种新兴文化业态，是反映一定政治、经济形态的，体现着文化某种发展趋势的文化存在形式，具有崭新性、前沿性、活跃性的特征。比如，河南卫视的《汉字英雄》和中央电视台的《中国汉字听写大会》，这些电视节目就运用了文化的正面性来体现时尚文化的内涵。

2. 培育发展时尚电竞消费

电竞已经是年轻人的潮流，培育发展时尚电竞消费是一个将注意力经济所带来的观赛流量通过线下设施转化为商业价值的过程。建议深圳可以打造区域性、全国性乃至国际性游戏游艺竞技赛事，带动行业发展。

3. 发展时尚体育消费

深化体育领域供给侧结构性改革，多措并举，激发市场活力和消费热情，促进消费升级。引导和支持社会力量，开发适合不同人群的体育技能培训课程，提供形式多样、更有针对性的健身指导。策划并支持举办消费节和体育展会等消费主题活动。鼓励体育消费业态创新，发展新兴时尚体育项目。促进演艺娱乐、旅游、科技、康养等产业和体育消费业态融合，建设特色体育街区。

4. 发展时尚医美消费

随着生命科学研究、生物技术发展不断取得重大突破，必将带动医疗美容技术和服务手段、服务途径升级，催生医疗美容新型业态和新兴产业，极大拓展产业发展空间。医美产业链可以大致分为上游器械耗材企业、中游医美服务机构以及下游获客渠道，顺应医疗美容服务微创、安全、精细化等发展趋势，重点发展整形美容、皮肤美容、牙齿美容和中医美容，形成高端、品牌医疗美容机构集聚发展。面对医疗美容服务业发展需求，加强技术创新，支持校企、院企广泛开展合作，积极开展医美产品研发、应用和产业化。

（三）打造时尚消费新载体

深圳市通过城市更新、盘活存量建设用地等方式，探索业态复合、功能混合、弹性灵活的供地方式，挖掘和提供高质量发展空间，适应时尚产业新业态、新模式，着力打造立体化、国际化的时尚产业园区，打造一批具有标志性的时尚特色街区、商业中心。

（1）吸引高质量、有品牌的企业集群的发展需要创新推动由“供地”向“供空间”转变，科学合理提高容积率，推动时尚产业“上楼”。

（2）顺应时尚产业加工制造与创意设计、品牌营销等功能可分离的规律和趋势，引导时尚产业在粤港澳大湾区和深圳都市圈内优化空间布局，推动时尚产业区域一体化发展。

（3）坚持高标准规划、高品位建设，在福田、罗湖、南山、龙华、龙岗等区域，打造若干环境优美、现代时尚、名品聚集、服务优质、具有国际时尚风范的地标式时尚大道与时尚消费街区。

（4）聚力建设好大浪时尚街区、罗湖核心商业区、福田中心商业区、后海商业区、横岗眼镜城等国际化核心商圈，推动建成国际化区域性高端时尚产品消费聚集区（表9-4）。

表9-4　深圳时尚消费载体布局体系

商圈层级	内容
国际化核心商圈	罗湖核心商业区：加快蔡屋围片区、东门商圈、人民南路商圈的建设，推动各大商圈互联互通
	福田中心商业区：合理规划开发地下空间。加快建设福田“中轴云廊”，实现沿线各商业区互联；加强文化设施与周边商圈的联动，提升对高端商业要素的磁吸能力
	后海湾超级商业区：推动后海中心商业区、欢乐海岸、深圳湾万象城等重点商业空间有机衔接；强化商业与文化、旅游、休闲互动，规划布局一批新文化地标，提升商圈文化活力与滨海品位
高端商业中心	龙岗东部商业中心：加快东部CBD规划建设，打造面向深圳东部、辐射周边城市的综合商业中心
高端商业中心	宝安中心区商业中心：在国际会展中心、国际艺术展览中心建设中融入高端商业元素，挖掘高净值人群消费潜力。加快推动滨海文化公园项目建设，打造集“滨海+文化+休闲+购物”于一体的黄金商旅乐购海岸线
	深圳北站商业中心：强化龙华商业区与北站商务区的资源互通、协同联动，打破各商圈独立发展、同质化发展的旧格局，实现主题化、特色化发展

续表

商圈层级	内容
特色商街	消费电子特色商街：依托华强北“中国电子第一街”，吸引消费电子领域创新性企业集聚，引进一线消费电子品牌，构建集批发、零售于一体的国际消费电子展示交易平台和全球消费电子新品首发地标
	其他特色商街：推动珠宝、钟表、眼镜、时装、婚庆等时尚产业资源在水贝汇聚，打造水贝时尚商业街；改造提升横岗眼镜城，打造集高端眼镜研发设计、生产、展示、交易、体验、文化、旅游于一体的时尚之城；建议将大浪时尚小镇建设成时尚总部聚集、设计师汇聚、品牌荟萃、活动丰富、消费活跃的时尚产业特色小镇；加快建设光明“时间谷”钟表时尚聚集区；滨海风情特色商街，推动太子湾邮轮母港区和海上世界联动发展，建设集购物、餐饮、娱乐、休闲为一体的国际滨海特色商街；以世界之窗、中华民俗文化村、欢乐谷主题公园和华侨城创意文化园等资源为支点，打造商旅文融合发展特色商圈

（四）发展数字化时尚消费

数字科技正在引领我们进入以数字化为核心驱动的时代。数字化转型给深圳新生时尚创新品牌带来的巨大发展契机，应成为深圳时尚产业需要重点引入和培育的新兴领域，这也将成为深圳时尚产业二次腾飞的重要窗口期。深圳要进入培育建设国际消费中心城市新赛道，数字时尚将不断引领未来消费趋势，催生时尚产业新机遇。在时尚行业数字化转型升级应用方面，深圳相比北京、上海、广州、杭州等国内城市，整体存在明显短板：缺少综合性在线交易平台、消费（ToC）和产业（ToB）的交易平台。北京有京东、字节跳动、美团；上海有拼多多、一号店；杭州有阿里巴巴；广州有唯品会、百布等，而深圳缺少知名的综合性交易平台，平台对本地的时尚产业支撑能力不足。深圳更多的是中高端产品和设计等方面的优势，线上运营是短板。深圳大部分规模以上企业增长缓慢甚至遇到增长天花板，加之外部消费环境变化和互联网及电商线上的冲击，整体业绩不容乐观，甚至明显下滑，创一代企业家守业居多，他们普遍对数字化转型升级认知较浅，甚至无感。

深圳要把数字时尚与新消费、投资前沿、城市发展紧密结合，焕新城市更新有机模式，共同讲好中国品牌的新故事，以数字时尚之力助推中国时尚产业发展。鼓励传统企业创新组织形式和经营机制，推动传统商业创新转型，向全渠道平台商、集成服务商、供应链服务商、定制化服务商等转型。引导传统商超改变“引厂进店、出租柜台”的传统经营方式，实行深度联营和买断经营，发展集“网上商城、微信营销、App应用、线下商店”于一体的全渠道经营模式，实现线上线下业务、品牌、渠道、客户等多方面资源整合。发展新零售，举办中国（深圳）智慧零售大会，打造若干新零售创新发展平台，支持智慧零售数据服务中心、智慧零售产业服务中心建设。鼓励新零售解决方案提供商发展，促进智慧零售服务商提升建设运营质量。

（五）完善时尚消费新供给

时尚产业是最终面向消费者的行业，是能够在本地形成供给侧和需求侧联动发展的产业。深圳具有较好的产业供给基础，建议在此基础上，建设世界级时尚产业集群，提高时尚消费供给质量。

1.建设特色时尚产业集聚区

大力推进时尚产业载体建设，促进时尚产业集群发展，形成错落有致、布局合理的时尚产业分布格局，编织时尚产业地图。

2.促进优势传统产业时尚化转型

通过时尚设计、品牌运作、展览展示、全媒体传播等方式，促进时尚元素与优势传统产业深度融合，形成具有强大竞争力的时尚产业集群。以服装、家居、钟表、首饰、皮革、眼镜等产业为重点，支持企业加强时尚设计、流行预测、商品策划，加大新技术、新工艺、新功能、新材料的研发。引导企业加强组织优化、流程再造，缩短产品设计、生产、销售周期，为市场提供独特的时尚产品，满足周期短、变化快的时尚需求。

3.发展新兴时尚业态

顺应时尚潮流逐步渗透到经济社会各领域的新趋势，推动时尚与科技、生产、生活、文化融合发展，打造“时尚+”新业态。鼓励企业应用、推进虚拟现实、增强现实、人工智能、增材制造等新技术，发展跨界融合的时尚新产品和新服务，提升时尚产品科技感。大力发展智能手机、智能可穿戴设备、无人机等时尚电子新业态。培育发展在线展示、交易、拍卖、定制等时尚电子商务新业态。探索发展时尚文化、时尚运动、时尚健康、时尚动漫等新业态。]

参考文献

[1] 深圳市统计局. 深圳市2020年国民经济和社会发展统计公报 [EB/OL]. 深圳统计网，2021-04-23.

[2] 深圳梦. 深圳统计局：1979年以来深圳经济社会发展的巨大变化[EB/OL]. 搜狐网，2018-12-13.

[3] 阮丽熔. 五城市率先开展国际消费中心培育建设，一线城市唯缺深圳？[EB/OL].综合开发研究院，2021-07-23.

[4] 钛媒体APP. 北京时装周负天祥：数字时尚赋能下的北京时尚产业，如何助力城市更新.网易，2021-10-08.

[5] 贾荣林.北京时尚产业发展蓝皮书2021[M].北京：北京纺织出版社有限公司. 2021.

[6] 深圳市人民政府. 深圳市人民政府关于印发深圳建设国家体育消费试点城市实施方案的

通知[EB/OL]. 深圳政府在线，2021–09–18.

[7] 刘涛，王微.国际消费中心形成和发展的经验启示[J].财经智库，2017（7）：2–4.

[8] 魏颖.新时代我国国际消费中心城市建设思考[J].创新引领，2021（3）.

[9] 黄吉乔.论深圳居民消费结构升级与产业结构调整趋势[J].产业经济，2011（1）.

[10] 黄卫挺.关于建设若干国际消费中心城市的建议[J].中国经贸导刊，2015（19）.

[11] 任志宏.粤港澳大湾区定位于“数字湾区”发展的意义价值[J].新经济,2019（10）:8–14.

[12] 常曾伟.数字经济背景下深圳居民消费结构变迁分析[J].特区经济，2021（1）：88–91.

[13] 国际消费中心城市标准是什么，我国首批国际消费中心城市试点名单[EB/OL]. 买购网，2021–12–16.

[14] 深圳中商情大数据股份有限公司.“数”说深圳经济特区40年消费行业巨大成就[EB/OL]. 中商情报网，2020–08–26.

[15] 石冰冰. 城市之跃：时尚注入的创造力与软实力[EB/OL]，澎湃新闻，2021–09–15.

[16] RET睿意德. 深圳商业未来40年，从产业之城迈向消费之都[EB/OL]. 腾讯网，2021–12–16.

第十章　青岛：发展时尚产业，助推达成国际消费中心城市建设目标

早在2013年，青岛市人民政府印发的《青岛市国际贸易中心城市建设纲要（2013—2020年）》提出，到2020年，基本建成东北亚区域性国际贸易中心城市；2017年，青岛“两会”在《政府工作报告》中提出了关于“争创全国沿海地区国际消费中心城市”；2020年青岛市商务局印发《青岛市商业网点专项规划（2020—2035年）》，提出“按照开放、现代、活力、时尚的建设要求，到2035年将青岛建设成为享誉世界的国际消费中心城市”。“十四五”时期，越来越多的城市将发力建设“国际消费中心城市”，上海、北京、广州、天津、重庆率先成为我国首批国际消费中心城市建设试点城市，同一赛道上的还有深圳、成都、苏州、南京、武汉和杭州等消费十强城市，青岛想要脱颖而出，离不开时尚产业的助力。

一、与先进经验的对标分析

（一）国际消费中心城市的主要特征

纵观纽约、伦敦、巴黎、东京等国际消费中心城市，它们具备一些共同特征：

1.具备强大的综合实力和对外开放程度

作为国际消费中心城市，必须要具备较强的经济实力，国际辐射力、影响力较高，借此集聚国际性、高端性消费资源。因此，拥有雄厚的经济实力，对世界经济格局有一定影响力，是成为一个国际消费中心城市的必要条件。

2.是全球要素集聚中心和货物、服务贸易流通枢纽

国际消费中心城市的“国际”意味着消费市场的全球化、国际化，一方面需要相关城市拥有汇聚全球消费领域相关要素资源的能力，另一方面还需要具备便利、发达的国际物流通道以及国际往来的人员、资金和信息通道，这样才能为快速汇聚或扩散全球商品和消费者、配置全球消费资源提供基础支撑。

3.拥有发达多元的现代服务业体系

国际消费中心城市一般具有更高比例的中高收入群体，随着消费人群的涌入和消费市场的扩张，更加促使城市向消费驱动、服务业主导的结构转变。除商品消费

外，还有发达的现代生产性服务、优质的公共服务以及高端的生活性服务，不断吸引和集聚全球消费群体向城市集中，满足多元化需求。

4.具有开放包容的环境与完善的制度政策

国际消费中心城市的形成和发展，需要具备高水平的开放性、包容性以及有利于消费发展的政策支持。在开放性方面，国际消费中心不仅需要高度开放的贸易投资环境、相对完备的国际商业规则和法律体系，还要满足国际签证便利、人员往来通达、货币兑换和支付便捷等要求；在包容性方面，国际消费中心要能够接纳多元文化和多样性消费群体；在消费政策方面，国际消费中心要有高效的消费者权益保护、适合的税收激励政策等。

5.具有活跃的人文交流氛围和较强的创新能力

消费城市的逻辑路径是借助良好的消费环境吸引创意人才，继而激发城市创新发展活力，推动城市持续繁荣。因此，国际消费中心城市一定是高素质人才之间频繁、大规模信息交流和思想碰撞的场所，人力资本正向外部性较强，是个充满活力的创新城市。如东京、伦敦、纽约、巴黎依托自身优质的高等院校、科研院所，集聚了全球各地的科研创新人才，城市创新活跃，科创能力突出。

（二）青岛的基础条件

国际消费中心城市的形成，需要具备一定的产业条件、市场条件、消费条件，并且是城市物质生产、文化积淀、商业繁荣及消费迸发长期相互作用的产物。

1.区位优势明显、对外程度高

被誉为“东方瑞士”的青岛是中国重要的沿海开放城市之一，地处山东半岛东南、胶州湾畔，位于东北亚港口圈的中心位置，是西太平洋重要的国际贸易枢纽，水路、公路、铁路、空运网络发达。同时，青岛港区位于中国环渤海地区港口群及长江三角洲港口群的中心地带，拥有港区铁路与全国铁路干线联网，可覆盖山东省和沿黄流域中西部省份等经济腹地，还可以通过水路运输连接山东省境内的其他沿海地区及环渤海地区、长江沿岸地区以及日本、韩国。在国家“一带一路”倡议中，青岛被定位为“新欧亚大陆桥经济走廊”的主要节点城市和“21世纪海上丝绸之路”合作支点城市。2019年，中国—上海合作组织地方经贸合作示范区与自由贸易试验片区在青岛设立，赋予了青岛东西双向互济、陆海内外联动的对外开放战略地位。

在优越的地理位置和高度的政策支持下，青岛实现了“买卖全球”“服务全球”的常态化。2020年，全市实现货物进出口总额6407亿元，增长8.2%，其中，出口额3876.8亿元，增长13.7%；进口额2530.2亿元，增长0.7%。全市承接服务外包合同9318份，合同金额70.1亿美元，其中，离岸服务外包合同8007份，增长5.1%；

合同金额62.6亿美元，增长1.8%。青岛口岸对外贸易进出口总额11672亿元，其中，出口额6615亿元，进口额5057亿元。

2.经济基础厚实、消费潜力大

根据第七次全国人口普查数据，青岛是全国14个特大城市之一，是山东首个特大城市。2020年，青岛市实现地区生产总值12400.56亿元，经济增长稳健有力。消费市场稳步增长，实现社会消费品零售额5203.5亿元，增长1.5%。直播带货、社区团购等新型消费业态蓬勃发展，限额以上单位网上零售额增长9.5%，占社会消费品零售额的比重达到8.1%。居民收入稳步提升，实现人均可支配收入47156元，增长3.7%，超过天津和重庆（表10-1）。在2020年上海、北京、广州等市居民人均消费支出纷纷下降的情况下，青岛市居民人均消费支出增长2.7%，首次突破3万元，达到30294元。

表10-1　国际消费中心城市试点城市和青岛的经济指标对比

经济指标	上海	北京	重庆	广州	天津	青岛
地区生产总值（亿元）	38700.58	36102.6	25002.79	25019.11	14083.73	12400.56
社会消费品零售总额（亿元）	15932.5	13716.4	11787.2	9217.26	3582.9	5203.5
进出口总值（亿元）	34828.47	23215.9	6513.36	9530.06	7340.66	6407
居民人均可支配收入（元）	72232	69434	30824	68304	43854	47156
居民人均消费支出（元）	42536	38903	21678	44283	—	30294
全年接待旅游总人数（亿人次）	2.37	1.84	—	—	1.41	0.63
旅游总收入（亿元）	3066	2914	—	—	1353	1019

数据来源：各市统计局官网、中经数据

青岛不仅风景迷人，而且有国际啤酒节、国际帆船周等独具特色、形式丰富的节庆活动，吸引着全球各地的游客纷至沓来。2019年，青岛全年接待旅游总人数1.09亿人次，实现旅游消费1955.9亿元，增长13%，其中，入境游客153.6万人次，实现旅游消费11.6亿美元。新冠肺炎疫情之下，2020年，青岛全年接待旅游总人数0.63亿人次，实现旅游消费1019亿元，仍然是人气之城。

3.文化气息浓厚、创新驱动全面推进

青岛是一座历史文化名城，齐鲁文化、儒家文化、道家文化在此汇聚，塑造了海纳百川的城市精神。创办于1909年10月的青岛第一座现代高等学府——青岛特别高等学堂，是当时中国最西式的高等学府之一，它对青岛现代中小学教育、西式医疗、音乐、美术、体育文化的引进产生了深远影响；创立于1928年的国立青岛大学更是孕育了今天的山东大学、中国海洋大学等名校。20世纪初，由于青岛得天独

厚的自然环境和艺术气息，吸引了许多文化与科学界名人来青岛居住。梁实秋在青岛大学任外文系主任兼图书馆馆长期间曾翻译了《莎士比亚全集》；老舍的著名长篇小说《骆驼祥子》和中篇小说《文博士》等作品在青岛完成。文学大师的到来不仅丰富了青岛的文化艺术创作，更为青岛城市文化气息的形成做出了杰出贡献。

青岛市围绕战略性新兴产业、高技术产业，推进新产业、新产品、新业态、新模式加快发展。2020年，“新经济”增加值占生产总值比重达32.6%。2020年，青岛市高新技术企业总数达到4396家，现有国家知识产权示范企业12家，国家知识产权优势企业107家，国家重点实验室9家，国家级工程技术研究中心10家，省级工程技术研究中心82家。

（三）青岛的提升空间

根据商务部《关于培育建设国际消费中心城市的指导意见》，所谓国际消费中心城市主要是指“基础条件好、消费潜力大、国际化水平较高，立足国内、辐射周边、面向世界的具有全球影响力、吸引力的综合性国际消费中心城市”。青岛与公认的代表性国际消费中心城市和国内试点城市相比，仍然存在一定的距离。

1. 消费能级差距大，外来消费占比小

与2019年相比，青岛市的社会消费品零售额排名由13位上升至12位，但与上海、北京、重庆相比，仍然存在一个数量级的差距。从消费群体看，青岛外来消费占比仅为个位数，外来消费吸引力不足。

2. 产业支撑度不强，政策开放度不够

青岛有中山路、台东、香港东路、李村、新都心等商圈，但是从商圈规模、业态结构、品牌效应等方面看，商圈影响力不强，具有国际影响力的消费品牌供给不足。国际知名的消费中心都有完善的免税购物和离境退税制度，目前青岛市只有青岛流亭机场出境免税店、青岛邮轮母港出境免税店两家口岸出境免税店，以及中服青岛免税店一家市内免税店，消费便利度亟待提升。

3. 时尚引领力不强，国际时尚度不高

巴黎、米兰、伦敦、纽约等全球极具影响力的国际消费中心城市都是国际时尚之都，是全球时尚文化的风向标，高端时尚要素的集聚地。时尚在丰富城市内涵、塑造城市风格、传递城市文化、促进城市消费等方面发挥着重要的作用。有没有国际时尚度是有没有国际消费吸引力的重要原因，青岛在这方面还有很长的路要走。

二、时尚产业助力国际消费中心建设

青岛要在“国际消费中心城市”的赛道上弯道超车，必须打好自己的“特色

牌”。正如在今年的全国两会上，青岛市长赵豪志明确表示“青岛建设国际消费中心城市，要突出国际化和时尚的特色”。时尚产业正是青岛手中的“特色牌”，是青岛拉小差距、迎头赶上的关键环节。

（一）青岛时尚产业发展历程

青岛是国际知名海滨城市，有着深厚的时尚文化底蕴。早在100多年以前，青岛的中山路就与上海的南京路、北京的王府井齐名，诸如瑞蚨祥、谦祥益、德华印刷所、斐迭里寄宿学校、海员俱乐部等百货商场、文化机构、娱乐场所都聚集于此，培育了青岛的主流商业气息与时尚文化底蕴。1891年青岛建置后，城市商业逐步兴旺，时有绸布、成衣、杂货等方面的商业经营活动。1919年，北方纺织业巨头周学熙的华新集团在青岛设置厂房，生产的产品曾获得免缴厘税特权；华新纱厂的建立带动了种棉、轧花、印染等纺织服装相关行业的发展。

20世纪20~30年代，青岛的金融业、运输业、休闲娱乐业、旅游业、商业、出版业开始起步，一批本地老字号,如顺兴楼、养和楼、聚福楼、天真照相馆、国货公司、山东大戏院等随之声名鹊起，吃西餐、喝啤酒、品咖啡、看电影等时尚休闲活动逐渐走入人们的生活。这一时期，青岛的城市文化气息吸引了大批名人来此创作，闻一多、沈从文、洪深、老舍、梁实秋、舒群、萧军、萧红等知名文化学者在此写下了多部脍炙人口的佳作。与此同时，青岛纺织工业也取得了长足进步，生产规模、技术装备以及产品出口等在全国占有举足轻重的地位，从而赢得了“上（海）青（岛）天（津）”的美誉 。1945年9月,南京国民政府接收青岛后，对解放区实施经济封锁，商业企业不堪重负，纷纷歇业或倒闭。青岛解放后，逐步建立起计划经济体制，实行商品分级计划管理。

20世纪40年代末，随着国内环境基本稳定，生产力水平逐步提高，青岛的纺织、服饰、化工、印染等产业开始复兴，出现了许多像崂山可乐、栈桥白酒、青岛葡萄酒、“金锚”手表、“骏马”时钟、“鹰轮”缝纫机、“大前门”香烟、孚德鞋业这样家喻户晓的本土品牌。1978年，青岛市批发零售贸易机构（网点）达7200余个，从业人员3.16万人，社会商品零售总额10.03亿元；全市城乡集贸市场284个，市场成交额1.41亿元。

改革开放后，青岛市委、市政府不断深化商业管理体制、商品流通体制和国营商业企业改革，全市财贸系统重新焕发商业生机与活力，成就了青岛商业发展史的繁荣期。20世纪80年代，青岛人的衣着条件已得到极大改善，人们不仅可以在百货商店选购不同样式的服装，还可以选购不同材质的饰品。这一时期，青岛即墨路小商品批发市场建成,主营旧货、小百货，经过一段时间的孕育和发展,20世纪90年代，即墨路小商品批发市场名扬全国，经营范围扩展到服装、鞋帽、箱包等。青岛第一百货商店与马来西亚金狮集团于1994年5月正式签订了合资兴建青岛第一百盛有限公司的合同。可以说，这一阶段，青岛纺织服装产业从解决人民穿衣用布之需逐渐向满足人们对美的多元化需求转变。

进入21世纪知识经济时代，全球时尚产业开启新纪元，青岛时尚产业布局也经历了由单门店发展向连锁经营方向发展的转变，由单纯追求单一业态量的扩张向多业态规模集聚的转变，由传统商业向现代商业的转变。2005年，青岛市拥有各类商业网点22.36万个，是1978年的31倍；拥有限额以上批发零售企业（年主营业务收入500万元及以上）240家，限额以上批发法人企业（年主营业收入2000万元及以上）297家；实现社会消费品零售总额870.11亿元，是1978年的86.75倍。同时，青岛市积极推动商业网点、商业街区、商品市场的建设与发展，初步形成了中山路、香港中路、台东、李村、辽宁路、人民路、黄岛七大商业街区，团岛、辽宁路、浮山后、海云庵、小村庄、水清沟、双山、振华路、麦岛、沙子口、城阳北路副中心以及黄岛区的辛安、崇明岛路13个区级商业中心；引入了家乐福、沃尔玛等一批外资商业。全市商业网点、商业街区、商品市场日趋成熟，商品品类、经营业态更加丰富，形成了层次清晰、布局合理、功能完善的商业服务网络。

2010年之后，时尚创意、智能制造、原创设计、品牌营销等环节逐渐受到行业重视。青岛的服装服饰、纺织机械制造等骨干企业开始在创意设计和品牌运营方面加大投入，实施智能制造工程，提升本地品牌的国际影响力。很多青岛本地高校也为服装设计专业优秀毕业生举办专场招聘会；青岛大学纺织服装学院与多个地方政府和企业建立了技术合作关系，形成产、学、研密切对接，有力推动了山东省纺织产业转型升级。

2020年，经历了20年发展的青岛国际时装周按照“开放、现代、活力、时尚”的城市定位要求，通过开展品牌发布、高峰论坛、体验展销三大核心板块内容，打造面向全球的时尚产业开放聚合平台，聚集产业价值链资源，带动产业落位，引领时尚经济。目前，青岛形成了即墨、胶州、胶南、莱西等纺织服装产业集聚区，构建起特色鲜明、结构优化、技术先进的产业链，将创新、创意融入“时尚之都”的建设中，力求建设为国际化、现代化、智慧化、潮流化、文化多元化的开放包容、思想创新、体育发达的大都市。

（二）青岛时尚产业发展现状

纺织服装产业是青岛传统优势产业，配套产品多、产业链条长，现已建立了有较高产业集中度和突出产业特点的大企业集团和纺织服装产业集群，产业创新力量不断增强，形成了丰富的纺织服装创新业态，涌现出一批优秀企业。

（1）在大规模个性化定制方面，如红领集团自主研发了电子商务定制平台，消费者在线定制，订单直接提交给工厂，创造了“按需生产”的零库存模式，企业成本大幅下降，消费者也不需要再分摊传统零售模式下的流通和库存等成本。

（2）在创意设计、品牌培育上，如酷特智能股份有限公司已经在全国建成数百家直营店，并成功进入欧美市场，开设酷特国际品牌加盟旗舰店，开创了民族服装自主品牌境外特许加盟的先河，为行业树立了典范。

（3）在智能制造领域，宏大纺机在智能化设计、远程运维平台等方面进行了有效探索。

（4）在新材料领域，即发集团通过开展产、学、研合作，于2018年建成并成功运行世界首条1200L拥有自主知识产权的无水染色产业化示范生产线，在纤维新材料开发方面对整个行业做出了很大贡献。

近年来，青岛时尚产业园区不断完善，产业承接能力逐步增强。作为工信部认定的国内首批纺织服装创意设计试点示范园区，纺织谷立足充裕的创意设计物理空间和O2O服务平台，以产业链资源为支撑，搭建纤维面料供应链服务平台、打样中心、检测中心，打造最具产业支撑力的ODM服务平台，为品牌商、贸易商、国际化连锁机构和个体提供接单、设计、打样、生产、物流配送一条龙服务。目前，纺织谷园区入驻企业已达120余家，吸引优质设计师1000余名，形成了纺织服装主题的创新团队集群。入选“国家纺织服装创意设计试点园区”的东方时尚中心，依托“新锐设计师孵化平台、流行趋势发布平台、原创作品交易平台”三大平台，发展时尚发布、品牌展示、研发中心、时尚学院、海洋时尚、设计师主题酒店、大师工作室、行业展会、时尚博物馆和产业配套等业务，打造纺织服装产业链前沿高地。2020年，北服青岛时尚产业园正式开工改建，项目建成后，将成为集时尚人才培养、时尚研究、时尚消费体验中心、传统文化传承中心、时尚产业展示中心、时尚设计聚集中心、时尚企业发展中心等功能于一体的引领时尚产业发展的创新创业生态园。受新冠肺炎疫情影响，北服青岛时尚产业园将在房租减免、税收优惠、人才扶持、合作模式等多方面全力支持时尚企业发展。园区将搭建线上线下共享平台、提供专业服务，夯实运营，全力降低企业投入成本，加强产品软实力，拓宽营销渠道。2020年计划重点引进30家时尚类企业，合作百余位国内外优秀时尚独立设计师。

青岛服装品牌众多，拥有红领、巴龙、红纺、红妮、雪达、凤栖梧、天迪曼、雅设、禾雀、碧海等一众本土品牌。“红领”是中国驰名商标，“红领”品牌被商务部确定为“最具市场竞争力品牌”之一。青岛红领集团有限公司曾获得中国服装品牌品质大奖、中国服装行业质量管理先进单位、全国质量管理先进集体等诸多荣誉，其裤子系列产品获得中国名牌,西装、衬衫、裤装、女装产品获得山东名牌,西装、衬衫、西裤系列产品获得国家免检产品称号。巴龙国际服饰集团以“巴龙”品牌西服为主导产品，拥有“BALLON”“BARON”等国际系列品牌，主要业务涉及西装高级定制、商务洋装等服饰的CI设计和制作。雪达集团公司旗下“贝可莱”品牌、青岛吉美誉服饰公司旗下“禾雀”品牌、山东碧海标志服装公司旗下“碧海”品牌获2021年度中国服装成长型品牌荣誉称号。

三、青岛市时尚产业发展的建议

（一）加强时尚消费品牌的引入和培育

加快引进国际高端时尚品牌，汇聚国际特别是欧洲国家、美国、日本、韩国等的时尚产品在青岛交易，吸引国际知名时尚品牌入驻大型综合体或成熟商业街，争取使国际高端品牌在青岛设立分销中心。培育标志性自主时尚消费品牌，加大对有重要示范和带动作用的“国字号”“青字头”时尚标杆企业的扶持，加快培育以时装、鞋帽、化妆品、珠宝首饰等为核心的轻奢时尚产业品牌，全方位构筑时尚消费产业品牌群。

（二）提升时尚设计水平

从文创产品设计、服饰设计、家居设计、餐饮旅游等生活方式设计以及其他设计入手，加大设计、艺术、信息技术，包括产品设计、数字化服务、大数据分析、智能化等在内的创新要素的应用。在“中国制造”向“中国设计”的指引下，抓住“中国创造”飞速发展的风口，通过时尚产业园、创新园等，筑巢引凤，发挥聚合效应，带动优质设计师的引入，加快中小时尚品牌的孵化。加速与国内外时尚设计、时尚制造、时尚材料、时尚工艺、时尚科技、时尚趋势预测机构和时尚品牌传播等先进企业的合作，大幅提升时尚产业的效率，将世界的智慧资源纳入运行体系中，真正发挥时尚系统中每一个环节的效能。

（三）加快时尚消费商业载体建设

提升和完善时尚商业载体，形成一批具有辐射力的时尚消费品零售商圈。持续提升中山路、台东、浮山湾等重点时尚商圈，优化消费环境，引入多元业态，提升配套功能，提高国际中高端时尚品牌入住率，提升时尚潮牌集聚度，完善时尚消费生态，为消费者提供多元化、个性化、品质化的服务，提升商圈消费能级。

（四）培育线上消费新场景

紧抓跨境电子商务综合试验区建设机遇，打好“跨境电商+新零售”牌，做好跨境电商直购进口等新模式，拉动时尚消费跨境零售业务增长，推动时尚消费跨境电商业态发展壮大。积极运用新技术、新手段，大力培育时尚线上消费新场景，拓展直播带货、云会展等，积极推动商业综合体探索“线上直播+线下体验”新消费场景，培育一批有影响力的MCN机构和带货达人，孵化一批网红品牌。

（五）提升时尚消费国际化便利度

积极争取退免税政策突破。简化境外旅游购物离境退税流程，推进离境退税点布局完善，鼓励更多符合条件、有试点意愿的优质商户加入“即买即退”服务行列，进一步放大“即买即退”离境退税政策效应，提升离境退税服务便利度。探索国内产品进免税店，增强本土时尚品牌对国际游客的吸引力。

（六）加强时尚人才培养

加强本土时尚从业者的时尚教育和培训，夯实与北京服装学院、清华大学美术学院的合作，外引内联，将优质资源引入青岛、促活本土时尚产业。加深与北京服装学院等国内外知名艺术高校的产、学、研合作，加速高端设计人才引进，加强设计人才储备。深化艺术高校在人才培训方面的作用，作好本区服装服饰设计、服装纸版、珠宝设计、箱包皮鞋设计、传统工艺、文化传承与创新、材料设计、时尚传播、摄影、服装表演、平面设计、环境设计、动画设计、店铺设计、时尚买手等专业人才的在职培训。

参考文献

[1] 汪婧.国际消费中心城市：内涵和形成机制[J].财经论坛，2019（5）：17-23.

[2] 刘涛，王微.国际消费中心形成和发展的经验启示[J].财经智库，2017（4）：100-109.

[3] 陶希东.上海建设国际消费中心城市的成效、问题与对策[J].科学发展，2020（11）：39-46.

[4] 青岛市统计局，国家统计局青岛调查队.2021青岛统计年鉴[M].中国统计出版社，2021.

[5] 人民网.青岛建设国际消费中心城市[EB/OL].百度网，2020-06-11.

[6] 冯亚楠.青岛，晋级国际消费中心城市？[EB/OL].凤凰网青岛，2021-04-13.

[7] 刘朝辉.名人故居——青岛独特的人文风景[J].民主，2012（09）：41-43.

[8] 商务部.商务部等14部门关于培育建设国际消费中心城市的指导意见[EB/OL].商务部网站，2019-10-14.

[9] 赵明辉.关于推进青岛国际消费中心城市建设的路径研究[J].青岛职业技术学院学报，2020（1）：1-5.

[10] 让宝奎，刘轩廷.【两会超话】国际消费中心城市怎么建出特色？三位市长回应[EB/

OL]. 中国新闻网，2021-03-11.

[11] 张雯雯.昨日辉煌：中国纺织工业“上、青、天”地理格局中的青岛[D]. 中国海洋大学，2009.

[12] 马树华. “中心”与“边缘”：青岛的文化空间与城市生活（1898～1937）[D]. 华中师范大学，2011.

[13] 青岛新闻网.国资拟全面退出！混改下的青纺联，能否重振昔日辉煌[EB/OL]. 百度网，2020-03-14.

[14] 付晓晓. “穿”越四十年，青岛从“黑灰蓝”到“看花眼”[N]. 半岛都市报，2018-11-2：（06-07）.

[15] 20年啦！2020中国（青岛）国际时装周8月29日启幕[EB/OL]. 凤凰网青岛，2020-8-18.

[16] 王欣.10项重大活动，让青岛无限精彩[J]. 走向世界，2019（41）：26-35.

[17] 青岛形成以即墨服装、胶州纺织为基础的产业集群[EB/OL]. 青岛政务网，2006-5-14.

[18] 孙瑞哲.将海洋作为青岛纺织服装产业转型的一大标签[EB/OL]. 青岛制造网，2019-9-10.

[19] 沈俊霖，孙欣.青岛纺织服装的“中高端求索”[N]. 青岛日报，2017-11-6：（1）.

[20] 王萌.北服青岛时尚产业园正式开工今年将实现开园运营[EB/OL]. 青岛新闻网，2020-3-6.

[21] “首店”经济，就是这么“火”[N]. 青岛日报，2020-8-25：（4）.

[22] 刁仁举.时尚消费推动夜经济发展[N]. 青岛日报，2021-6-25：（7）.

[23] 刘文超.对标国际一流特色商业街区将这样改造[EB/OL]. 半岛网，2020-12-21.

[24] 宋晓华.青岛打造国际消费中心城市[N]. 人民日报海外版，2017-08-24：（10）.

[25] 信网.青岛纺织服装产业再添三个国家级品牌　贝可莱等品牌上榜[EB/OL]. 百度网，2021-05-24.

第五篇

发展趋势篇

第十一章　推动时尚产业高质量发展的制度创新

一、制度创新与产业高质量发展的关系

（一）制度创新是产业高质量发展的基础条件

根据英国经济学家亚当·斯密的观点，技术进步、生产力发展都是分工的结果，而发展分工的关键要素是分工主体、市场范围和制度。诺思和托马斯曾将技术进步创新、规模报酬经济、资本积累配置和知识经验水平等要素归并为经济增长，但这并非是经济增长的因，而是制度供给的果。诸多研究发现，正式制度和非正式制度都对我国产业的动态比较优势具有显著影响。随着制度环境的改善，技术密集型产业、资金密集型产业以及高产品复杂度的行业具有动态比较优势。新发展格局下，市场在资源配置中发挥决定性作用面临束缚，阻碍要素流动、制约生产力发展的壁垒和障碍还有不同程度的存在，使产业高质量发展面临诸多挑战，这都与有效的制度供给不足有一定关系。由此可见，制度创新无疑是决定产业升级及高质量发展的基础条件。

（二）制度创新需要适应和匹配产业发展的需求

经济增长源于制度供给是否与当前市场状况相适应。制度创新对产业发展的作用，并不是其自身是支撑产业发展的实体生产要素资源，而是其对生产要素产生作用，通过作用在其他生产要素的效果，促进产业的升级发展。因此，不管是产业升级进程中的制度创新，还是通过制度创新推动生产力变革的过程中，制度创新要与产业高质量发展的需求相互匹配，才能够有效整合要素资源、激发市场主体活力潜力、促进产业技术革新等，唯有兼顾生产力发展与制度创新的同步性，才有助于通过制度创新推动产业的高质量发展。

（三）制度与技术创新的融合是经济发展的根本动力引擎

通过分析历次产业变革发现，制度与技术创新的融合是经济得以快速发展和演进的根本动力引擎（表11-1）。

表 11-1 历次产业变革中的技术创新与制度创新

历次产业变革	技术创新	制度创新	优势产业及关键要素资源
第一次	纺纱机的发明	工厂制度、土地制度和专利制度等的兴起与变革	棉纺织业和冶铁业 原材料棉花和生铁是关键生产要素
第二次	蒸汽技术的广泛应用	贸易保护政策、银行制度和教育制度的变革	铁路运输业和煤铁矿业 生铁和煤炭是关键生产要素
第三次	电气和电话等技术	实验室制度、金融制度与官僚制度等制度的创新与变迁	钢制品、重化工业和电力设备制造业 电力和钢铁是关键生产要素
第四次	自动化与无线电等技术	义务教育与高等教育制度开始大规模实施，知识产权保护制度进一步强化	汽车制造业、石化工业与家用电器制造业 石油和天然气是关键是生产要素
第五次	信息技术和无线通信技术	国际金融与贸易制度全面创新，中央集权与政府干预逐渐放松	计算机设备制造业、电信设备制造业、软件业和微电子产品制造业等 集成电路和芯片成为关键生产要素

资料来源：笔者整理

当前，以新一代信息技术为通用技术的新一轮科技革命与产业变革正在全球范围内孕育发生。中国正逐渐成为和美国共同引领新一轮技术浪潮的国家，产业重心主要在机器人、智能设备及制造业和产业互联网等领域。数据成为新的核心生产要素，推动技术范式、生产方式和商业模式的深刻变革。在此背景下，政府的制度创新成为技术创新与产业变革的重要推动力量，通过从路线设计、政策倾斜、资金支持、人才支撑、组织调整等方面系统性地推动技术创新与产业变革。

二、紧紧围绕时尚产业发展需求推进制度创新

（一）总体考虑

新发展格局下，我国众多城市围绕建设国际时尚之都、国际消费中心城市等战略目标，将发展时尚产业作为推动传统产业转型升级、提升城市品位形象、培育城市经济新增长点的重要抓手。当前，时尚产业发展面临着新一代信息技术革命，扩大国内消费市场，消费观念和形态加速演进与跃迁等重大机遇。同样，也要经历产业链、供应链剧烈波动、可持续发展要求不断提高等因素的挑战。因此，时尚产业应紧紧围绕“创新”“融合”“开放”“绿色”，推进重点行业发展和细化制度落地。

1. 创新

所谓“创新”，即时尚产业要紧紧抓住新一轮技术革命和产业变革趋势，加快与新一代信息技术的深度融合，强化时尚产业重点领域和关键环节的理念、设计、技术、模式创新，提高核心竞争力，实现生产组织与商业模式变革。因此，要加快

开展能够促进时尚产业创新发展的制度创新，真正激发时尚产业发展潜力活力。

2. 融合

所谓“融合”，即当前的时尚产业正在逐步成为以创意、设计、创新、品牌为核心，融合文化、科技、艺术、运动等要素，具有创意新、附加值高、传播感染力强等特征，引领消费流行趋势的综合性都市型产业。因此，要适应时尚产业与其他领域融合发展过程中新业态、新模式、新理念的出现与变化，出台具有针对性的引导扶持政策体系，探索开展包容与审慎并重的行业监管。

3. 开放

所谓“开放”，即要在新发展格局中，针对国内时尚消费大而不强、时尚企业全球影响力和品牌国际知名度仍需提升、参与全球时尚产业治理能力不足等问题，围绕促进时尚产业双向开放、深度融入双循环格局来开展制度创新。

4. 绿色

所谓“绿色”，即在当前全球应对气候变化大背景下，绿色约束正从单一维度向系统化方向转变，围绕着绿色材料、绿色工艺、绿色生产、循环发展的全产业链绿色制造体系正在形成。因此，要通过制度创新，加快全行业绿色转型，引导、激励以及要求重点行业和企业深化节能、减排、降碳，推进“双碳”目标下的绿色和可持续发展。

（二）基本原则

1. 注重精准发力，聚焦产业链瓶颈痛点和内在需求推进制度创新

立足全球时尚产业发展最新趋势，紧紧结合我国新发展格局对产业高质量发展的影响和要求，瞄准亟须解决的突出瓶颈和关键问题，精准推进相关制度创新举措落地，在创新发展、稳定产业链和供应链、推动时尚消费量质提升等领域率先取得新突破。

2. 注重协同联动，有效破解好跨部门、跨领域的体制机制障碍

由于目前的时尚产业涵盖着众多细分行业和新兴领域，这既有可能与其他行业形成交叉、重叠，又会造成一些新领域存在无法统计、难以监管的问题。因此，制度创新要特别注重构建跨部门、跨领域的协同改革机制，破解制约产业健康、有序和高质量发展的体制机制掣肘，为时尚产业的发展营造良好的发展环境。

3. 注重轻重缓急，统筹安排制度创新工作方向和重点

每个城市在时尚产业发展基础、时尚产业的定位和作用、自身制度改革创新的权限及能力等方面都不尽相同。因此，围绕时尚产业发展的制度创新要与本地情况紧密结合，稳妥有序地推进制度改革和体制机制创新工作，既要避免“大干快上”造成产业的同质化、泡沫化发展，又要防止制度创新方向和重点与产业发展实际需

求不匹配，造成制度改革创新成本的浪费。

4. 注重风险防控，在融入新发展格局中切实防控可能带来的风险

新发展格局下，时尚产业一方面要通过扩大开放提升自身国际影响力和综合竞争力，另一方面又要切实关注RCEP、CPTPP等高标准贸易规则以及一些非经济因素对产业发展可能带来的风险和挑战。因此，既要制订出台有利于支持产业“走出去”“引进来”的开放举措和政策体系，又要在主导全球行业标准制订，掌握时尚产业话语权，原材料、数据等关键要素资源的管控方面采取切实可行的制度安排和防控举措，确保产业发展能够应对各类风险和挑战。

三、推动时尚产业创新发展的制度创新

（一）时尚产业创新的重点领域

新发展格局下，要重点推进技术创新、文化创新和模式创新，促进产业发展由“微笑曲线”低附加值的中游向高附加值的两端攀升。一方面，作为产业升级与消费升级的动力之源，科技创新决定着双循环的质量与内容、流量与形态，因此，要在材料、工艺、装备等领域打好关键核心技术攻坚战，促进优秀科技研发成果加快产业化进程，加快与新一代信息技术的深度融合，提高产业链整体效能；另一方面，新时期时尚产业要更加坚定文化自信，以优秀传统文化启发时尚设计、时尚制造与时尚传播，让新时代的中国时尚文化真正展现中国力量、中国自信、中国审美。此外，跨界融合打造时尚IP、“线上+线下”协同推广与营销、时尚主题街区（小镇）等发展新模式正在加速形成及成熟，场景经济、网红经济、共享经济等新经济快速发展，对于时尚产业开拓发展空间、下沉消费市场、丰富场景业态都有重要的促进作用。

（二）存在的瓶颈和制约因素

（1）关键核心技术“卡脖子”问题依然存在，部分原材料、高性能纤维及其复合材料还依赖进口，国产高端纺织技术装备还无法满足生产制造的需求，人工智能、大数据等技术在纺织服装中的渗透率整体偏低。

（2）我国的时尚舆论导向能力不强，还没有在全球具有影响力的时尚设计大师，缺少具有鲜明中国文化特征的世界级时尚品牌，各类服装周、时尚周、设计周的影响力较国际一流水平还有一定差距。

（3）虽然直播带货、网红推介、社群营销等模式对服装、鞋帽、化妆品产业发展有一定的促进作用，但商品“暴雷”、消费者“踩坑”等乱象也时有发生，不利于行业的健康和可持续发展。

（三）制度创新举措建议

1. 建立完善时尚与科技融合发展机制

坚定走“专精特新”道路，支持企业建立以研发机构为核心载体的技术创新体系，加大对企业在关键核心技术研发的财政资金支持力度和税收优惠倾斜。谋划一批智能制造、柔性制造、服务制造等技改项目，为时尚产业加速与大数据、云计算、人工智能等新一代信息技术的融合，发展时尚智造新模式。探索建立科技成果“沿途下蛋”的高效转化机制，依托“楼上楼下”创新创业综合体，“楼上”科研人员开展基础创新和原始创新，“楼下”创业人员对原始创新进行工程技术开发和中试转化，推动更多科技成果沿途转化，缩短原始创新到成果转化再到产业化的时间周期，形成“科研—转化—产业”的全链条创新创业企业培育模式。支持企业和高等院校、科研单位组建创新联合体，建立“市场主体需求方出题、学术界及科研界答题”新机制，形成高效强大的共性技术供给体系。

2. 构建有利于传统优秀文化传承与创新的体制机制

（1）要把传承传统优秀文化融入时尚教育全过程，有关高校可以探索建立从色彩、纤维、面料到服装服饰设计、艺术设计、时尚传播再到相关终端产品的历史演变和流行趋势研究体系和教学课程。

（2）可以采取奖补结合的方式，对企业开展原创时尚文化IP和自主品牌国际化拓展工作予以资金支持。

（3）要充分利用数字技术，建立时尚文化的要素化、标准化开发机制，研究制定出台覆盖基础、监管、供给端、生产端、云端和需求端等环节的数字时尚文化数据体系、场景体系和产品体系，促进传统优秀文化传播，降低传统优秀文化时尚化展现成本。

3. 针对新业态、新模式建立包容与审慎的行业监管机制

（1）面向时尚行业中的设计类、传媒类、供应链类创新型中小企业推行包容审慎的监管方式，加强面向设计创新、模式创新的知识产权保护，从而打造有利于包容、普惠、创新的营商环境。

（2）实行审慎监管和综合执法，既要保护各类市场主体的创新权益、财产权和经营权，又要对基于电商、短视频、直播等新平台产生的数据资源加强监管，引导其对关键数据的合理、合法、合规使用，最大限度地激发市场活力和社会创造力，并有效保护各方的权益。此外，建议有条件的城市对时尚经济、智能经济、创意经济等领域的新经济企业，尤其是小微企业探索实行1~2年“包容期”管理，在包容期内，加强对相关企业的调研、指导和服务，采取宣传引导、信用承诺、行政提示、行政约谈等柔性监管方式，给企业留足成长空间。

四、提升时尚消费质量和水平的制度创新

（一）时尚消费量质双升的重点领域

受国际经贸形势日益复杂、新冠肺炎疫情持续反复等影响，内需市场已经成为时尚产业高质量发展的战略基点。随着我国向共同富裕挺进以及消费理念的变化，消费升级是大势所趋。提升供给的质量、增强流通的效率、促进需求的增长成为实现时尚消费量质双升的核心逻辑。因此，一是要增强中高端时尚消费产品和高品质服务供给，积极推广大规模个性化产品和定制化服务，扩大纺织服装产品在医疗卫生、国防军工、航空航天等关系国计民生的战略领域的应用，提升时尚消费的独特性、体验性、便利性；二是要以渠道建设为核心，积极推进线上、线下多渠道融合，加快直播电商、社群营销等新模式、新业态在行业的应用，打造重点时装周、重点展览会，注重将国际顶级节事、赛会配套性消费策划成为主题性时尚消费节庆活动，推进专业市场的优化升级与数字化转型，切实丰富时尚消费的路径与场景，有效提升消费转化效率；三是要利用跨境电商、免税店等方式，结合税收制度改革，促进境外中高端时尚消费回流，吸引境外游客消费，增强国际消费服务能力。

（二）存在的瓶颈和制约因素

1. 时尚消费吸引力有待提升

以要建设国际消费中心城市的北京为例，北京国际游客到访量和国际游客消费水平均低于伦敦、巴黎、纽约、上海等城市。2019年，北京市消费市场最终消费率为60%左右，低于纽约、伦敦等地15个百分点以上；全市服务消费占比55%，距纽约等国际大都市服务消费占比70%以上的水平仍有一定差距。

2. 时尚消费场景建设及配套政策有待提升和完善

（1）较于巴黎、新加坡等城市几千家退税商店的规模，北京目前仅有538家，不利于中高端时尚消费场景的构建。

（2）具有国际影响力的时尚地标和商圈有待进一步打造。根据仲量联行统计数据，国际知名商圈巴黎有5个，列全球第一；纽约有4个；伦敦有3个。全球年营业额最高的前20家高端地标性商业体中，伦敦、巴黎、纽约分别有4家、2家和1家，全国购物中心年销售额达到百亿的商圈，北京仅国贸商圈上榜。此外，北京离境退税率为11%，退税消费金额至少需达到500元人民币，这与巴黎12%、伦敦12%~14%的退税水平以及柏林25欧元的退税门槛仍有一定差距。

3. 本土中高端时尚消费发展相对滞后

我国日益增长的中高端时尚消费购买力主要还是让境外企业或品牌受益，虽然近年来受进口税收的调整、国内电商平台崛起、消费者结构变化、新冠肺炎疫情等

因素影响，中国奢侈品消费呈现回流趋势，但短期内本土中高端时尚消费规模仍难以赶上境外市场规模。

（三）制度创新举措建议

1. 加大对新产品、新品牌、新业态的支持力度

（1）鼓励业态创新，加强融合发展。如立足细分市场开设主题店，融合信息技术发展新业态。

（2）培育本土高端品牌，吸引消费回流。支持本地商业企业孵化自主品牌，探索发挥电商的品牌孵化作用。

（3）促进新品首发，做强首发经济。完善支持新品发布的创新制度，加大新品发布财政扶持力度，营造新品发布的良好环境。

2. 加大对多元时尚消费场景建设的支持力度

围绕首店经济、夜间经济、商业特色、潮流场景、丰富业态等多角度，布局一批时尚买手店和沉浸式时尚消费体验空间，打造一批国际品牌消费集聚中心区。充分挖掘城市的传统文化和历史底蕴，建设一批传统文化消费核心区，成为传统优秀文化时尚化展示的重要平台；在城市规划建设过程中，应注重植入时尚展示、时尚体验、时尚休闲等多种消费业态，加快发展深夜食堂、夜间演艺、咖啡吧、24小时书店等夜经济，把城市中的文化创意产业园等区域打造成为都市休闲时尚消费聚集区。加快建设艺术馆、美术馆、博物馆、文化中心等新型时尚文化空间，鼓励利用闲置工业厂区等场所建设文化时尚中心、消费体验中心等新型载体。支持传统餐饮、特色小店、商场等改造形成沉浸式、体验式消费场。加强时尚消费的新一代信息基础设施建设，打造一批数字艺术体验场景、数字时尚消费体验中心和数字时尚经济网红打卡地。打造集免税产品展示、预定和完善商品零售于一体的会员制线上购物平台，实现国际国内、线上线下商品的同步同价销售。

3. 在跨境电商及退免税政策上力争取得突破

（1）要依托海南自贸港以及全国各地的自贸试验区及海关特殊监管区域，在简化跨境电子商务监管流程、跨境外汇支付便利化、跨境电商多元经营模式、跨境电商税款担保、跨境电商自主管理等方面深化改革创新和先行先试，助力跨境电商产业高质量发展，有效吸引海外中高端时尚消费回流。

（2）有条件的城市要积极争取简化境外旅游购物离境退税流程，争取打通电子发票与离境退税管理通道，推进离境退税点布局完善，鼓励更多符合条件、有试点意愿的优质商户加入“即买即退”服务行列，进一步放大“即买即退”离境退税政策效应，提升离境退税服务便利度，增强国际游客对具有本地特色商品的吸引力。探索国内产品进免税店，从而进一步扩大本土时尚品牌国际影响力。深入研究退税

标的物由货物向服务拓展。

五、推动时尚产业双向开放的制度创新

（一）时尚产业双向开放的重点领域

推动时尚产业扩大开放，是推动时尚产业深度融入新发展格局、实现高质量发展的重要途径。因此，一方面在国内要进一步优化和调整时尚产业布局，充分挖掘不同区域的资源特色、产业特色和文化特色，培育壮大时尚先进制造集群、时尚设计集群、数字时尚产业集群等新兴产业集群，提升产业链供应链现代化水平；支持有条件的城市打造国际时尚之都、建设国际消费中心城市，实现中高端时尚要素资源的集聚发展，提升重点城市时尚品味和国际形象。另一方面，随着“一带一路”倡议的深入推进，要统筹和引导国内时尚类企业加大对越南、老挝、柬埔寨、缅甸、巴基斯坦等国家的纺织服装业投资，加大对相关国家的纺织服装中间品出口，促进中国与上述国家和地区纺织服装产业链之间的贸易往来与合作。要抓住RCEP即将落地实施以及我国积极申请加入CPTPP的战略机遇，合理利用更加便利的贸易规则、更宽松的原产地认定标准以及更严格的知识产权保护制度等，充分发挥我国时尚产业的自身规模、内需市场及产业链优势，通过在海外科学合理的产业投资、兼并重组以及全方位引进国际品牌、资本，促进我国时尚产业全面融入全球时尚产业发展格局，提升自身在全球时尚产业发展中的地位和角色。此外，要积极主动地参与全球时尚产业治理，在行业标准、贸易规则等方面发出中国声音，切实提升我国在全球时尚产业中的话语权。

（二）存在的瓶颈和制约因素

（1）时尚类企业全球影响力不强。从全球纺织服装龙头企业市值表现看，仅有安踏体育、申洲国际、李宁进入全球市值Top20纺织服装企业，在奢侈品、休闲时装等中高端时尚消费领域还没有具有全球影响力的品牌或企业。

（2）基于减少对中国采购的依赖、中美贸易摩擦、满足日益增长的新兴市场需求等因素，部分纺织服装品牌和零售商正在实施采购基地多元化战略，产业链部分环节正在向其他国家转移。虽然新冠肺炎疫情的全球蔓延让部分已经转移出去的订单又逐步回流到国内，但新冠肺炎疫情过后全球时尚产业供应链格局必将发生深刻变化。

（3）西方部分国家集体抵制新疆棉花，暴露了我国在全球时尚产业供应链主导权、商品定价权和行业标准等争夺上的弱势，不利于我国建立完善时尚产业自主、可控、稳定的产业链供应链。

（三）制度创新举措建议

1.优化生产力布局，促进时尚产业在国内更加平衡、更加充分发展

在国家层面，通过出台支持产业集群、促进产业转移等方面的政策举措，加强对重点行业生产力布局引导，加快形成特色鲜明、优势互补、区域联动、协同发展的产业供给体系。在中国东部、中部地区，考虑到其产业基础扎实、综合配套能力强、劳动力成本较高等特征，应积极推进“机器换人”进程，用制造智能化、版型库标准化、模块化等技术手段降低制造环节和个性化设计制造业务的成本，在广东、福建、浙江、江苏、山东等地打造一批具有国际竞争力的区域性纺织服装产业链集群；在中国西部地区，则要依托乡村振兴、城乡融合发展，推动农业转移人口更充分、更自由且更高效的流动，培养一批综合素质高的纺织服装产业技术工人，通过提高生产制造效率来延缓相对劳动成本的快速上涨，并在承接国内外纺织服装业转移过程中保持一定的比较优势。此外，推动我国纺织服装产业价值链上大中小企业联动与融通，形成专业分工体系和产业协同发展生态系统。

2.加大对时尚产业“走出去”“引进来”的支持力度

（1）建议国家有关行业主管部门出台相应的境外投资目录清单及相应的风险规避指南，引导和协助我国时尚产业更加高效、科学、安全地进行海外投资布局，避免造成国内企业在国外市场的同质化竞争。

（2）结合RCEP的原产地累积等规则，灵活进行海外布局，支持我国时尚产业在国外打造若干产业转移示范区，促进相关产业在RCEP范围内形成较为稳定的供应链分工体系。

（3）要继续支持中国国际时装周、上海国际时装周、北京国际设计周等权威时尚发布平台的建设，构建国内与国际时尚资源深度交融的发展生态。支持国内时尚类高校加强国际时尚教育交流合作。探索为我国时尚产业利用国外社交媒体、舆论平台进行对外宣传推广提供软硬件方面的支持和先行先试机会。

3.建立参与全球时尚产业治理的长效机制

深刻认识中美全方位竞争以及RCEP、CPTPP等高标准贸易规则对我国时尚产业发展带来的深刻影响，要组织行业主管部门、行业协会、龙头企业、科研单位共同开展行业标准、规范流程、贸易规则的研究和制订工作，全面提升我国在全球时尚产业中企业及产品合规性评价、供应链体系、重点领域经贸谈判等方面的话语权，避免我国时尚产业发展因地缘政治斗争、生态环境保护议题、非经贸因素等受到制约和影响。

六、促进时尚产业绿色可持续发展的制度创新

（一）时尚产业绿色可持续发展的重点领域

时尚产业具有产品品类多、产业链长的特征，从原料供应、生产加工，到消费回收各环节与生态环境关系紧密。“十四五”时期，在国家碳达峰、碳中和目标导向下，纺织行业推动绿色低碳循环发展、促进行业全面绿色转型将成为大势所趋和重要之策。

（1）要推动全行业能源优化提升，强化节能减碳标准约束，引导支持企业低耗能、低耗水项目建设，开展大气污染物排放和碳排放消减“双降”试点示范。

（2）要积极推动清洁生产，以绿色技术驱动产业链各环节降低污染物产排量，加强可降解纤维材料研发应用，推进水资源高效利用和废水资源化，加强园区循环化改造。

（3）鼓励和引导设计师要坚持绿色发展理念，推广基于循环经济原则的时尚产品设计。

（4）构建从采购、生产、物流、销售、回收等环节的绿色供应链管理体系。

（5）畅通绿色产品流通渠道，扩大绿色产品消费市场，推行新兴绿色消费商业模式。

（6）加大资源化技术、环境无害化技术、高附加价值和少污染排放的高新技术及其设备的推广应用，强化高性能生物基纤维高品质、低成本技术和废旧纺织品分质分级高效高值利用技术的研发与应用，促进5G、人工智能（AI）、区块链等新数字技术在纺织服装行业的应用不断拓展和深化。

（二）存在的瓶颈和制约因素

1.时尚产业绿色发展压力较大

服装产量过高，而消费者对服装样式的喜新厌旧，也给环境造成了压力。根据艾伦·麦克阿瑟基金会的数据，在过去15年中，服装产量几乎翻了一番，而过早丢弃的服装年价值超过3500亿欧元。联合国的一份研究报告指出，时尚产业耗能占温室气体总排放量的10%，占废水总排放量的20%，大于航空和海运产业耗能的总和。

2.行业循环发展仍有较大的提升空间

由于行业规模体量大，产品品类多，产业加工链长，已有的转型仍处于起步阶段。不可再生原材料的替代规模、制造环节的资源利用水平、废旧纺织品的回收再利用等仍然存在很大的提升空间，关键技术、工艺、设备创新不足制约了循环再利用纤维及生物基化学纤维的规模化发展、循环型生产的推广以及废旧纺织品回收利用产业的经济性。

3.顶层设计及相应的政策、配套制度和标准体系需进一步完善

行业绿色低碳循环转型尤其是废旧纺织品回收利用、绿色设计和消费以指导性

政策为主，缺乏系统的、更具行业针对性的配套政策、制度和标准体系。

（三）制度创新举措建议

（1）发挥政府在推动行业绿色低碳转型过程中的引导、支持、规范和监督作用。政府要承担顶层设计的角色，基于产业各发展阶段的需求，完善相关的法律法规和政策体系，塑造导向清晰、决策科学、执行有力、激励有效、多元参与、良性互动的产业绿色低碳转型环境，特别是要建立完善促进绿色低碳技术研发与应用的体制机制和政策环境。与此同时，也需要加强监督管理，确保政策的有效执行。

（2）建立时尚企业、园区、产业循环型生产标准体系和评价体系，加大行业清洁生产审核、排污许可制度等的实施力度，扩大绿色工厂、绿色园区、绿色供应链的试点范围。推动企业和园区做好二氧化碳排放量核算，开展大气污染物排放和碳排放消减“双降”试点示范。

（3）推广基于循环经济原则的时尚产品设计。充分依托行业协会、时尚类高校、优秀设计师，引领绿色设计与循环时尚，在原材料选择、提高资源效率、延长产品生命周期、产品的可回收性、消费者倡导等方面产生积极影响。

（4）积极推广共享平台、租赁服务、二手交易、线上回收、维修服务、再设计服务等兼顾循环经济原则和消费者新需求的新商业模式，在推动行业的绿色低碳和循环转型基础上，探索培育形成经济发展的新增长点。

参考文献

[1] 王健. 制度环境与中国产业的动态比较优势[M]. 上海：上海人民出版社出版，2017.

[2] 刘志彪. 理解高质量发展：基本特征、支撑要素与当前重点问题[J]. 学术月刊，2018（7）：39–45，59.

[3] 关大卫. 产业升级背景下我国经济发展的制度创新[J]. 改革与战略，2017（6）：54–56.

[4] 杨度. 政策变迁下的时尚产业　关于一个标板城市的产业政策研究（上）[J]. 中国纺织，2009（5）：52–56.

[5] 熊兴，王婧倩，陈文晖. 新形势下我国纺织服装产业转型升级研究[J]. 理论探索，2020（6）：97–101.

[6] 中国纺织工业联合会社会责任办公室. 循环时尚：中国新纺织经济展望报告[R]. 北京，2020：52–55.

[7] 中国纺织工业联合会. 纺织行业“十四五”绿色发展指导意见. 2021–6–11.

第十二章　碳达峰、碳中和与我国时尚产业发展

寻求人与自然和谐共处，已成为当今世界的一大发展主题。时下众多的环境危机事件，已经深刻警示了人类必须要尊重自然与自然规律。2021年，全球气候变暖导致了世界各地多次出现异常天气。我国河南、山西等地相继遭受异常强降雨灾害，德国出现大面积洪涝，北美地区在长期高温下山火频发等。这一系列极端天气给全人类社会带来了强烈的冲击，明确告诉我们解决气候等自然环境问题是全人类共同的任务，谁都无法置身事外，人类社会要发展必须先携手解决好当前的一系列自然环境问题。

全球气候变暖是众多环境问题中最为突出的一个。近现代以来，世界各国相继走上工业化道路，造成了以煤和石油燃烧为主的大量的二氧化碳排放，导致全球气候快速变暖。据统计，当前全球的平均气温已经较1850年时上升了近1℃。这个数值看似不大，却已经造成了许多极端、可怕的气候现象，急剧改变着全球动植物的生存环境。据联合国政府间气候变化专门委员会（IPCC）于2018年发布的《全球1.5℃增暖特别报告》，如果全球气温升高1.5℃就会对陆地海洋生态、人类健康、食品安全、经济社会发展等产生诸多风险，如果全球气温升高2℃后果将不堪设想。因此，全球气候变化已经严重威胁到了人类社会的安全与稳定，碳排放问题能否得到有效解决事关全人类的命运。

为应对气候变化的挑战，联合国与各国政府做了大量的协调和沟通工作，但进展仍比较缓慢。2015年12月，巴黎气候大会通过了《巴黎协定》，提出了“将全球平均气温较前工业化时期上升幅度控制在2℃以内，并努力将温度上升幅度限制在1.5℃以内”的长期目标，成为2020年后全球气候治理的一大共识与举措。为实现这一温控目标，截至目前，全球已经有120多个国家陆续宣布了碳中和目标。各国迈向碳中和，首先是实现碳达峰。碳达峰是指某一个国家或地区的碳排放在由升转降的过程中达到最高点；碳中和是指某一个国家或地区人为碳排放量与通过植树造林、碳捕捉和封存技术等人为吸收达到平衡。尽管推动碳达峰与碳中和符合全人类的利益，但是这一举措具有重大的负外部性，相应的，要付出的代价是巨大的。尤其发展中国家尚处于工业化阶段或者工业化前的阶段，经济社会的建设与发展需要相对廉价的化石能源做发展支撑，限制二氧化碳的排放无疑会对发展形成束缚，全

社会都需要为此“买单”。

我国作为负责任的发展中大国，积极参与全球气候问题治理。2020年9月22日，第七十五届联合国大会一般性辩论上中国宣布二氧化碳排放量力争在2030年达到峰值，并努力争取在2060年前实现碳中和。2020年12月12日，在气候雄心峰会上国家领导人进一步提出了中国国家自主贡献新举措，即到2030年单位国内生产总值二氧化碳排放将比2005年下降65%以上，非化石能源资源占一次能源消费比重将达到25%左右，森林蓄积量比2005年增加60亿立方米，风能、太阳能发电量将达到12亿千瓦以上。2021年全国两会通过的“十四五”规划纲要，进一步明确要制订2030年前碳达峰的行动计划。在《中共中央关于制定国民经济和社会发展第十四个五年规划和二〇三五年远景目标的建议》中，明确将“碳排放达峰后稳中有降”列入中国2035年远景目标。

时尚产业作为一个跨行业、跨部门、跨领域的复合型产业，涉及的细分产业较多，涵盖产业链的众多环节，在我国的“双碳”达标中需要发挥重大且独特的作用。我国时尚产业要积极完成自身的低碳转型任务，并且以其在国家社会生活中的引领性、示范性作用，发挥对绿色发展的正向激励作用，引导社会中各个产业和全体民众积极践行绿色生产与绿色生活。

一、“双碳”达标对我国时尚产业具有重大影响

（一）积极认识“双碳”达标对我国时尚产业的影响及意义

1.“双碳”达标是不可阻挡的历史趋势

（1）全球减碳控温已刻不容缓，“双碳”目标是全球大势所趋。我国是碳排放大国，在全球气候治理中的地位不可或缺，积极参与不仅体现大国担当，而且对提升国际话语权具有重大意义。

（2）生态文明建设是我国统筹推进“五位一体”总体布局和协调推进“四个全面”战略布局的重要内容。我国的各级人民政府，均已把构建生态文明体系、促进经济社会发展绿色转型，作为推进国家治理的战略性任务；全方位、全过程推行绿色规划、绿色设计、绿色投资、绿色建设、绿色生产、绿色流通、绿色生活等，已成为我国经济社会发展绿色转型的重要着力点。最后，推进绿色生产、绿色营销、绿色消费，符合广大人民群众的利益。全人类走向绿色生活的理念决定了时尚消费市场的需求形态与发展趋势，时尚产业作为紧贴人民群众生活与消费的产业，必须积极为消费者提供对环境友好的绿色产品，这是时尚产业自身的生存支点，也是获得发展的持续动力。

2.“双碳”达标可推动我国时尚产业转型升级

随着工业化进程的深入，我国的产业结构已经发生了深刻变化。近年来，我国第一产业和第二产业占GDP的比重持续下降，而以服务业为主体的第三产业占GDP的比重逐年提升，2020年已经达到了54.50%（图12-1）。产业结构的变化，将深刻影响我国时尚产业的发展方式和增长动能。一方面，在工业和制造业领域，随着固定投资增速拐点显现，城镇化速率放缓，过去长期依赖投资拉动经济增长的模式将变得乏力，迫切需要智能化、绿色化等新型工业的发展方式来完成动能转换。另一方面，更多包含精深服务、文化创意的服务型制造、柔性制造将获得发展的机会，我国时尚产业的价值链水平有望因此而获得快速提升。总之，时尚产业横跨众多产业的制造、服务领域，我国制定“双碳”目标将极大地推动我国时尚产业向绿色低碳转型升级，推进服务型制造和绿色生产的发展，推进时尚产业相关新技术的研发投资，推进时尚产业服务和消费快速升级。

3.“双碳”达标将大幅提升我国时尚产业的国际形象

长期以来，以欧盟为核心的发达国家在全球气候治理事务中发挥着引领作用，加之全球时尚文化的发源地多集中在欧美等发达国家，致使我国时尚产业对全球时尚的话语权不足，还承受了许多不尽合理的批评与指责。我国时尚产业要进一步发展，巩固和提升在全球产业链上的地位和价值，首先需要实现绿色达标和提升时尚话语权。正如中国纺织工业联合会会长孙瑞哲在“2021年中国品牌气候创新碳中和加速计划启动会”上所给出的指导意见：“行业的绿色低碳转型关系着产业安全的基础与根基，决定着产业发展的底蕴和后劲。中国时尚和中国制造能否在受到全球消费者欢迎的基础上获得更大的尊重，有赖于能否成为全球气候行动的重要贡献者、全球可持续生产与消费的主要引领者。”我国主动提出“双碳”目标，有助于主动把握国际舆论从而获得博弈的主动权，也有助于树立负责任大国的积极形象，为国内经济社会的发展营造良好的国际环境。我国从气候治理的参与者向引领者蜕变，将大幅提升我国在全球气候治理问题上的话语权，对我国时尚产业构建具有全球影响力的时尚文化起到助推作用。

此外，随着全球减碳浪潮的深入，世界各国一方面需要满足环保舆论的要求，另一方面又要保护本国产业发展，部分国家很可能会把碳减排与贸易标准联系起来，以碳排放的标准为壁垒严格限制我国等一些发展中国家的产品贸易。我国提出和完成“双碳”目标，有利于攻破这样的贸易壁垒，消除时尚产业产品在出口中被征收碳税的潜在风险。

（二）“双碳”达标对时尚产业的细分领域具有不同影响

1. 生产制造领域

时尚产业的生产制造领域集中了全产业对电、气、水等资源的主体性消耗，是时尚产业完成“双碳”目标任务的主要阵地。我国是世界第一大制造业国家，承担着为本国及其他众多国家完成生产制造环节的任务。从纺织服装产业来说，2020年我国纺织纤维加工总量达5800万吨，占世界的比重保持在50%以上；化纤产量占世界的比重超过70%；纺织品服装出口额达2990亿美元，占世界的比重超过三分之一（表12-1）。如此巨大的产量必然需要以巨大的能耗作依托，“双碳”目标的推进必然在一定时期内对我国时尚产业形成巨大的压力。长期以来，在严峻的环保任务面前，作为纺织服装产业核心环节的印染产业发展已经受到限制，成为众多地区产业发展的瓶颈，而且纺织服装企业普遍对电能有较大的需求，“双碳”目标任务的推进，将促使供电紧缩、电价提高，迫使全行业的生产制造企业面临产能运转不足、生产成本升高的压力。

数据来源：国家统计局

图 12-1　2020 年我国三大产业增加值占国内生产总值比重

表 12-1　2020 年规模以上纺织企业主要大类产品产量

产品名称	单位	产量
纱	万吨	2618.3
布	亿米	460.3
印染布	亿米	525.0
非织造布	万吨	579.1
服装	亿件	223.7
化学纤维	万吨	6126.5

注：纱、布和化纤产量为国家统计局《2020年国民经济和社会发展统计公报》公布的全社会产品产量，其他产品均为规模以上企业产量。

我国幅员辽阔，但地区间发展不平衡，时尚产业以纺织服装产业为例，约有80%的产业体量分布在东部沿海地区，广大的中西部地区所占产业比例较小（表12-2）。当前我国东部地区的时尚产业普遍面临用地紧张、招工困难、水电气能源价格偏高等发展难题，正在积极谋求向中西部地区进行布局和转移。随着“双碳”目标任务的推进，我国东部地区的时尚产业将面临更大的发展压力，加速把生产制造环节向中西部地区转移的步伐。而我国中西部地区，也必将提高企业碳排放的管理标准，对转移企业有更严格的准入筛选。“双碳”目标，将促使我国时尚产业在东部与中西部地区的布局调整中，完成一轮“优胜劣汰”的产业大检验。

表 12-2　2020 年我国纺织服装产业集群区域分布情况

区域	集群数	占比（%）	规模以上企业数量	占比（%）	规模以上企业主营业务收入	占比（%）
东部	164	80	14291	89.03	19477.96	85.36
中部	29	14.15	1583	9.86	3126.74	13.70
西部	12	5.85	178	1.11	214.12	0.94

数据来源：中国纺织工业联合会产业集群工作委员会

2. 产业文化领域

当前在我国，“双碳”目标已经成为国家的大政方针，成为各行各业的行动指南，也成为社会上人们聚焦议论的热点问题。时尚产业具有领风气之先的社会功能与特征，它身上体现着时代的主流意识，散发着能引导和感染消费大众的潮流气质。“双碳”目标对时尚产业所引起的影响，以及社会文化对“双碳”目标的认同宣传，都将促使我国时尚产业强化“亲近绿色”的时代特征。首先，产业在终端消费市场将不遗余力地鼓动绿色消费，以倡导、引导购买绿色产品为能事，加大产品绿色生产、绿色使用的知识宣传。其次，时尚产业将从设计、生产、流通、消费、回收等全过程充分考虑产品的绿色特性，促使整个产业链完成绿色转型。最后，全社会对时尚产业的绿色发展形态将形成较高的关注度并形成强大的监督力量，不符合环保要求的生产、消费行为，将会受到政府部门、社会公德的管理和谴责。

3. 市场消费领域

我国时尚产业多年来，已经在国家的引导和监督下走上了绿色发展的道路，“双碳”目标的到来将起到加速产业绿色转型的作用。随着“双碳”目标的推进，在时尚产业的市场消费领域，将引发更为热烈的拥抱绿色、追求健康的消费潮流。

（1）从产品的原材料上进行开发、提升，提高产品的天然特征和耐用性能，以减少产品的工业生产过程并延长产品的使用寿命，比如服装服饰产业在纤维环节更倾向于应用天然纤维，以提升服装产品的安全和健康性能，同时开发各种功能性纤维，包括抗菌抑菌、防污快干、导电、发热、防辐射、耐磨、抗腐蚀等具有特殊功能的纤维，以在智能服装、体育用品等领域中形成广泛应用，促进纺织市场的健康多元化发展。

（2）在产品设计和产品文化上进行提升和重塑，更加提倡“慢时尚”文化，提高产品品质，设计经典款式，以强化产品文化的经典性和持久性特征。

（3）在生产过程中大幅转变生产方式，从用户角度提供个性化的产品定制和快速服务，杜绝粗放型生产带来的浪费和污染，将柔性生产模式推广成为行业发展的主要方向，通过精益化、可视化、定制化生产，让消费者获得更加舒适的消费体验，获得更加契合自己体型、审美情趣的时尚产品。

二、我国时尚产业完成“双碳”达标任务的力量短板

（一）中小企业创新转型能力弱

我国时尚产业以加工制造业为主体，创意设计与市场营销方面的环节相对薄弱。在各门类的细分产业内部，“铺天盖地的中小企业多，顶天立地的龙头企业少”。以纺织服装产业为例，据相关数据统计，在全国205个纺织服装产业集群地区企业总户数约为24.47万户，其中规模以上企业约为1.61万户，而规模以下的小企业、家庭作坊却多达约22.86万户。由于规模有限，企业在技术创新方面能力薄弱，研发投入占比较低。大量的中小企业设备老旧，缺乏进行技术创新、管理提升的能力，工艺、技术水平不高，生产效能低下；对市场渠道缺乏有效的操控能力，产能结构性过剩现象突出，同质化竞争削弱了企业的盈利水平；多数企业缺乏自主知识产权，创意设计力量薄弱，缺乏进行自主品牌建设的能力，对文化、艺术的赋能效果应用不强。“双碳”目标任务的推进，将大幅加快产业结构调整速度，迫使企业快速完成技改和基础设施提升。面对“双碳”目标的大趋势，众多中小企业创新转型的能力薄弱，将会形成较大面积的企业淘汰，一定时期内会对全国产业形成冲击。

（二）缺乏创新环境

我国时尚产业，以中小企业聚集生产、商贸为主，贴牌加工和模仿加工的企业比重较大，产品附加值较低，产业内容从基础上限制了产业自主创新、基础性创新的动力。部分产业集群地区发展定位模糊，全地区的产业难于形成发展合力，还没有形成广泛的知名度，区域品牌协同带动效应低。全国时尚产业中，有一大部分的园区还存在基础设施建设不完善、资源短缺、管理体制较落后等问题。集群产业以生产加工为主体，缺少完整的产业知识创新体系，未形成政、产、学、研一体化协调发展的状态。

（三）产业组织效能偏低

我国时尚产业多以产业集群的形式存在。全国一大部分产业集群，尤其是中西部地区的产业集群，总体上龙头企业数量较少，带动作用发挥不足；大中小企业之间的企业关联不深，没有形成协同发展的格局。在集群内部，物流、餐饮、医疗、教育、金融等产业与时尚产业的融合还不够深入，产城融合发展水平不足。产业集群以县、镇的行政区域为主，受行政区划限制，未能形成大规模的产业纵深，进行广泛、充分的资源要素配置和分工协作，区域协同程度不高。我国时尚产业的国际交流，还以产品贸易和代工生产为主，缺少对国外消费市场的操控能力，民族品牌力量薄弱，还处于国际化发展的初级阶段。

（四）发展保障不足

1. 人才保障不足

我国时尚产业的中小企业普遍以民营企业特别是家族企业为主，企业经营者文化水平普遍不高，管理理念落后，管理方式粗放、简单、低效。生产制造环节的企业多集中在县、镇地区，城市化发展水平不足，难于聚集高端人才，各地企业普遍缺乏专业企业管理人才、技术开发人才、创意设计人才、营销人才和资本管理运作人才。伴随我国居民收入的普遍提高，制造产业招工难、用工难的问题逐渐深入，东部产业地区的缺工情况已经非常普遍，全国产业工人的年龄结构老化现象突出。

2. 资金保障不足

（1）企业自身利润率低，自筹资金能力有限。根据国家统计局数据，2020年全国3.4万户规模以上纺织企业实现营业收入45190.6亿元，同比减少8%；实现利润总额2064.7亿元，同比减少6.4%；平均利润率为4.6%，较全国规模以上工业企业的平均水平6.08%，低出1.48个百分点。

（2）融资困难的问题突出。由于规模小、资本实力弱，在时尚产业的众多生产加工型企业中，广泛存在融资难、融资贵的难题，银行拒绝向纺织企业放贷的情况仍然存在，企业获得贷款利率上浮水平较高；银行要求企业互保现象仍较为普遍，易引起企业资金链断裂的连锁反应。

三、我国时尚产业落实“双碳”达标任务的方向和目标

（一）生产节能目标

生产加工环节是时尚产业推动“双碳”达标的主要阵地，而要实现生产节能，一方面要重点依靠设备与工艺的进步，另一方面要依靠管理水平的提升。比如，“十三五”期间，我国长丝织造行业依据国家相关政策，通过“纺织之光”长丝织

造清洁生产推广会等系列活动，大力宣传推广“永磁电机直驱技术”“车间LED节能日光灯照明系统”“太阳能集热技术”“智能信息化管理系统”等节能生产新技术，及时淘汰落后的生产技术和设备，持续推进清洁生产模式，在原料选择、工艺优化、节能环保、企业管理等方面都有较大的改进，有效促进了长丝织造产业绿色化生产水平的提升。

今年是“十四五”的开局之年，针对“双碳”达标与国家推行绿色生产的宏观形势，我国时尚产业众多相关产业已经纷纷做出回应，制订了一系列的行业发展目标。例如，我国纺织行业在“十四五”发展目标中提出，规模以上企业研究与试验发展经费支出占主营业务收入比重达到1.3%，纺织行业认定重点实验室达到70家，技术创新中心达到50家，科技成果转化中心达到3~5家；印染行业提出，至“十四五”末，单位产值能耗较“十三五”末降低13.5%，水耗降低10%，水重复利用率达到45%以上；服装行业提出，至“十四五”末，规模以上企业研究与试验发展（R&D）经费投入强度达到1%，每万人有效发明专利拥有量达到25件，各大品类智能生产线建设不少于10条，形成行业重点领域示范智能车间和工厂，主要设备和工业软件实现自主研发。

（二）绿色产品开发目标

时尚产业紧贴人民群众的日常生活，全社会对时尚产品的需求和消耗巨大。开发绿色产品是时尚产业推动“双碳”达标的重要途径，连结着整个产业链上的减碳举措。我国时尚产业较早以来就已经在开发绿色产品方面做出了许多的尝试。比如，在珠宝首饰行业，首饰的选材不再局限于不可再生的金、银等贵金属以及贵重的天然宝石等，各种棉、麻、竹、木以及各种人工合成材料也被广泛应用到珠宝首饰的设计当中；在化妆品行业，在产品的包装设计上尽可能采用天然材料、高性能先进材料、低成本材料、可降解材料、可循环利用材料、绿色环保无公害材料等。

当前，为推进“双碳”达标，我国时尚产业在绿色产品开发方面，以“十四五”规划为引领制订了一系列的绿色产品开发目标。纺织行业提出，生物可降解绿色纤维产量年均增长10%，到“十四五”末期我国循环再利用纤维年加工量占纤维加工总量的比重达到15%；服装行业提出，至“十四五”末期，我国大规模个性化定制产品占同类产品达到20%。

（三）绿色消费目标

近几十年来，我国时尚产业发展迅速，有效地满足了人们追求美好生活的愿望。例如，据中国纺织工业联合会测算，当前我国纤维消费已先于经济发展水平，达到了中等发达国家水平。服装服饰产业作为我国时尚产业的主体，产能水平飞速提升，不仅满足了本国人民的穿着需求，还有效供应了全球的服装服饰市场。消费领域是时尚产业的最终走向，对整个产业起着引导、决定的作用，我国时尚产业要推进“双碳”达标，需要大力推进绿色、可持续性消费。

国家在《“十四五”规划纲要》中提出，“十四五”期间我国要“建立统一的绿色产品标准、认证、标识体系，完善节能家电、高效照明产品、节水器具推广机制。深入开展绿色生活创建行动。”对于推进绿色降碳消费，应该从强化民众环保意识、转变生活方式、提高绿色产品使用等三方面进行。首先，要在全社会形成绿色消费的意识，提高我国社会对低碳生活的关注和参与。据《2020中国可持续消费报告》显示，我国二线城市中有98.3%的调查者有可持续消费的自觉和意愿，而一线城市只有47%。我国政府、各类社会组织，应该加大对低碳生活的宣传、倡导与支持，尽快让全国民众都具有可持续消费的意识。其次，要转变生活方式，在生活中各个方面践行低碳、绿色生活。比如，购买品质好、耐穿的衣服首饰，少买多穿；及时关闭电灯、电脑，多种一棵树，在出行中更多选择共享单车或顺风车；提升二手物品市场的活跃度，提升时尚产品的使用效率。最后，要减少高碳、污染大的消费品使用概率，更多选择绿色产品进行消费。比如，由国家发展改革委、生态环境部发布的《关于进一步加强塑料污染治理的意见》指出，“到2025年，塑料制品生产、流通、消费和回收处置等环节的管理制度基本建立，多元共治体系基本形成，替代产品开发应用水平进一步提升，重点城市塑料垃圾填埋量大幅降低，塑料污染得到有效控制。”

四、我国时尚产业完成“双碳”达标的发展路径

正如联合国前副秘书长、环境规划署前执行主任，“一带一路”绿色发展国际研究院联合主席索尔海姆所言，想要建设一个绿色的未来，需要强有力的政府，需要创新的科技领域和蓬勃发展的商业市场，还需要成千上万的人共同努力构建一个绿色的社会。我国时尚产业完成“双碳”达标，是一个庞大的系统工程，需要所有产业主体联合起来，把行业降低碳排的任务全面纳入产业价值体系、创新体系和管理体系，有效驱动行业绿色转型发展。

（一）强化政策引导

实现碳达峰、碳中和是一场广泛而深刻的经济社会系统性变革，需要坚持全国统筹，强化顶层设计，发挥制度优势，根据各细分产业实际分类施策。我国时尚产业要严格按照中央有关精神和工作部署，有序稳妥推进“双碳”工作，避免激进和“一刀切”的做法，保持经济持续健康发展。我国各级人民政府要制定完备的政策

和指导意见，通过对各种时尚产业相关的组织、力量的调控整合，把产业发展引入到国家的既定方针和道路上。

（1）要制订“十四五”行业节能减排共性关键技术研发和推广路线图，建设行业绿色数据库，加强印染、化纤等企业清洁生产审核和行业规范管理，制定规章、拟订行业技术标准，从制度规范上进行减碳达标的整体管控。

（2）要监测分析时尚产业的减碳形势，统计并发布相关信息，进行预测预警和信息引导，协调解决行业运行发展中的有关问题并提出政策措施。

（3）要拟定并组织实施时尚产业能源节约和资源综合利用、清洁生产促进政策，参与拟订能源节约和资源综合利用、清洁生产促进规划，组织协调相关重大示范工程和新产品、新技术、新设备、新材料的推广应用。

（4）要提升政策的合理性与可执行性，引入灵活的碳中和实现机制，对受碳中和冲击较大的特定行业、地区和群体采取针对性扶持政策，引领东部沿海发达地区和技术进步的龙头企业率先推进碳减排。

（二）重点发展低碳科技

我国时尚产业推进“双碳”达标，必须强化国家战略科技力量，抓紧部署低碳前沿技术研究，加快推广应用减污降碳技术，建立完善的绿色低碳技术评估、交易体系和科技创新服务平台。

1. 发展生产节能技术

加强自备锅炉煤炭清洁高效利用，有效推进企业或园区实施煤改气和煤改电进程，鼓励企业继续提高二次能源消费比重，利用太阳能、风能等可再生能源作为补充能源，加快分布式能源中心建设。加快制订行业节能低碳标准，鼓励厂房绿色设计，推动企业和园区做好二氧化碳排放量核算，开展大气污染物排放和碳排放消减“双降”试点示范。开展重点用能企业能效提升专项行动，鼓励使用高效低耗电机、风机、水泵、压缩机等节能设备，加强重点用能设备保温保养，提高机台能效及余热利用水平。促进生产设备更新和生产技术改进，提升产品生产过程中的智能化水平和劳动生产率，降低单位时尚产品在生产过程中的碳排放量。

2. 发展新型原材料技术

通过现代生物技术开发时尚产品新材料，如将酵母、藻类、蛋白质、动物细胞和真菌等有机体转化成生物材料。加快生物基单体、原料高效制备及生物基化学纤维重点品种规模化制备，实现生物基制品的高品质化、功能化、低成本化。重点推进生物基、可降解、循环再利用、原液着色等绿色原材料及产品的研发应用。不断提升可降解材料的加工技术水平，开展可降解产品全生命周期评价。加快绿色时尚制品全产业链发展，保障高品质原料自主供应，防范产业链风险，推动关键装备国产化，扩大重点品种生产规模和应用开发，实现低成本生产，拓展应用领域，不断完善绿色时尚制品标准体系建设。

3.发展回收、利用技术

深入推进废旧时尚产品循环再生体系构建，建立废旧物品分级利用机制，提升废旧时尚产品再利用效率。开发废水资源化技术，推广废水分质处理、膜法水处理等废水资源化技术，推进印染废水热能回收、定形机尾气热能回收等热能回收技术。扩大废旧纺织品在土工建筑、建材、汽车等领域的再利用水平。推进废旧纺织品分类回收、科学分拣、高效利用等效率和水平。

（三）完善产业绿色体系建设

1.建设绿色产业集群

产业集群是我国时尚产业的主要组织形式，聚集了我国时尚产业大量的生产企业，是产品流通的一级市场。以我国纺织服装产业为例，全国过半的产业体量分布在全国205个产业集群地区，它们是我国纺织服装产业的主体，是全国产业发展的风向标和晴雨表（图12-2、图12-3）。因此，推进我国时尚产业降碳减排和绿色发展，应充分重视集群层面的产业治理，立足于推进整个产业链供应链的减排，加速培育充分体现绿色方向的时尚产业先进制造集群。促使各个集群地区成为龙头带动、链条延伸、协同配套，空间上高度集聚、上下游紧密协同、供应链集约高效的先进制造产业集群。首先，要依托龙头企业，率先提升集群产业的科技水平和企业管理水平，通过知识溢出和垂范效应，带动集群地区整体产业获得发展。其次，要推动“个转企、小升规、规改股、股上市”，促使集群企业完成升级发展，培育形成关联、互补的集群队伍。最后，要促进中小微企业的特色化、精深化发展，形成一大批拥抱高科技、勇于创新、市场感知灵敏的“小而美”企业，成为集群绿色转型发展的主体力量。

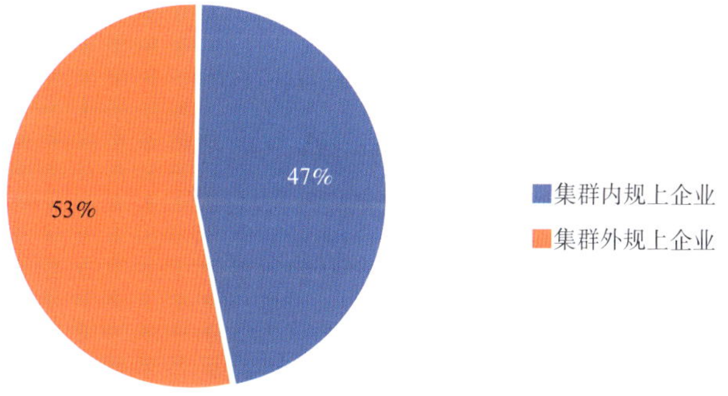

数据来源：中国纺织工业联合会产业集群工作委员会

图12-2　2020年我国纺织服装行业规上企业分布情况

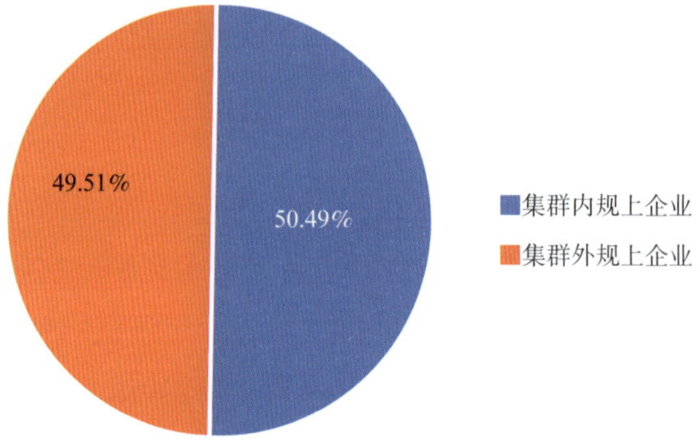

数据来源：中国纺织工业联合会产业集群工作委员会

图 12-3　2020 年我国纺织服装行业规上企业主营业务收入总额分布情况

2. 建设产业链绿色体系

在不同行业、同一行业上下游产业环节之间，推进绿色低碳发展，形成集成式创新。从原材料、研发、制造、产品、销售全产业链上实施绿色转型，扩大绿色工厂、绿色园区、绿色供应链建设，逐步形成全行业绿色投资、绿色设计、绿色生产、绿色流通体系，统筹国内国际两个市场，增强企业绿色竞争力。通过建立采购、生产、营销、回收等全过程可追溯信息系统，推动龙头企业责任延伸，带动上下游供应链企业践行环境责任，形成一批绿色供应链企业。探索“政产学研用金才环”八联动，将政策、产业、学术界、科研、成果转化、金融、人才、环境服务等八方面因素融合提升，打造时尚产业绿色低碳发展的生态系统。在“一带一路”等国际合作中贯彻绿色发展理念，着眼于全球资源配置，推动多边政府部门、研究机构、行业协会、相关企业间的交流互动，加强工业绿色转型、应对气候变化等领域国际科技合作研究，加强境外绿色纺织生产基地建设，支持开展具有国际影响力的绿色交流活动，推动绿色技术和绿色服务走向国际市场。

3. 完善绿色发展标准体系

着力强化标准引领约束，推动绿色标准贯彻实施，引导企业运用绿色技术进行升级改造，推进标准实施效果评价和成果应用。

（1）要结合国家碳达峰目标要求，开展时尚行业主要工序碳排放强度核算方法、时尚行业碳排放基准值计算方法等相关标准的制订，逐步完善细分领域温室气体核算标准的制订工作。

（2）针对时尚产业碳捕集、封存与利用、新能源利用等相关技术装备的应用，开展相关标准化工作，推动成熟的新技术在时尚行业的应用。

（3）开展低碳水平分级评价标准以及项目温室气体减排量评估标准的制定，同时做好时尚产品碳足迹评价、低碳产品认证等相关标准，引导优惠政策向绿色低碳等环境友好型企业倾斜，促使绿色低碳项目以及绿色低碳企业能够获得更多的电价、水价等优惠政策。

（4）开展时尚产业温室气体排放信息披露要求、报告编制、碳市场交易指南等方面的标准化工作，以面对即将到来的碳排放权交易。

（5）强化全产业链系统化、定量化、规范化的绿色评价和环境管理，建立健全以降碳减排为导向的设计、制造、使用、回收到再制造体系，形成具有生产清洁、绿色发展等特点的产业新生态。

参考文献

[1] 中国纺织工业联合会.2020—2021中国纺织工业发展报告[M].2021.

[2] 中国服装协会.2020—2021中国服装行业发展报告[M].2021.

[3] 中国纺织工业联合会.纺织行业“十四五”发展纲要[R].2021.

[4] 中国纺织工业联合会.纺织行业“十四五”科技、时尚、绿色发展指导意见[R].2021.

[5] 中国长丝织造协会.中国长丝织造产业“十四五”发展指导意见[R].2021.

[6] 中国服装协会.中国服装行业“十四五”发展指导意见和2035年远景目标[R].2021.

[7] 国务院发展研究中心资源与环境政策研究所.中国能源革命进展报告（2020）[M].2020.

[8] 车璐，等.绿色制造体系建设推进工业领域碳达峰的思考[J].中资研究，2021-07-27.

[9] 周亚敏.以碳达峰与碳中和目标促我国产业链转型升级[J].中国发展观察，2021（Z1）：56-58.

第十三章　纺织服装数字产业化及发展趋势

一、数字经济已全面融入经济社会的全部

全球科技创新活跃，特别是新一代信息技术的发展，推动数字经济快速崛起，引领新兴产业加速成长，为全球经济增长注入新活力的同时，也对国际产业链、价值链和供应链（“三链”）的重构产生了巨大的影响，新冠肺炎疫情的全球大流行更是加速了这一趋势。当前数字经济已在全球范围内呈现出规模化发展的态势，产业数字化正在加速推进形成企业、国家发展和竞争的新范式，日益成为第三次工业革命和全球化发展新格局的重要推动力量。

（一）数字经济是推动我国高质量发展的重要驱动

目前，国家高度重视数字经济发展并把数字经济作为供给侧结构性改革的重要内容，力争将数字经济深入发展作为推动中国经济高质量发展的重要驱动力。2021年9月26日世界互联网大会乌镇峰会上，国家领导人强调：数字技术正以新理念、新业态、新模式全面融入人类经济、政治、文化、社会、生态文明建设各领域和全过程，给人类生产生活带来广泛而深刻的影响。当前，世界百年变局和世纪疫情交织叠加，国际社会迫切需要携起手来，顺应信息化、数字化、网络化、智能化发展趋势，抓住机遇，应对挑战。2021年10月，国家在中共中央政治局第三十四次集体学习时强调：要推动数字经济和实体经济融合发展，把握数字化、网络化、智能化方向，推动制造业、服务业、农业等产业数字化，利用互联网新技术对传统产业进行全方位、全链条的改造，提高全要素生产率，发挥数字技术对经济发展的放大、叠加、倍增作用。并强调要站在统筹中华民族伟大复兴战略全局和世界百年未有之大变局的高度，统筹国内国际两个大局、发展安全两件大事，充分发挥海量数据和丰富应用场景优势，促进数字技术与实体经济深度融合，赋能传统产业转型升级，催生新产业新业态新模式，不断做强做优做大我国数字经济。

2020年3月30日，中共中央、国务院发布《关于构建更加完善的要素市场化配置体制机制的意见》，首次明确将数据作为一种新型生产要素写入政策文件，提出要加快培育数据要素市场，推进政府数据开放共享，提升社会数据资源价值，加

强数据资源整合和安全保护。中华人民共和国国家发展和改革委员会和中共中央网络安全和信息化委员会办公室在2020年4月印发的《关于推进“上云用数赋智”行动　培育新经济发展实施方案》的通知中指出，要加快数字产业化和产业数字化，助力建设现代化产业体系，实现经济高质量发展。数字技术正在通过为生产要素的赋能，通过对产业全过程和全领域的赋能，快速提高生产和组织效率，使各个产业融合发展，产业扩张不仅可以纵向发展，还可横向延伸，拓展了企业的增长边界，扩大了产业发展的内涵和外延，为经济社会的高质量发展注入新的动力。

（二）数字经济发展的基础较为完备

数字经济的基础是数据，随着互联网的快速发展以及5G网络基础设施的完善，特别是随着移动互联网、物联网持续普及布局，智能终端、传感器的加速应用，人、机、物交互融合，万物互联成为可能，实现了从人与人的连接逐步过渡到人与物、物与物之间的连接，而由这些连接所形成的数据沉淀，成为数字经济发展最为重要的底层要素，人类经济活动和行为的全面数字化，为数字时代的经济增长和社会发展提供了全新的动能。

随着数据的持续积累，通过数据的存储、处理、挖掘和使用，使得这些积累的海量数据得以被信息化处理，并且随着5G、工业互联网、人工智能等新型基础设施的建设和不断完善，对于信息技术与制造产业的融合发展，起到了极为重要的推动作用，为机器学习、深度学习等智能化分析运用提供了可靠的保障。目前，大数据已经广泛应用于生产制造、零售、交通、能源、教育、医疗、政府管理、公共事务等多个领域。

从全球看，数字化为实体经济注入的数字动能，正在成为世界各国企业转型升级、构筑新的商业范式、形成新的竞争优势的新要素。数字化正在推动企业从规模经济到范围经济的转型，助力企业实现数字化对产品规模化和个性化生产的统一，构筑企业竞争的新优势。以制造业为例，数字化推动了企业大规模的柔性、定制化、分散化生产，不仅为用户创造了巨大的价值，构建起消费领域的“长尾市场”，并且缩短了企业的研发生产周期，降低生产成本和营销成本，增强了企业的决策支撑能力，还对国民经济各部门带来了广泛的辐射带动效应，成为推动人类经济社会形态转变的重要突破口。数字化推动了全社会的成本和效率变革，谁能更快更好地满足消费者的潜在需求，谁能够为消费者创造更大的价值，谁就能更大地获取消费者的剩余价值。因此，数字技术日渐成为国际竞争的制高点。

二、数字化对产业链的影响

得益于信息通信技术与运输技术的快速发展，基于各国要素禀赋在国际贸易中比较优势驱动，形成了当前全球产业链、供应链和价值链的格局，并形成了国际分工的主要形态。新冠肺炎疫情在全球的大流行，对传统产业链、供应链产生了巨大的冲击，产业由过去盲目追求效率和利润，向供应安全转变。特别是新冠肺炎疫情使各国贸易保护主义和单边主义抬头，各国产业链的布局更为区域化、本地化和短链化。供应链的安全性被提升到了首要的位置。如何快速、低成本、安全地保障供应成为各国产业链追求的核心价值。与核心市场的距离越近，日益成为各国企业构建新型产业链和供应链的首要选择，而数字化作为重要的手段，对产业链和供应链的重构起到了极为重要的作用，并已成为推动全球产业链变革的新动力。

《中华人民共和国国民经济和社会发展第十四个五年规划和2035年远景目标纲要》中提出，要采取“上云用数赋智”行动，助力数据赋能产业链转型发展。其主要目的就是通过企业的数字化转型，打造行业内的数字化中心，优化产业链和业务链各个环节的衔接，从而达到辐射全产业链，提升产业链的运营效率和服务水平。

企业的数字化转型是以数据为核心驱动要素，通过新一代信息技术的深化应用，推动资源配置方式、生产组织模式、商业运行业态、价值创造机制的深刻变革，形成数字经济的新体系。其中产业数字化转型针对各个行业产业链上下游的全要素数字化渗透、升级、转型和再造，是新形势下各行各业改造提升传统动能、培育发展新动能的重要手段，也是实现高质量发展的战略选择。

（一）数字化提高了生产效率，降低了交易成本，提升了供需的适配效应

数字化对产业链和供应链的赋能，渗透产业链的各个环节，增强了产业链中企业间的互联化和透明化，优化了生产效率，缩减了中间环节，提高了交易效率并降低了交易成本，日益成为构建产业生态的新载体，从而对全球贸易的价值链进行了改造和升级，不仅降低了各国参与全球贸易和区域产业链分工的成本，还实现了全球化贸易红利由各国共享的分配方式，并通过构建数字化的产业链、供应链和创新链，逐步形成产业数字化的新生态。

基于数据、算力、算法与传统要素资源的有效组合，促进供需精准对接，从而形成需求牵引供给、供给创造需求的动态平衡。数字技术对产业的赋能，进一步重构了产业体系，实现了消费与生产的统一，提升了供需的适配性。在统一的数字市场中，有多少用户、多少需求、甚至有多少消费者的潜在需求都能够以数字化的方式细粒度地呈现出来，企业可以更有针对性、定制化、细粒度的按需生产。数字化

通过大数据集合商流、物流、资金流、数据流等要素，实现供给侧和需求侧的精准对接匹配，从而实现供需两端信息充分对接、产品与服务合理适配，形成需求牵引供给、供给创造需求的动态平衡；数字化使制造企业可依据平台数据精准判断市场、合理安排产能，准确挖掘新的消费需求，并研发设计出具有市场前景的新产品和服务，准确掌握用户信用，解决融资需求，从而构建起高效运营的供应链体系，促进上下游产业融合发展。

（二）数字化为中小企业的发展提供了广阔的平台

传统行业中，产业链的痛点在于价值链过长、流程过于烦琐，产业链的上下游之间涉及多个环节，一环扣一环，企业为了提高生产效率，往往聚焦于某个环节不断进行精益化的生产，产业链上下游之间一层一层地进行流转，不仅效率低，协同性也较差。行业内过度强调标准化，难以满足用户的个性化需求。数字化的出现，为优化产业链的全流程管理，提高企业间的信息传递效率，解决企业间的协同生产能力提供了有力的技术支撑。

中华人民共和国工业和信息化部于2020年3月发布的《中小企业数字化赋能专项行动方案》中明确指出，要以新一代信息技术与应用为支撑，集聚一批面向中小企业的数字化服务商，培育推广一批符合中小企业需求的数字化平台、系统解决方案、产品和服务，助推中小企业通过数字化、网络化、智能化赋能实现复工复产，提升中小企业应对危机的能力，增强中小企业的发展后劲，提高发展质量。

数字化有效地将大企业和中小企业连接在一起，增强了大中小企业的协同能力，降低了中小企业数字化的成本，优化了中小企业的生产流程。数字技术还为广大中小企业的生产环节增强了可追溯性，使企业的生产效率和生产质量得到了全面的提升，大幅提高了企业的竞争能力。根据麦肯锡的报告显示，数字化水平成熟度越高的企业，其业务增长动力也越强。因此，通过搭建产业互联网平台，依托工业互联网平台资源，为中小企业进行数字化转型提供服务，通过信息资源共享、运营模式升级和产业品牌力量，推动各类传统制造业的数字化转型。从而提升企业间网络化协同生产、个性化定制和服务型制造的能力。

随着大数据、云计算、人工智能、物联网等新兴信息技术在企业的普遍应用，企业之间的竞争重心从技术竞争、产品竞争、供应链竞争逐步演进为平台化的生态体系竞争，一批用户基数庞大、技术积累丰富、资金实力雄厚的行业领军企业，通过提供开源系统、营造开放环境、促进跨界融合、变革组织架构、重塑商业模式、孵化创新团队等多种方式，持续构建、完善资源集聚、合作共赢的生态格局。

数字技术能够帮助这些行业领军企业有效整合产业链中的制造商、供应商、服务商等离散的要素资源，形成以数据为核心要素、网络协同、共创分享的产业分工模式，有效提升产业的资源配置能力、协同发展能力和服务支撑能力，形成上下游行业共创价值的产业生态；通过数字化平台的构建，可以为企业提供上下游合作协同空间，突破单个企业依托自身资源对发展能力的束缚。对于中小企业而言，可以获得更多的市场机会，并可以降低采购和管理成本，提质增效。对于传统行业转型升级而言，可推动传统企业数字化转型，实现农业、制造业与服务业充分融合、数字经济和实体经济深度融合，形成数字产业的新生态。

三、数字化对纺织服装产业的影响

纺织服装业是全球化程度最高的产业之一，作为“出口导向型”的首选产业，纺织服装业作为全球贸易和分工体系的重要组成部分，在国际贸易中具有举足轻重的地位。

作为万亿元产值的行业之一，纺织制造业一度是我国优势的传统制造行业，并且我国的生产规模是全球最大的，产业链和门类也是最为完整和齐全的。数字化对纺织服装业的赋能，将极大地提高我国纺织服装行业的全球竞争力，尤其是对中小企业参与和分享行业的价值创造提供了全新的平台，产生了诸如数字纺织品印染、数字时装定制、网络直播服装销售等全新的商业模式。

纺织服装智能制造，基于人—信息—物理系统（HCPS）大数据的积累，通过人工智能分析、云服务技术、网络协同的数字化制造技术对纺织服装企业进行结构化、可视化、虚拟化的改造，实现包括创新设计、产品研发、生产及供应链等产品全流程、全范围、全生命周期的透明化管理，为推动行业的不断创新发展发挥着重要的作用。

产业数字化通过“工业互联网”的形式，逐步打破产业链和供应链中各企业、组织之间的藩篱和传统疆界，使行业发展迎来新格局、新规则和新起点。工业互联网平台作为全要素、全产业链和全价值链连接的载体和枢纽，对于构建开放共赢的产业新生态，推动形成新的商业模式起到了极为重要的作用。尤其是网上销售为服装行业所带来的“小单快返”、个性化定制、柔性化生产等新模式，成为当下消费升级的新潮流和新趋势。

（一）数字化是纺织服装业的内在要求

一是纺织服装业的产业链长、关联度高，行业对资源优化配置的需求强烈；二是纺织服装业的产业链分布着广泛的中小企业，企业之间缺乏可以协同联动的平台；三是纺织服装产业的集聚效应显著，我国纺织服装业主要分布于长三角地区的浙江和江苏等区域；四是“快时尚”作为纺织服装行业的特征愈发明显，对供应链的快速反应能力要求越来越高；五是随着消费升级和互联网消费的普及，消费者越来越注重追求个性化、时尚化的产品；六是纺织服装产品在消费互联网中的交易量大，交易活跃，用户基础好，互联网应用从消费端向上游制造端延伸的基础好；七是互联网在纺织服装产业链的渗透率高，渗透时间长，可以催生的新模式、新应用场景多。

（二）数字化催生了行业新业态

随着数字化对纺织服装行业的影响不断加深，催生了一批诸如个性化定制、产能共享和服务型制造等全新的商业模式和应用。

1.个性化定制

随着互联网的快速发展和消费升级，个性化的需求逐渐增加。尤其是新冠肺炎疫情的冲击，加速了这一趋势。电商影响了传统的百货行业，纺织服装厂可以直面消费者。消费者在互联网商城等平台上，根据个人的喜好，提出个性化的服装定制需求，厂商根据大量积累的款式、工艺的数据，满足消费者对个性化服装定制的需求。成衣工厂在接到客户的订单信息后，后台的生产将全程由数据驱动，所有工厂的员工都从互联网云端获取数据，在各自的岗位上接受指令，按消费者的需求进行操作，依照订单的指令进行定制生产，利用先进的互联网技术实现消费者个性化需求与规模化生产制造的对接，从而得以实现生产效率提升、设计成本下降、原材料库存减少、生产周期缩短、产品储备周期缩短。

2.产能共享

纺织服装业聚集的中小企业众多，且自身在市场、经营管理、质量管控等方面能力较弱，企业的订单不稳定，闲置产能较多，生产能力和产品的质量水平参差不齐。因此行业内上下游企业之间的有效衔接是供应链快速响应的重要环节。通过行业内的龙头企业牵头，搭建以产能共享服务为核心功能的工业互联网平台，整合产业链上下游的中小企业，在准确分析企业的产能和工艺信息后，将生产所需的各个环节的订单分配给最适合的工厂进行生产，共享行业资源，实现产业链资源的优化配置和高效协同，不仅可以大幅缩短生产周期，提升产业链的响应速度，还可以降低采购成本，达到提升企业效益，提升供应链效率，服务中小企业的目的。

3.服务型制造

数字化的发展，催生了设备厂商的互联网平台型服务。一些纺织服装的设备生产商通过建设工业互联网平台，将企业服务延伸，通过将生产厂商、供应商和终端用户产业链的数据打通，基于设备实时工况、运行管理、设备维修保养等数据信息的统计分析，开展设备远程运维、远程企业生产管理等服务，不仅提升了设备厂商的服务效率，节省了维护费用，还由于客户服务的响应速度的加快，也提升了客户的满意度。

（三）数字化重塑产业的价值创造

传统纺织服装产业的组织、生产和销售模式工序复杂，如图13-1所示，包括原料、生产以及销售等主要环节，涉及交易环节众多，其他辅助活动贯穿于产业链的各个阶段，每一个环节均实现了价值创造，越靠近下游参与者越多，价值空间越小。

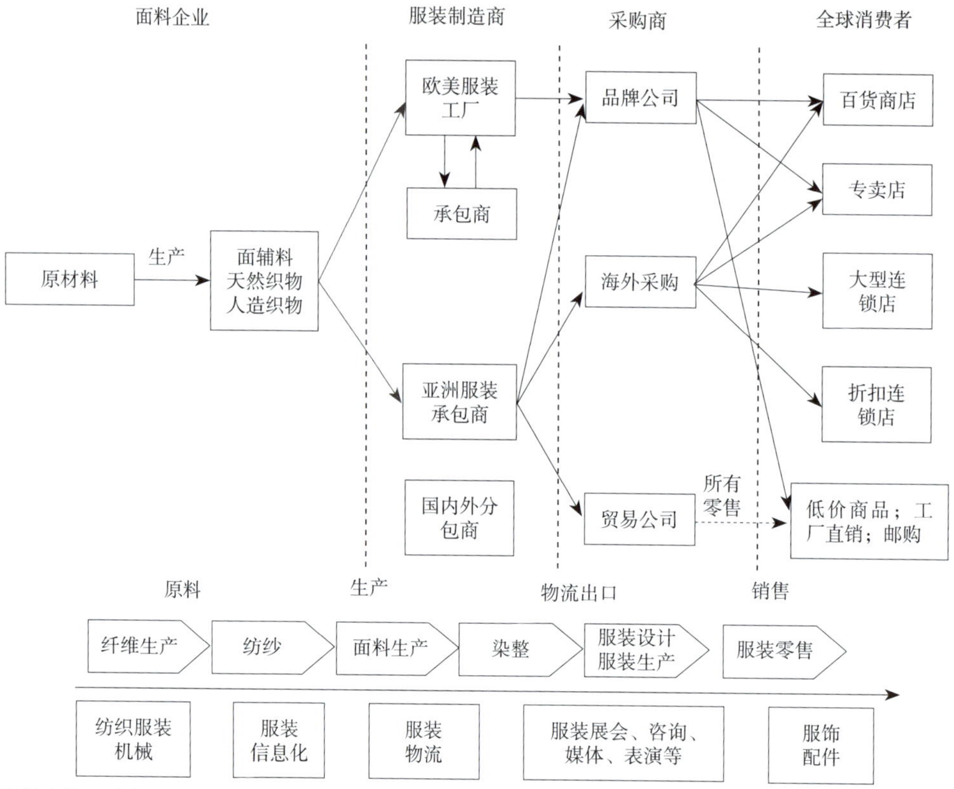

图片来源：《产业经济评论》

图 13-1　全球纺织服装产业链

服装生产主要分为订单制和现货制两类：

订单制的组织方式由服装品牌厂商主导，中大型的服装品牌厂商直接对接制衣厂，以季度订单式生产模式向制衣厂下达订单采购服装，制衣厂会根据服装品牌的要求向上游采购相应面料组织生产，订单信息逐级向上传导，为降低采购中的谈判、协调、搜索等交易成本，产业链各个环节大多有稳定的合作供应商。

现货制组织模式由一批商主导，主要是适应于部分中小品牌和无品牌服装商，一批商会根据现货色布的库存，主导布料的品种、花色、风格、款式设计生产，包括组织采购纱线提供给坯布厂织造、组织染色印花、囤备物料库存、为制衣厂提供现货或按需组织生产等。制衣厂和服装品牌商会在现货布料批发市场找现货进行组织生产并进行成衣的销售和交付。因此在传统纺织服装产业中，中小品牌和无品牌的服装商，布料的采购成本较大品牌有比较大的差距，缺乏原材料的议价权，也缺乏行业内的话语权。并且传统纺织服装产业生产环节的上下游分散且信息化程度极低，导致厂商产能利用效率极为低下，上下游供需错配、成衣厂的布料搜索成本高且产品质量难保障。上游坯布厂体量小且生产技术壁垒低，市场同质化竞争极为严重，导致产能过剩、利用率低，大部分工厂盈利情况基本处于微利状态。但上游的纱线厂行业集中度高，导致下游采购纱线等原材料的采购成本毫无议价能力。尤其是在现货制生产模式中，一批商作为产业链承上启下的枢纽环节，由于数字化的程度低，导致其对于市场需求变化的响应较慢，促使囤货和垫资成为常态，从而带来较大资金和经营压力。

但根据有关方面的数据显示，目前现货制的组织生产模式，大约占布料市场供应量的50%左右，随着网上消费的普及，以及众多新兴服装品牌的涌入，现货制的组织生产模式的比例将会进一步提高，对布料市场的需求量会进一步加大。并且，随着快时尚品牌的崛起和消费线上化，使需求端对供应链的响应速度的提升迫在眉睫。

（四）数字化催生了大型平台对产业的整合

数字经济时代消费者个性化的消费需求，使服装产品的生命周期缩短。快速满足消费者的个性化和多元化的需求，及时了解消费者的需求变化，加速服装款式更新迭代的速度，客观上要求品牌商要增加服装品类，减少单品的数量，这提高了一批商和坯布厂商生产备货的难度，纺织服装业的供应链也亟待向柔性、灵活、快速响应的方向调整和发展，产业链面临重构，需要缩短中间环节，加大对数字化纺织设备的投入，从而提高产业链的供应效率。

纺织服装业的数字化转型，有赖于在供应链垂直和水平方向的全面整合，并实现行业内外资源的全面协同，形成产业生态链、横向、纵向、价值链的4大集成。因此，需加快构建以产业链核心企业为主导的互联网平台应用体系，这能有效整合与打通纺织服装上下游供应链的节点企业，实现整个供应链资源的优化配置与协同共享。比如现在品牌商有一张订单发到成衣工厂，通过柔性供应链系统平台的有效整合，将上下游环节都链接到平台，成衣厂拿到的订单不仅是款式、数量、期限、工艺和质量等要求，在成衣厂接到订单的同时，需要的面辅料订单也已经在供应商那里生成了，极大压缩了以往询价成交的时间和经济成本，有效地实现了行业内上下游的协同，保证了生产到供应，再到消费者的及时性。

如图13-2所示的纺织服装产业链协同工业互联网制造平台应用体系，最为核心的是人—信息—物理系统（HCPS）平台，作为产业链的中枢环节，通过人与机器之间的交互，在该平台上可以实现数据和信息的收集、分析、决策和控制，并可以通过不断的自我学习，实现人机交互的系统闭环管理。不同的智能装备、智能车间与业务场景通过HCPS平台纵向集成，实现智能决策和协同互动。企业间的横向集成和联动，促进了上下游企业间的信息共享，从而提升上下游协同制造的水平。价值链集成，通过产品全生命周期的价值管理，包括产品设计、生产制造、产品储运、市场销售、采购、组织管理、技术开发等环节，实现全价值链的增值活动。随着技术、产业、应用的创新突破和协同推进，工业互联网在纺织服装业的创新发展，将为纺织服装业的数字化转型提供有力的支撑。

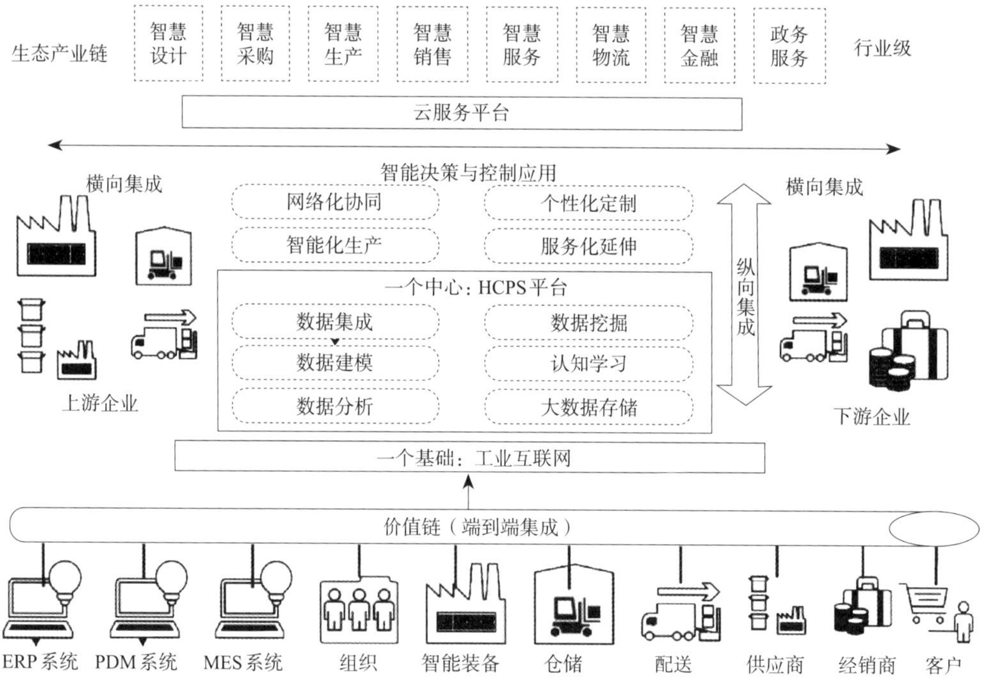

图片来源：《染整技术》

图13-2　产业链协同制造平台体系

目前已有大型服装品牌商开始对接能够垂直一体化进行资源整合的供应商，以提高产品的上新能力，可以整合从面料层面到成衣层面进行多重研发，并能在终端快速交付的供应商。随着网络直播的兴起，主播网络直播带货成为服装销售的新模式，品牌商可通过主播直接对接终端消费者，并将消费需求直达供应商。这些供应商通过采用数据建模和标准化信息采集的方式，将顾客分散、个性化的需求，转变为生产数据、创新打版和量体方式，实现了从规模化批量生产向大规模个性化定制的生产转变。

对于广大中小服装品牌厂商，也需要数字化平台作为产业链服务平台，对接和整合上下游资源，通过现货制组织生产模式，快速响应下游需求，缩短产业链的交货周期，实现平台的一体化生产，从而提升整个纺织产业链条的运营效率。行业龙头企业建立的工业互联网平台作为新型的生产组织服务提供商，通过大数据的积累和分析判断市场的需求和趋势，将信息反馈至产业的上中下游，整合产业链中企业的供需信息数据，快速撮合交易，解决上中下游的供需适配痛点，提高产业链的运营效率。并且随着供应效率的提升，产品的成本随之下降，在确保产品质量保持不变的同时，将大幅减少企业的负担。

（五）数字化推动纺织服装业实现智能制造

国家“十四五”规划将智能制造定义为产业数字化的重要应用场景，“促进设备联网、生产环节数字化连接和供应链协同响应，推进生产数据贯通化、制造柔性化、产品个性化、管理智能化。”智能制造也一直是纺织服装业转型升级的主要发展方向。云计算、大数据、物联网、人工智能等新一代信息技术的赋能和融合发展有助于智能化装备、智能化生产线、柔性化生产、个性化生产、智能化管理和智能化服务的全方位推进和实施，催生一批智能化试点示范企业，形成行业内智能制造的共性技术，并得以复制和推广到全行业，从而带动和辐射全行业和区域的转型发展。

四、纺织服装业数字化的发展趋势分析

纺织服装业的数字化是以信息和知识的数字化为基础，以现代化的信息网络为主要载体，运用数字化、智能化、网络化的技术来提升产品设计、制造和营销效率的全新生产和管理方式，包括数字化设计、数字化工艺、数字化生产、数字化装配、数字化管理等。根据中国信息通信研究院预测，到2025年中国数字经济规模将达到60万亿元，数字经济将成为经济高质量发展的新动能。我国纺织行业要立足国家发展战略要求，精准把握国际产业格局调整特征，深入推进数字化转型，充分发挥新一代信息技术的创新引领作用，强化制造体系的优势，培育新业态、新模式的应用，解决好产业链、供应链短板，在新格局中开辟新局面，实现新时期的高质量发展。随着5G、云计算、物联网、大数据、人工智能等新技术的兴起，数据资源日益成为关键的生产要素，通过技术创新与技术进步加强了产品种类的创新与质量的提升，推动生产可能性边界的向外移动，深度助力产业基础高级化、产业链现代化和供给侧结构性改革。数字化也成为推动纺织服装业发展质量变革、效率变革、动

力变革的重要力量。

（一）服装设计数字化

服装设计数字化，可以极大地提升服装产品的设计效率，借助互联网平台，能够笼络全世界优秀的服装设计人才，快速地将设计创意转化为产品、工艺和服务，从根本上发挥设计作为产业链、价值链和创新链的龙头作用，实现服装产品的个性化和差异化的竞争。使设计理念、概念和创意成为服装产业的核心竞争优势。

随着版权和知识产权市场的确立和完善，服装设计作为一项重要的知识资产，可以作为资产被明确的估值和定价，并可在互联网平台进行交易，使服装设计这一生产型服务业得以在全球广泛参与贸易和竞争，优化了服装设计这一原创资源的全球配置效率，并有助于缩小劳动力生产要素的收入分配差距，提升整个服装制造业的制造水平。因此，服装设计的数字化必将会极大地激发广大有才华的服装设计师的创新热情。

因此，要加快工业互联网在纺织企业的应用，鼓励企业通过工业互联网平台整合资源，构建设计、生产与供应链资源有效组织的协同制造体系。为推进数字化纺织服装设计等技术的高校和科研机构技术和科技成果在企业的落地和应用。应加强学校和企业之间在科学研究、人才培养、成果转化之间的多元化合作，并探索建立合作平台，协同培养高素质人才，在产学研合作、联合申报国家重大重点课题、建设产教融合基地等方面寻求突破。

我国目前的数字化企业还是消费互联网的公司占大头。产业互联网的发展与消费互联网有很大的不同，消费互联网可以靠烧钱抢入口，靠赢者通吃的竞争手段。但构建产业互联网平台，要更加注重开放共享，深耕产业链、供应链具体场景，注重各类数据标准和数据接口的互认、互联互通，注重数据这一重要生产要素的产权保护和安全有序流转。

（二）服装生产数字化

当前，纺织服装业各企业之间的应用系统数据没有进行广泛的集成，数据孤岛和重复录入的现象普遍存在，使外部资源不能与企业的内部系统进行匹配和对接，产业链的上下游企业之间的数据也无法进行有效地整合。由于数据的标准、数据源不统一，仍然需要将这些数据资源进行外部整合，才能实现信息与数据的共享。

党中央、国务院高度重视新一代信息技术与制造业深度融合，并做出了相应的战略部署。国家发改委通过推进“上云用数赋智”的行动，针对云计算、大数据、人工智能与制造业的融合发展提出了相应的路径和措施。纺织服装产业若要基于物联网实现人、机、物的泛在连接，深化数字技术在各个领域的推广应用，相关部门和行业组织等机构需加快制定数字化转型的量化评价和标准。

数字化对生产过程的全赋能，使各种生产设备具有互联互通的特性。一般来说，生产设备的联网接入需要达成三个层次：一是互联，即硬件接口的连接；二是互通，即软件层面的数据格式与规范；三是语义互操作，即语义的定义与规范。其中前两个层次实现起来相对简单，第三个层次由于目前的标准不统一，实现起来较为困难，不过随着OPC、UA等协议正逐步推广和规范，这些协议也已成为行业内推荐的规范标准。

服装生产的数字化，一是改造和升级了原有的纺织加工技术，将标准化的规模生产与个性化的定制得以有机的结合在一起，实现了从服装生产的规模经济向规模经济和范围经济共同增长和发展的路径。不仅提升了生产效率，而且优化并加快了生产流程的改进，提升了加工制造的准度和精度，实现了企业效益的增进，并有助于扩充和丰富企业的产品线，提高终端用户选择的广度和深度，更大程度地提升消费者的效用，从而有助于提升全社会的福利程度。二是服装生产流程的数字化，基于数据的积累和应用的推广，以及设备的互联互通，企业可以通过设备日常的监控和对数据的分析，预测、感知、诊断生产过程中的各类问题，并实时协同处置生产中的各类随机和不确定性问题，从而得以适应服装时尚业快速不断变化的特征，提升设备对复杂性、实时性、可靠性的响应要求。

（三）市场开发数字化

疫情对服装与依赖线下销售的传统行业冲击极大，随着数字化、网络化和智能化的推进，以及VR和AR技术的赋能，推动服装行业终端零售的场景变革。线下门店得以运用数字化的技术手段及时了解客户的需求，积累客户的需求数据，并通过对潜在客户的行为进行画像，从而得以实施精准运营和精准营销，重构用户的体验感，提升客户体验的满意度。

市场开发的数字化推动了纺织服装商品的智慧零售、直播电商等新型消费模式逐步成熟，并逐步从城市辐射到乡村，有效地促进了商品的自由流动并畅通了内循环。从城市向乡村的循环流动和“涓流效应”，促进了区域和城乡间的均等、普惠与包容性发展。

（四）企业决策数字化

要加快工业互联网在纺织企业的应用，实现企业各层级数据资源的端到端集成；依托工业互联网平台开展数据集成应用，实现企业生产与运营管理的智能决策和深度优化。随着越来越多的企业运用ERP（企业资源计划）、SCM（供应链管理系统）、MES（制造执行系统）等数字化管理手段，数据已经逐渐成为企业的核心生产要素，并且也已成为企业优化战略管理、资源管理、运营管理、投资管理和财务管理的重要依据和基础。使企业得以优化资源配置，再造生产流程，降低交易成本，不断深化研发设计、生产制造、经营管理、市场服务等环节的数字化应用，培育发展出个性定制、柔性制造等新模式，并创造出全新的价值空间。

纺织服装业多数企业特别是中小企业的从业者素质普遍比较低，不知道如何进行数字化转型，不能敏锐地感受数字经济时代的变化，不能及时从上到下推动企业进行数字化变革，往往导致错失市场机会。并且企业内部人员的知识结构不合理，也缺乏学习和知识更新的能力，很多技术人才不具备云计算、大数据、人工智能等知识的储备和应用经验，不能很好地将数字化技术与纺织服装的业务进行有效融合。

企业的数字化转型，迫切需要的是企业管理者和从业者的数字化生产和管理方式的转型，要不断提升企业领导者适应数字经济时代所亟需的数据思维、观念、数据分析和处理能力。企业家的数字化治理和管理思想变革是根本，这事关能否真正推动数字化驱动的价值创造并成为中国经济未来的新动功能、新模式的关键。

企业实现数字化转型，不仅在生产领域，还包括管理、运营、服务、工作方式等全方位的数字化转型。数字化转型有赖于政府的引导和相应的政策扶持，企业的数字化转型的方向和效果，需要相关部门加快制定数字化转型的评价指标和标准体系，指引企业做好数字化转型，从而助力我国纺织服装业的高质量发展。

参考文献

[1] 解冬.长宁区贸易领域平台经济发展的新趋势[J].国际市场，2014（1）：24-25.

[2] 逄健，朱欣民.国外数字经济发展趋势与数字经济国家发展战略[J].科技进步与对策，2013，30（8）：124-128.

[3] Erving.智能家居推动卫浴智能化发展[J].中国厨卫，2014（3）：134-139.

[4] 丁兆国，金青，张忠.服务型制造企业的价值创造研究[J].中国科技论坛，2013（5）：91-96.

[5] 李梅英.浅谈国有通信企业工会工作的转型[J].东方企业文化，2013（24）：60.

[6] 黄平，崔健.重报集团：加快推进数字化转型升级[J].传媒，2014（1）：44-46.

[7] 沈国荣，李不言.数字印后强势崛起[J].印刷技术，2012（21）：22-23.

[8] 冯欢.数字时代动漫发展的新机遇[J].文化月刊，2014（7）：106-108.